文旅融合项目
策划与运营

景秀艳 等◎编著

中国广播影视出版社

图书在版编目（CIP）数据

文旅融合项目策划与运营/景秀艳等编著．－－北京：中国广播影视出版社，2024.12．－－ISBN 978-7-5043-9317-3

Ⅰ．G114；F590.1

中国国家版本馆 CIP 数据核字第 2024BA1444 号

文旅融合项目策划与运营
景秀艳　等编著

责任编辑	王　波
责任校对	马延郡
装帧设计	中北传媒

出版发行	中国广播影视出版社
电　　话	010-86093580　010-86093583
社　　址	北京市西城区真武庙二条 9 号
邮政编码	100045
网　　址	www.crtp.com.cn
电子邮箱	crtp8@sina.com

经　　销	全国各地新华书店
印　　刷	三河市龙大印装有限公司

开　　本	710 毫米 × 1000 毫米　　1/16
字　　数	288（千）字
印　　张	21
版　　次	2025 年 2 月第 1 版　　2025 年 2 月第 1 次印刷

书　　号	ISBN 978-7-5043-9317-3
定　　价	99.00 元

（版权所有　翻印必究·印装有误　负责调换）

前 言
PREFACE

文旅融合发展作为我国文化产业的重要推动力量，不仅是政府积极倡导的发展方向，也是实现经济高质量发展的新引擎。我国拥有瑰丽多彩的文化旅游资源、得天独厚的自然环境、繁荣昌盛的人文景观，以及人民群众日益增长的生活品质追求与对高品质消费生活的向往，共同催生了文旅融合产业的蓬勃兴起，有效地满足了公众日益增长的文化旅游需求。

文旅融合项目策划与运营不仅发挥了我国的文化资源优势，提高了发展质量，而且拓宽了产业范围和领域，带动了相关产业的发展，成为推动文化旅游产业实现当前经济高质量、高效率发展的核心课题。同时，文旅融合项目策划与运营也是"坚持以文塑旅、以旅彰文，推进文化和旅游深度融合发展"[①]战略任务的重要实践。

文化是旅游的灵魂，而旅游则是文化的重要载体。实现旅游与文化的深度融合，不仅能够促进旅游产业的转型升级，还能激发文化的活力与影响力，更好地满足人民群众对美好生活的向往与追求。这种融合不仅是资源、产品与市场的融合，更是供给者与需求者之间情感的共鸣与交融。

本书旨在为高等院校的学生及广大的文旅从业人员提供一套系统学习文

---

① 习近平：《高举中国特色社会主义伟大旗帜 为全面建设社会主义现代化国家而团结奋斗——在中国共产党第二十次全国代表大会上的报告》，https://www.gov.cn/xinwen/2022-10/25/content_5721685.htm，访问日期：2024年7月12日。

旅产业融合项目策划与运营的方法论与实用技巧，助力他们在文旅产业融合的大潮中精准把握发展机遇。本书具有以下特点：

第一，与现有的文化类和旅游类教材不同，本书融合了当前文旅融合的理论成果和编者的自身认识，对文旅融合的基本概念、路径、主要模式和价值链体系进行了阐述，帮助读者理解文旅融合及其产业效应。

第二，结合当前业界文旅融合项目运营的实践案例，在剖析文旅融合项目运营全流程的基础上，重点突出市场调查、场景策划、投融资、日常运营管理等关键环节，为实际操作提供指导。

第三，注重培养学生的应用能力。在理论讲授的基础上，引入大量不同类型的经典案例，旨在提升学生的实战能力，使其能够灵活应对不同场景下的文旅融合项目运营挑战。

第四，积极引入新的教学理念与方法。通过设置学习目标、学习内容、经典案例、思考分析等模块，引导教师采用启发式、案例式、讨论式等多元化教学形式，有效避免单向灌输的教学模式，激发学生的学习兴趣，提高学习效率。

本书由景秀艳、方田红、何敏共同编著，其中何敏负责第一章；方田红负责第四章；景秀艳负责第二章、第三章、第五章、第六章、第七章、第八章。由于时间紧迫和编者知识所限，书中难免存在不足之处，敬请广大读者朋友指正。

编者
2024 年 8 月

目 录 / CONTENTS

第一章　文旅融合概述 · 001

第一节　文化产业和旅游产业 · 002

第二节　文旅融合的意义 · 013

第三节　文旅融合产业发展的背景 · 015

第四节　文旅融合的基本原理 · 019

第二章　文旅融合价值链 · 031

第一节　文化和旅游产业价值链分析 · 032

第二节　文旅融合视角下的文旅价值链重构 · 041

第三节　文旅融合价值链的协同与创新 · 047

第三章　文旅融合项目策划 ……………………………… **062**

第一节　文旅融合项目策划的理论基础 ……………………… 063

第二节　文旅融合项目策划的目标与步骤 …………………… 073

第三节　文旅融合项目的市场调研与定位 …………………… 078

第四章　文旅融合项目场景策划 …………………………… **126**

第一节　文旅融合项目场景策划的概念与类型 ……………… 127

第二节　历史遗迹类文旅融合场景策划 ……………………… 130

第三节　聚落类文旅融合场景策划 …………………………… 138

第四节　建筑、设施类文旅融合场景策划 …………………… 147

第五节　园林类文旅融合场景策划 …………………………… 157

第六节　非物质文化遗产文旅融合场景策划 ………………… 164

第七节　线上文旅融合场景策划 ……………………………… 168

第五章　文旅融合项目投资与资产运营 …………………… **174**

第一节　文旅融合项目投资可行性研究 ……………………… 175

第二节　文旅融合项目投资与融资 …………………………… 180

第三节　文旅融合项目投资决策 ……………………………… 189

第四节　文旅融合项目运营的盈利模式 ……………………… 203

第六章　文旅融合项目运营与管理 …………………… **217**

第一节　文旅融合项目运营的基本原理 ……………… 218

第二节　文旅融合项目运营流程 ……………………… 222

第三节　文旅融合项目运营模式 ……………………… 228

第四节　文旅融合项目的运营与管理 ………………… 234

第七章　文旅融合项目的营销推广 …………………… **260**

第一节　文旅融合项目的 IP 体系构建 ………………… 261

第二节　文旅融合项目数字营销 ……………………… 266

第三节　文旅融合项目品牌和 IP 的融合推广 ………… 274

第八章　文旅融合项目策划与运营实例分析 ………… **283**

第一节　北港村文旅融合项目 ………………………… 284

第二节　故宫文旅 IP 策划与营销推广 ………………… 287

第三节　"只有河南·戏剧幻城"项目 ………………… 303

参考文献 ……………………………………………… **317**

第一章　文旅融合概述

【学习目标】

知识目标：了解文化产业和旅游产业的定义；掌握文旅融合的要素、意义和发展前景。

能力目标：能够对比分析文化产业和旅游产业；能够总结归纳文旅融合的研究成果。

素养目标：理解文旅融合发展的背景，培养多学科综合分析的视野。

【导读】

节假日期间，文娱演出市场变得异常火爆。无论是音乐类的音乐节、演唱会，还是语言表演类的话剧、脱口秀，各种形式的演出都吸引了众多游客，极大地推动了当地经济的发展。例如，为了迎接文旅复苏的热潮，江西省南昌市在 2023 年 10 月 2—4 日，在东湖区举办了首届"星驰音乐节"。众多知名艺人和乐队的倾情演出吸引了大量外地游客。音乐节的豪华演出阵容和广泛的年龄覆盖，首日就吸引了超过 5 万名观众。许多观众表示，音乐节不仅现场气氛热烈，而且举办地青山湖西岸风景秀丽，令人印象深刻。音乐节结束后，他们计划游览附近的旅游景区，包括打卡江南三大名楼之一的滕王阁。滕王阁不仅承载着古代文人和士大夫的文学成就，也见证了历史的变迁。如今，《寻梦滕王阁》以滕王阁为高点瞭望天地，见苍生，重塑千年文化风骨，备受游客青睐。①

第一节　文化产业和旅游产业

在新时代背景下，文化产业和旅游产业作为我国国民经济不可或缺的组成部分，呈现出深度交融、相互促进的态势。它们携手从深厚的历史底蕴中汲取营养，展现独特的地域特色，凭借丰富的文化资源和日益完善的旅游设施，共同为推动我国经济高质量发展注入了强劲动力。

一、文化和文化产业

在历史的长河中，文化不仅是民族的精神脊梁，也是社会进步的不竭源泉。文化产业，作为文化在现代社会的转化与创新实践，已成为促进经济发展、增强国家软实力的关键力量。从传统文化的传承到现代创意的迸发，从文化产品的琳琅满目到文化市场的蓬勃发展，文化和文化产业紧密相连，共同构建了一个国家的文化形象和核心竞争力。

（一）文化

文化（culture），源自拉丁文"colere"，原意为培养和提升人的能力，使之处于单纯的自然状态之上。这一概念与我国"文化"的定义与内涵相契合：一方面，它强调人类对自然世界的观察与改造；另一方面，它凸显了"化"的过程，即文化的传播与塑造，是人类在改造自然的同时也不断改造自我的过程。"以文化之"正是体现了人类发挥主观能动性，所进行的一系列活动及其成果的总和。随着时间的推移，"文化"一词逐渐发展成为一个

---

① 王金虎、宋美倩、刘兴：《中秋国庆假期演出市场精彩纷呈　文旅融合活力迸发》，中国经济网，http://www.ce.cn/culture/gd/202310/05/t20231005_38737146.shtml，访问日期：2024 年 7 月 10 日。

涵盖广泛、内涵深刻的概念。

广义上，文化指的是人类在社会实践中所创造的一切物质和精神财富的总和，包括生产力、生产关系以及由此产生的思想观念、艺术、宗教、哲学等。狭义上，文化则侧重于社会精神生活层面的总和，是相对于经济、政治而言的人类精神活动及其产品的集合。据此，文化的特征可概括为以下四点：第一，文化是人类特有的、与自然相对立的人文现象；第二，文化是建立在特定社会经济基础之上的上层建筑，受物质条件制约并反映其差异性；第三，文化属于精神活动范畴，满足人类自我认知与创造的需求，同时在共同生活中形成民族文化心理，增强凝聚力和认同感；第四，由于文化涵盖广泛、形式多样，人们在讨论时往往会根据不同的标准进行分类，如物质文化、制度文化、宗教文化等，或按内容分为服饰文化、美食文化等，抑或从对应群体角度划分为士人文化、民间文化等。

（二）文化产业

"文化产业"一词最初由法兰克福学派的奠基者阿多诺和霍克海默尔在1947年的著作《文化工业：作为大众欺骗的启蒙》(*The Culture Industry: Enlightenment as Mass Deception*，后收录于《启蒙的辩证法》)中提出，其中，"culture industry"既可译为"文化工业"，也可译作"文化产业"。阿多诺视文化产业与大众文化为对纯正艺术创造性、审美性等高级品质的背离，它们通过迎合大众俗趣以达到控制社会并谋取利益的目的。法兰克福学派的社会批判理论，在两次世界大战的动荡及资本主义的快速发展中逐渐形成，深刻揭示了经济、技术进步与政治、文化堕落之间难以调和的矛盾。同时，它也映射出20世纪中期，大工业化的社会生产环境、先进的传播技术所催生的高效文化生产与传播方式，以及大众文化意识的觉醒和消费需求的激增，共同推动了传统手工及个性化文化生产消费模式的转型，"文化产业"由此成为现代文化经济发展的关键模式。20世纪80年代后期，联合国教科文组织将"文化产业"定义为：按照工业标准，生产、再生产、储存以及分配文化产品和服务的一系列活动。

自改革开放以来，法兰克福学派的观点及"文化工业"的概念在我国学界引发了广泛讨论。随着全球文化产业的迅猛发展，我国政、企、学各界对文化产业的认识也不断深化。2000年，中共十五届五中全会通过的《中共中央关于制定国民经济和社会发展第十个五年计划的建议》中，首次正式使用了"文化产业"的概念。2004年3月，国家统计局发布了《文化及相关产业分类》标准，对文化产业进行了官方界定。2009年，《文化产业振兴规划》的出台，标志着文化产业已上升为国家战略层面。2010年，中国共产党第十七届中央委员会第五次全体会议更是将文化产业明确为国家战略性支柱产业。2020年，全国人民代表大会第十三届一次会议第三次全体会议将《文化产业促进法》纳入立法规划。在中国共产党第二十次全国代表大会的报告中，明确提出要繁荣发展文化事业和文化产业，推进文化自信自强，铸就社会主义文化新辉煌。

根据国家统计局最新的《文化及相关产业分类（2018）》，文化及相关产业被定义为社会公众提供文化产品和文化相关产品的生产活动的集合。该标准将文化产业划分为两大板块：一是以文化为核心内容的生产活动，直接满足人们精神需求，涵盖创作、制造、传播、展示等文化产品（包括货物和服务）的各个环节，具体细分为新闻信息服务、内容创作生产、创意设计服务、文化传播渠道、文化投资运营和文化娱乐休闲服务六大类；二是为文化产品生产提供支持的文化辅助生产和中介服务、文化装备生产及文化消费终端生产（含制造和销售）等活动，共三大类。值得注意的是，文化娱乐休闲服务类别下的景区游览服务、休闲观光游览服务等，也涉及旅游产业的内容，体现了文化产业与旅游产业的深度融合趋势。

二、旅游和旅游产业

在当今快节奏的生活中,旅游作为一种放松身心、体验不同生活方式的活动,深受人们喜爱。而旅游产业,作为支撑旅游活动的重要支柱,不仅为人们提供了丰富的旅游资源和优质服务,还成为推动区域经济发展、促进文化交流的重要力量。从沉醉于自然风光到探寻历史遗迹,从享受休闲度假到体验文化之旅,旅游与旅游产业紧密相连,共同塑造了一个充满活力与魅力的旅游市场。

(一)旅游

根据《说文解字》的阐释,"旅"为会意字,由"㫃"与"人"组成,形象地描绘了众人在旗帜下集结的场景,其本义为古代军队的一种编制单位,五百人为一旅。至于"游",《说文解字》中解释为"旌旗之流也",意指旗帜上飘动的流苏。商承祚认为,甲骨文中的"斿"字象形地表现了人执旗的场景,旗末随风飘扬如水流,即"旌旗之流也"。

"旅游"一词,最早可见于六朝齐梁时期沈约的《悲哉行》中:"旅游媚年春,年春媚游人。"此时,"旅"的军事含义已逐渐淡化,转而指代商旅、客旅。"读万卷书,行万里路",旅居与游学成为我国古代文人学士求学仕进的重要途径。

旅游的英文术语"tour"源自拉丁语"tornare"和希腊语"tornos",两者均指"制作圆圈的工具",寓意着沿圆形路径的运动:出发并最终返回。因此,旅游被定义为人们离开其常住地前往他处(计划返回)的活动,持续时间至少二十四小时,最长不超过六个月,其主要目的在于休闲与娱乐。1963年,联合国国际旅游大会提出使用"游客"一词,专指那些离开常住国前往他国,且主要目的不是在访问国获取经济收益的人。同年提出的"旅游"定义虽主要针对国际旅游，但同样适用于国内旅游。英国旅游协会则将旅游定义为"旅游是人们到他们通常生活、工作的地方以外的目的地的临时短期流动，以及他们在这些目的地逗留期间的活动"。这一定义涵盖了各种出行目的的流动。联合国世界旅游组织（United Nations World Tourism Organization，UNWTO）进一步将游客界定为"出于休闲、商务和其他目的而前往其通常生活环境之外并停留不超过一年的人，这些目的不涉及在访问地进行盈利活动"。

尽管对"旅游"的描述多有差异，但其核心要义殊途同归：一是旅游涉及人们离开常住地前往异地；二是旅游目的虽然不尽相同，但本质上多为精神消遣或社会交际，不涉及直接的经济生产活动；三是旅游通常被视为短期行为，游客在完成旅行后重返常住地，通常以一年为限。

（二）旅游产业

由于旅游业的定义有很多种，因此，联合国世界旅游组织在2005—2007年启动了一个项目，旨在创建旅游术语的通用词汇表。该组织对旅游业的定义是：旅游业是一种社会、文化和经济现象，它涉及人们出于个人或商业目的前往其通常生活环境以外的国家或地区。这些个体被称为游客，他们的旅游活动与生活行动有关，其中的财务支出为旅游支出。旅游业是指为游客提供服务的所有行业和部门，包括酒店业、餐饮业、交通运输业、旅行社和旅游运营商、景点和娱乐业等。旅游不仅是人口的流动，更是集独特体验、服务及相关产业于一体的综合性活动。

《国家旅游及相关产业统计分类（2018）》明确指出，旅游活动涵盖了游客的出行、住宿、餐饮、游览、购物、娱乐等一系列消费行为，以及支撑这些行为所需的服务和设施。这些定义进一步凸显了游客作为旅游活动主体的地位，以及旅游活动本身的多样性和综合性。回溯历史，1845年托马斯·库克创立了世界上第一家旅行社，其服务内容不仅奠定了旅行社的核心职能，也深刻揭示了旅游业与交通运输、住宿餐饮等领域的紧密联系。

旅游是一项多维度、跨领域的活动。其范围之广，使旅游业能够影响并受几乎所有行业部门绩效的波及，无论是直接影响还是间接影响。除了自然资源的丰富程度，一国的旅游业还能深刻反映其经济和社会发展的综合水平。旅游业蕴藏着巨大的变革潜力，能够推动经济结构的优化、环境的保护、社会的进步以及文化的传承与创新。旅游业的两大核心要素在于设施的供应与游客的需求。这两大市场力量的相互作用，塑造了与经济、社会、文化、环境及生态紧密相连的旅游发展模式。

在旅游业的发展规划中，需要考虑建立或发展旅游业所需的支出、收益、成本，以及项目可能带来的影响，以最大限度地发挥优势和机会，同时减少弱点和风险。每个旅游目的地的特色都有所不同，每个目的地的旅游成本和收益各不相同，并且可能随时间而变化，具体发展情况取决于目的地当地和区域背景下的旅游业和其他活动。

作为当今全球经济中的重要支柱，旅游业不仅为国家财政贡献了可观的收入，更为经济的多元化发展开辟了新路径。通过无形出口的形式，旅游业为国家带来了外汇收入，并全面促进了国家在经济、社会、文化等多个层面的进步。此外，旅游业的多元化还体现在其产业链的延伸上。它不仅直接服务于游客，还间接带动了建筑业（如酒店和旅游设施的建设）、制造业（如旅游纪念品的生产）以及农业（如为旅游餐饮提供原材料）等相关行业的发展，从而创造了更多的就业机会，促进了国民收入的增长，并推动了艺术尤其是手工艺品等文化形式的商业化进程。

三、产业融合

产业融合（Industry Convergence）作为一种普遍现象，显著地模糊了以往独立行业之间的界限。与起源于新兴技术并可能取代或淘汰现有技术的其他技术变革不同，产业融合是现代产业经济发展中的一个重要标志。它不仅推动了新技术的研发与应用，还促进了产业结构的优化升级，为经济增长提供了新动力。随着技术的持续进步，产业融合的趋势越发显著，对未来产业的发展路径产生了深远影响。

1978年，麻省理工学院媒体实验室的创始人尼古拉斯·尼葛洛庞帝（Nicholas Negroponte）用三个重叠的圆圈表示计算、印刷和广播这三个领域的技术边界，并预言这些领域的交汇点将成为创新与增长最为蓬勃的区域。这一概念强调了技术融合的趋势——不同技术领域间的界限日益模糊，进而催生了前所未有的创新与发展。此后，数字技术的迅猛发展加速了计算机、通信与广播电视业的深度融合，这一过程被业界称为"三网融合"。这种融合不仅限于技术层面，更深刻地改变了产业格局，推动了产业融合现象的普遍发生。

在信息和通信技术等新技术的驱动下，一些新兴产业逐渐崛起，部分或完全替代了原有的产业结构，同时也颠覆了传统的产品、流程及商业模式。这一动态变化加剧了市场竞争，企业面临前所未有的能力差距挑战，对其竞争力和生存能力构成了根本性考验。为了应对这一挑战，企业纷纷采取内部发展、建立联盟、实施收购等多种策略，以开发或获取新资源，进而成功进入融合后的市场。

值得注意的是，产业融合的现象已不再局限于信息媒介产业，其影响力已广泛渗透至娱乐、通信、零售、制造业等多个领域。技术创新固然是产业融合的核心驱动力，但除此之外，市场经济中相关产业间的紧密联系、日益增强的竞争合作压力、资源技术市场的共享深化，以及政策引导等因素，也共同构成了推动产业融合的重要力量。

四、文化和旅游融合

在时代的浪潮中，文化与旅游的界限日益模糊，两者的深度融合已成为不可阻挡的趋势，为彼此的发展注入了新的活力与动能。文化赋予了旅游更丰富的内涵与深度，而旅游则为文化的传播与创新搭建了广阔的舞台。这种融合不仅促进了传统文化与现代旅游的完美对接，更使旅游活动与文化价值相得益彰。

（一）文化和旅游的联系性

文化和旅游之间具有天然的联系。每一次旅游活动都蕴含着文化体验的元素。旅游的目的，无论是满足休闲娱乐还是商务社交的需求，其本质都是一种精神层面的消费和社会联系的体现。随着游客从常住地到异地的空间转换，旅途中的吃、住、行、游、娱、购等各个环节，都不可避免地融入了旅游者的文化经验与旅途文化的深刻体验。旅游业在提供旅游产品和服务的过程中，往往以协调文化差异或强化文化差异价值为设计的出发点。一方面，旅游的本质就是体验不同的文化。对游客而言，旅游意味着走出常规生活，探索世界的多样性，增长见识与阅历，这一过程本身就是一种文化对话与交流的体验。另一方面，从旅游服务业的角度来看，尊重游客的文化习惯，提供多样化的文化休闲娱乐体验，是提升旅游品质的关键所在。

旅游市场主要分为文化旅游和自然旅游两大市场主题。从旅游资源的角度来看，文化资源是旅游不可或缺的重要组成部分，文化旅游从根本上依托于人们对人文历史环境及文化资源的开发利用。虽然自然旅游侧重于生态环境的展示，但在其消费活动中，同样不可忽视游客对文化体验的需求和对市场的影响。从历史维度划分，文化资源可分为历史文化资源和现代文化资源；从形态上则可分为物质文化资源（如遗址、文物、历史街区等）和非物质文化资源（如非物质文化遗产、节庆民俗、艺术创作等）。这些资源共同构成了文化旅游的坚实基础，并衍生出文化遗址游、主题公园游、民俗文化游、特色小镇游等多种发展模式。

于光远在20世纪80年代初提出，旅游不仅是一种经济活动，也是一种文化活动。这一观点深刻地揭示了旅游活动的本质。其经济性体现在旅游对相关产业的拉动作用、就业机会的创造以及经济收入的增加等方面；

而文化性则体现在旅游对文化传承、交流与传播的促进作用上，它加深了人们对不同文化的理解和尊重，同时也提升了旅游目的地的文化吸引力和影响力。在此基础上形成的"灵魂载体说"更是进一步强调了文化与旅游之间的紧密互动关系：文化是旅游的灵魂，缺乏文化内涵的旅游是空洞无趣的，文化元素是吸引游客的核心；而旅游则是文化的重要载体，表明旅游活动是文化传播和交流的重要途径。通过旅游活动，文化得以跨越地域界限，被更广泛的群体所认知和欣赏。旅游在推动文化传承发展、促进文化交流传播、增强文化自信力和影响力等方面发挥着不可替代的作用。此外，旅游中的跨文化传播还增强了旅游目的地的地方文化认同感。在旅游活动中，东道主与游客之间的交流与互动，促进了文化的双向传播与深度融合。

（二）文化和旅游融合的必然性

文旅融合指的是将文化元素与旅游活动相结合，旨在提升旅游体验的质量，促进文化传承与发展，同时为旅游业注入新的活力和内涵。文化是旅游的核心吸引力和灵魂，而旅游则是文化传播和发展的有效载体。文旅融合不仅体现在文化和旅游现象的融合上，也体现在文化和旅游产业的融合上。从现象融合的角度来看，文化和旅游具有天然的耦合性；而从产业融合的角度来看，则源于两种产业在产业特征上的相似性，以及现代经济活动发展的实践性。

文化产业和旅游产业的融合具有以下必然性：

第一，产业的高度关联性。文化产业和旅游产业都以资源为基础，以产品为载体，以技术为手段，以经济为目标，两者具有越来越高的重叠性。例如，在旅游行业中，专门开发文化资源产品的企业本质上属于文化产业，如景区游览服务、休闲观光游览服务等。同时，文化产业中的创意设计、演艺、影视企业也为旅游业提供了新的资源和产品。

第二，产业转型升级的需要。两种产业都在经历由粗放式向集约式转型的过程。尽管我国旅游业已进入世界旅游大国行列，但在从传统粗放型发展模式转向集约型发展模式的过程中，需要与文化产业密切联系，进一步丰富文化要素，提升旅游的价值内涵、文化内涵、科技内涵，发展优质旅游。从文化产业的角度来看，旅游是文化传播、产品消费的重要载体，也是文化产业经济效益的重要来源。与文化事业不同，文化产业在经济效益与社会效益的统一上，强调面向市场、企业经营、满足消费、自我发展，因此加强与旅游产业的融合，更有利于文化产业共享管理经验和市场渠道。

第三，政策层面的引导规划。在1993年发布的《关于积极发展国内旅游业的意见》中，首次提出旅游业在满足人民群众文化需求及带动文化事业发展方面的重要作用。2009年8月，《关于促进文化与旅游融合发展的指导意见》的出台，标志着文旅融合的理念得到了文化部与国家旅游局的高度认可与推动。2014年，文化部和财政部发布了《关于推动特色文化产业发展的指导意见》，该意见重申了要"加快特色文化产业与旅游等相关产业融合发展，提升产品品质，丰富产品形态，延伸产业链条，拓展特色文化产业发展空间"[1]。2018年，文化和旅游部的正式成立，标志着文化部与国家旅游局的机构整合正式完成，这一举措从政府层面有力地推动了文化与旅游两大产业的深度融合。在中国共产党第二十次全国代表大会的报告中，再次明确提出了"坚持以文塑旅、以旅彰文"的战略方向，强调要持续推动文化和旅游的深度融合发展。这一理念为两大产业的未来协同发展指明了方向。

---

[1] 文化部、财政部：《关于推动特色文化产业发展的指导意见》，https://hct.henan.gov.cn/2014/08-27/802674.html，访问日期：2024年7月30日。

五、文旅融合策划

在《说文解字》中,"策"字由"竹"为形旁,"朿"为声旁,其本义为竹制的马鞭。而《康熙字典》引《蔡邕·独断》所述,"策"又指"简",单独书写的一行为"简",将多行"简"连编起来则称为"策",用于记载文字,进而引申为计谋、策略之意。"划"主要指的是设计活动,亦可引申为制定策略或提出建议。现代社会中的"策划"一词,涵盖了策略规划、预先计划安排等多重含义。

从管理学的视角来看,策划与管理之间存在着紧密的互动关系,两者相辅相成,共同推动项目向前发展。策划,作为确立目标与战略的过程,为管理活动奠定了基础,并指明了行动的方向,确保了管理决策与组织愿景的高度契合。管理,则通过其核心职能——组织、领导、控制及人员管理,将策划视为起点,为后续的管理活动构建了必要的框架与指导原则。管理的质量与效率直接影响策划的成功与否。策划的有效执行,离不开管理层的坚定支持与承诺,而管理通过持续的监控与评估,为策划提供了宝贵的反馈与改进机会,确保策划活动能够灵活适应市场环境的不断变化。策划与管理均以提升效率和效果为共同目标。策划通过明确的目标设定与清晰的策略规划来提升效率,而管理则凭借卓越的执行力来确保这些效果能够得以实现。因此,在管理学的框架内,策划与管理相辅相成,共同构成一个完整的体系,确保组织能够灵活应对各种挑战,稳步实现其长远目标。

文旅融合项目策划,其内涵丰富,主要包含两个层面:一是创意设计层面的场景策划,这涉及空间布局与表达内容的策划;二是实际开发与执行层面的策划,这涵盖了项目投资、资产运营、盈利模式的设计,以及运营与管理的全面规划。这两方面相互融合,共同推动文旅融合项目的成功实施。

第二节 文旅融合的意义

在当今社会，文化与旅游的深度融合不仅是产业发展的一种新趋势，更是推动社会全面进步与文化繁荣的关键策略。文旅融合的意义不仅体现在经济的增长，更关乎文化的传承与创新、旅游体验的升级、社会教育的丰富以及国家形象的积极塑造。

一、文化产业促进旅游产业的转型升级

文化产业的蓬勃发展极大地拓宽了旅游资源的开发领域。无论是文化产业还是旅游产业，资源都是其发展的基石。具有市场吸引力的旅游资源是激发游客出游欲望、推动旅游产业发展的首要因素。文化资源中的非物质文化遗产、历史文化名城、文物古迹等，不仅是文化遗产的重要组成部分，也是人文旅游资源的核心依托。随着现代文化产业的兴起，文化市场日益繁荣，文化创意产业如节庆活动、演艺活动、文创产业园、影视文化等逐渐渗透到旅游资源开发领域，极大地丰富了旅游产品的内涵，拓宽了旅游开发的外延。

此外，文化产业的发展还延长了旅游产品的生命周期。一些旅游目的地之所以由盛转衰，很大程度上是因为旅游产品供需失衡。文化产业通过创新和升级，为旅游产品注入了新的活力，满足了游客日益多样化的需求，从而延长了旅游产品的市场寿命。同时，文化产业的发展也促进了旅游产业的消费升级，从基本的吃、住、行需求扩展到娱乐、体验、发展性消费等更高层次的需求，推动了旅游产业的全面转型发展。

二、旅游产业拓展文化产业的发展空间

旅游产业在促进文化资源的开发与保护方面扮演了重要角色。许多地区采取修复、保护和传承文化资源，并将其开发成旅游景区的模式，以此推动地区社会经济的发展。近年来，我国文化资源丰富的地区通过发展旅游产业，不仅带动了地区经济价值的增长，还加大了对文化资源保护的投入，形成了保护与开发的良性循环。

旅游产业不仅是文化产品的有效展示平台，也是推动其市场化的重要力量。我国丰富的历史文化资源，如世界文化遗产等，常被开发为国家 5A 级旅游景区。这些景区不仅具有极高的旅游经济价值，还成为文化产品传播与体验的有效载体。文化产品的供给可分为经济性和公益性两大类。旅游产业的融入促进了文化资源向文化产品的转化，通过市场经济属性，推动了旅游文化产品的开发与多样化，进一步满足了人民群众多层次、多方位的文化需求。

同时，旅游产业还促进了文化产业的交流与传播。文化产业的交流与传播是多个地区之间因具有显著的文化差异而进行的互动活动。游客的跨区域流动成为文化传播的重要桥梁，旅游客流既是旅游活动的参与主体，也是文化流动的重要载体，推动了不同地区文化产业的互动与融合。在高质量发展的背景下，文化产业面临结构调整和效率提升的挑战，需要开拓新的发展空间。旅游产业与文化产业密切关联，旅游产业本身具备广阔的市场空间和广泛的产业关联属性，会吸引更多文化资本涉足该领域。同时，旅游产业作为文化产品的重要载体，通过文化资源的保护与开发，丰富产品供给，在推动文化交流与传播的同时，进一步拓展了文化产业的发展和升级空间。

总体而言，文化和旅游产业的融合能够极大优化两个产业自身的结构，提高产业发展效率。一方面，文化产业在促进旅游产业融合过程中具有渗透

和提升功能，通过深化和拓展旅游产品的内涵和外延，推动旅游产业的转型升级；另一方面，旅游产业发挥引致和扩散功能，推动文化资源向文化产品的转换。

第三节　文旅融合产业发展的背景

文化产业和旅游产业在文化资源、文化产品、文化创意及文化消费者等多个维度上展现出显著的共性与伴随性。这两个产业相互关联、相互促进，融合渗透的现象由来已久。文化产业与旅游产业边界的开放性与模糊性，为二者的深度融合创造了无限可能。

旅游产业和文化产业具有全局性强、相互依存度高、产业链长、融合性强的特点。正是这些特点，构筑了两者间良好的融合基础。文化产业和旅游产业的融合，是多种因素交织作用的必然结果，既拥有先天的基础条件，也符合双方利益趋同的前提，因此其融合趋势具有不可逆转的必然性。两者融合的动力，既包含内生动力，也得益于外在力量的推动。消费需求是融合的原动力，旅游产业转型升级是融合的压力，技术创新是融合的推动力，文化体制改革是融合的支撑力。这些是文化产业与旅游产业融合的动力之源。

一、内生动力

文化产业和旅游产业融合发展的内生动力是关键因素。内生动力是指旅游产业与文化产业融合发展过程中，产生于两大产业内部、致使其运动与发展状态发生变化的力量。这种融合的内生动力主要来源于两大产业的内在关联性、游客需求的演变，以及在市场竞争中对收益最大化的追求。

融合的内生动力根植于人们对旅游更高层次需求的追求。游客需求的转型升级正是文化产业与旅游产业融合的核心动力。随着经济的发展和社会的进步，人们的旅游消费趋向理性，从传统的观光旅游转变为更加注重文化精神体验和个性化、体验化的旅游。这种需求的转变成为推动文化产业与旅游产业融合的原动力。

旅游活动的本质在于体验，它是一种游客寻找文化差异的体验过程。文化的差异性和多样性构成了旅游的魅力和吸引力。随着社会经济的发展，人们对精神文化的需求不断增长，他们不再满足于表层的观光旅游，而是对个性化、高层次、多元化的文化旅游产品表现出更大的兴趣。游客对文化旅游目的地的传统民俗节庆、地域历史文化、古典民族建筑、民俗文化表演等人文资源的关注日益增加。他们希望通过深度体验来丰富自己的阅历和见闻，满足对异域文化的求知、审美、愉悦和享受的高层次精神文化需求，提升文化品位，实现自我发展。

深度融合的结果是文化旅游新业态的产生，它满足了游客对文化旅游日益增长的需求。这种新业态使游客能够更深入地了解和体验当地独具特色的文化和民俗风情，在享受自然风光的同时获得丰富的文化体验和精神满足。

在激烈的市场竞争中，追求企业利润最大化是文化产业与旅游产业深度融合的重要内生动力。由于旅游市场存在激烈的竞争，那些缺乏特色文化内涵、创意不足、结构单一的旅游产品容易被竞争对手模仿，导致旅游产品同质化和旅游服务过剩。因此，必须利用地域文化的独特性和不可复制性，与当地文化紧密结合，开发具有特色的文化旅游产品，以增强旅游的核心竞争力。

文化与旅游的融合是两大产业进行产业调整和升级的必然趋势。文旅融合是当前文化和旅游业发展的重要趋势，不仅涉及产业的调整和升级，也是旅游产业和文化产业突破发展瓶颈、实现转型升级和效率提升的关键。在这一过程中，旅游产业和文化产业的优化提升成为文旅融合的内在动力。与传统旅游产业相比，文旅融合更强调以自然景观为基础，以创新创意产品满足游客更高层次的需求体验，让游客深入了解当地文化，增强消费体验，创造多方面的利润。因此，旅游企业需要深入挖掘文化元素，创新和丰富旅游产品，提高产品的文化内涵和品质，以增强旅游目的地的文化魅力，吸引更多游客，提升市场竞争力。文化与旅游的深度融合不仅能带来更高的经济效益，也成为推动旅游经济增长的新动力。

近年来，越来越多的地区将文化产业与旅游产业的融合发展作为加快经济发展方式转型的重要途径，力求打破传统旅游产业的发展瓶颈，提高旅游经济效益，促进社会经济发展。企业对利润最大化的追求推动了产业的进步。文化产业和旅游产业的融合催生了文旅融合产业，这一产业因高附加值和盈利前景而受到青睐。随着旅游企业深入文化市场，两大产业的界限变得模糊，融合程度加深，推动了文化旅游产业的快速增长。这种融合不仅为旅游业带来新机遇，也促使旅游业的发展模式从传统的观光旅游转向注重文化体验和深度参与的新型模式，实现高质量发展。

二、外生动力

除了文化产业与旅游产业深度融合的内生动力，政府的积极引导与政策支持构成了不可或缺的外生动力，而技术创新与技术融合则是推动两者融合发展的关键催化剂。

政府通过制定一系列优惠政策与提供积极引导，成为文化产业与旅游产业融合发展的重要外部推手。为确保这一融合过程的顺利进行，亟须构建更加完善的政策支持体系，以营造良好的外部环境，加速两大产业的深度融合。

随着文化旅游业对经济社会综合发展带动效应的日益显著，地方政府纷纷意识到其在提升旅游品质、激发内需消费、增强地方品牌影响力等方面的巨大潜力，并相继出台了一系列旨在促进文化旅游业蓬勃发展的政策措施。

在国家层面，同样出台了一系列旨在加速文化产业与旅游产业融合发展的利好政策。例如，国务院在2009年颁布的《文化产业振兴规划》中，明确强调了支持文化产业与旅游产业融合发展的重要性。2018年，文化部与国家旅游局合并重组，成立了文化和旅游部。这一举措不仅标志着管理体制的重大变革，更明确提出了"宜融则融、能融尽融，以文促旅、以旅彰文"的指导方针，从根本上消除了文化产业与旅游产业融合发展的体制与机制障碍，为两大产业的深度融合注入了强大的政策动力与外部支持，显著推动了文化产业与旅游产业的协同发展。

文化软实力是 21 世纪国际竞争的新竞技场。2020 年，党的十九届五中全会明确提出，要"繁荣发展文化事业和文化产业，提高国家文化软实力"。[①] 文化认同是国家文化软实力的重要体现，对民族凝聚力的形成和国家竞争力的提升具有重要作用。旅游体验作为文化认同体验的一个重要方式，抓住了一个巨大的市场。因此，从中央到地方，各级政府都在大力推进文化旅游产业的发展，使之成为培养文化认同和国家认同的重要途径。文化遗产或文化景观代表着一个国家或民族历史上的文化成就，依托这些资源的文化旅游能够弘扬本国文化、教育本国人民、培育国家和民族认同感。通过文化旅游这种柔性教育方式，可以强化民族认同感和文化认同感，提升我国的文化软实力，增强中华民族的凝聚力，建设好中华民族共有的精神家园。因此，各级政府都积极制定有力的政策，为文化产业与旅游产业的深度融合搭建平台，促进文化旅游产业的发展。

科技进步也是文化产业与旅游产业融合发展的重要外部助推力。技术关联是两大产业融合发展的核心要素。随着新兴应用技术的发展和创新，现代科学技术的进步已成为文化与旅游两大产业融合的重要外部推动力。信息化促进了文化产业和旅游产业的融合，为两大产业的融合发展提供了技术条件和重要推力。

随着高新技术的发展，旅游产业对技术创新表现出自然的适应力和迫切需求。这种需求体现在旅游产品的更新换代上。许多景区通过采用高新技术手段，如数字展示技术、增强现实（AR）、虚拟现实（VR）等，将景区的隐

[①] 沈壮海：《繁荣发展文化事业和文化产业》，http://theory.people.com.cn/n1/2020/1204/c40531-31954744.html，访问日期：2024 年 7 月 30 日。

形文化可视化、静态文化生动化，从而增强了旅游产品的技术深度、交互感和体验感。例如，水幕电影利用LED技术和声光电效果，生动直观地呈现景区文化，为游客提供沉浸式的文化体验。技术创新的应用不仅提升了旅游产品的质量和游客的体验，还增强了旅游景区的吸引力，促进了旅游产业的可持续发展。

总之，文化与旅游两大产业的融合是内、外动力共同作用的结果。既有内生动力，如人们对旅游需求的转型升级、对文化旅游这一更高层次的需求、旅游企业追求利润最大化、文化产业的调整和升级等内在因素的推动；又有外生动力，如政府的政策支持和引导、文化体制改革的客观要求等外在因素的推动，而现代科学技术的创新发展则成为文化产业与旅游产业深度融合的重要催化剂。

第四节 文旅融合的基本原理

文旅融合的基本原理阐释了文化产业和旅游产业之间如何相互渗透、相互促进，共同塑造出一种全新的产业形态和价值链。这些原理不仅有效推动了文旅产业的融合，也为理解文化与旅游的内在联系提供了坚实的理论支撑。

一、文旅融合的理论基础

随着市场需求的日益复杂化以及人工智能（AI）、大数据等技术的应用，传统产业界限变得模糊，不同行业间的合作与竞争关系经历了深刻的变革。产业融合已成为新的发展模式和经济增长点，它不仅促进了产业结构的优化，增强了产业的核心竞争力和附加值，还为国民经济的高质量发展注入了新动力。文化和旅游业因其内在的特性和属性，具有天然的协同效应。文化产业和旅游产业的融合形成了一种互利共赢的模式，它们相互促进、共同发展。

文化产业借助旅游产业的传播和推广，提高了自身的知名度和影响力；而旅游产业则依托文化产业的丰富内容，提升了旅游产品的文化深度和附加值。在当前追求稳定增长、结构调整、改革推进、民生改善的时代背景下，文旅融合产业的发展将促进文化业和旅游业的转型升级，催生新产业的出现，激发企业的创新活力，并逐步满足人们对多元化、个性化和高品质文化消费的需求。

（一）产业融合理论

数字技术的迅猛发展促使不同产业之间相互交织，进而催生了产业融合的概念。内格罗蓬特（Negrouponte）在1978年首次提出了"数字融合"这一术语。他认为，照片、音乐、文件、视频和对话等多媒体内容能够通过相同的终端和网络进行传输与展示。[1] 在此基础上，格林斯坦（Greenstein）和凯纳（Kanner）在1997年将产业融合定义为产业边界的模糊或消失，以适应并促进产业的扩张。[2] 随后，植草益（Masu Uekusa）在2001年的研究中进一步指出，除了信息通信业，金融、能源、运输业（特别是物流业）也正处于快速的产业融合之中，并预测制造业的融合趋势将日益显著。[3] 事实上，产业融合是技术进步与监管政策放宽共同作用下的结果。它催生了满足市场新需求的新技术、新产品，尤其是在行业边界逐渐模糊的领域。

从当前全球产业融合的实际情况来看，推动其发展的两大核心因素是技术革新与监管放松。一方面，技术革新作为产业融合的根本驱动力，不断带来替代性或互补性的新技术、新工艺和新产品。这不仅重塑了传统产业的成本结构，也为产业产品开辟了新的市场空间，从而加剧了产业间的相互渗透

---

[1] 吴越：《媒介融合趋势下盐城广播新闻节目形态创新研究》，《视听》2015年第10期。
[2] 丰志培、刘志迎：《产业关联理论的历史演变及评述》，《温州大学学报》2005年第1期。
[3] 唐丰义：《研究新形势应对新局面——从企业视角学习十六大精神》，《中国集体经济》2003年第1期。

与融合。另一方面，监管政策的放宽为产业融合提供了外在的催化作用。它打破了自然垄断行业的壁垒，允许这些行业通过技术和经营优势跨界渗透，增强了跨产业竞争的活力。以邮电通信产业为例，接入限制的取消为其他潜在运营商进入市场提供了可能，促进了电信、广播电视、互联网等不同行业技术的相互融合，共同构建了新型的技术平台和基础设施。

然而，需要明确的是，技术融合并不等同于产业融合。技术融合是产业融合的基础和前提，它涉及信息技术、生物技术、新能源技术等多个领域的交叉融合，可能催生新技术或优化现有技术，推动创新与效率提升。在技术融合的基础上，企业和组织进一步将融合技术应用于产品和服务中，创新业务模式，提供跨领域、多功能的综合解决方案，这才真正迈向了产业融合的范畴。

监管政策的放宽虽为技术融合创造了条件，但还需注意风险管理与市场公平竞争的维护，以保障消费者权益和社会公共利益。技术融合以市场需求为导向，历经技术融合、产品与业务融合、市场融合三个阶段，最终才能实现完整的产业融合，构建起新的产业链和生态系统。

产业融合最初在信息通信领域出现，但如今它已广泛地在多个领域中发生，打破了传统产业间的界限，催生出众多新兴产业。产业融合的三种主要方式——交叉融合、渗透融合与产业重组，各自代表了产业间融合的不同维度与内在动力机制。

第一，交叉融合是通过产业间的功能互补与延伸来实现的。交叉融合多见于高科技产业的产业链自然延伸环节，如电信、广播电视与出版等产业的深度融合。

第二，渗透融合得益于高新技术的强大渗透力和放大效应，它能无缝地融入传统产业之中，显著提升传统产业的效率与竞争力。这种融合多发生在高科技产业与传统产业的交汇地带。例如，自20世纪90年代以来，信息技术与生物技术的广泛应用，促进了机械电子、航空电子、生物电子、电子商务等新兴产业的诞生。

第三，产业重组主要发生在相互依存度高的产业之间，尤其是大型产业内部的细分产业之间。通过重组，这些产业形成了全新的产业形态，推动了产业的升级换代。以农业为例，为了顺应时代发展，农业通过生物链的联结，将种植业、养殖业与畜牧业深度融合，催生了生态农业这一新型产业模式。这一变革不仅满足了市场的多元化需求，也极大地提高了农业生产的综合效率。

（二）价值链理论

迈克尔·波特于1985年首次提出的价值链理论，旨在深入分析企业内部竞争优势的构成。该理论将企业视为一个在设计、生产、销售、配送及辅助产品过程中进行各类活动的综合体系。这些活动可以通过价值链这一模型来直观展示，从而清晰地描绘出价值创造的全过程。价值链活动被划分为基本活动和辅助活动两大类。基本活动涵盖内部后勤、生产经营、外部后勤、市场营销以及服务；辅助活动包括采购、技术开发、人力资源管理以及企业基础设施，它们共同为基本活动提供必要的支持与保障。借助这一理论框架，企业能够更深刻地理解其价值创造机制，并精准识别与优化自身的竞争优势。

价值链的内涵主要包括以下几个关键点：首先，价值链是企业内部一系列价值活动的集合，这些活动既包括基础性的生产运营活动，也涵盖辅助性的支持保障活动；其次，价值链具有周期性特征，这一特征在产品或服务的整个生命周期中尤为显著，从原材料采购到生产制造，再到产品配送、销售推广及售后服务，每一个环节都直接或间接地影响着最终产品的价值贡献，各环节之间相互依存、相互作用，共同致力于实现价值增值的最大化；最后，价值链的本质是一条增值链，其核心目标是通过不断优化价值创造过程，提升产品或服务的附加值，以更好地满足消费者日益多样化的需求。值得注意的是，价值链的价值增值不仅体现在产品的物质形态上，更涵盖了品牌塑造、服务质量提升、用户体验优化等多个维度。

价值链理论强调通过优化各个环节来提升整体的竞争力和效率。在文旅融合的背景下，这表示需要整合文化和旅游资源，开发新的旅游产品，提升旅游体验，同时保护和传承文化遗产，以实现文化产业和旅游产业的共同发展。文旅融合通过系统内部各子系统或要素之间的相互作用和耦合，促进两大产业在从原材料到最终消费者的全过程中各环节的优化和协同，从而不断提升产品或服务的价值，满足市场需求。

（三）产业价值链理论

文化产业与旅游产业的融合"是在产业价值链模块化基础上发生的，融合的实质是旅游产业价值链与文化产业价值链的解构与重构"。

产业链理论最初由经济学家阿尔弗雷德·马歇尔（Alfred Marshall）在《经济学原理》一书中提出，并逐渐被广泛应用于产业经济学领域。该理论揭示了不同产业间基于技术和经济联系形成的链状结构，涵盖了价值链、企业链、供需链和空间链四大维度，共同构成了产业链的完整体系。

旅游产业价值链贯穿于旅游产品从生产到消费的整个流程，涵盖了价值传递的各个环节。这一价值链由旅游产品供应商、旅游中间商及旅游消费者三大主体构成，展现了旅游产业内部的精细分工与紧密合作模式。旅游产业的六大基本要素——吃、住、行、游、购、娱，紧密围绕满足消费者需求这一核心，通过横向组合的方式组织旅游活动，实现旅游产品价值的整体提升。

文化产业与旅游产业的融合，则是两大产业价值链在模块化背景下相互解构与重构的结果。这一过程极大地拓宽了各自产业价值链的边界，促进了两大产业在更广泛、更深入的层面上实现融合。文化产业通过创意策划、生产制作、文化传播、文化消费等环节实现文化产品的价值增值，其中创意策划作为价值链的基础与核心，通过创新思维赋予文化产品深刻的意义。这些文化产品随后转化为实体形态，如影视作品、游戏软件等，并通过多种媒体渠道广泛传播至消费者手中，完成文化价值的最终实现。

在价值链层面，文化产业与旅游产业存在显著的相通性。文化产业以其多样化的表现形式（如影视、动漫、音乐、演艺等）成为旅游目的地宣传推广的有效手段，不仅丰富了旅游内容，还提升了旅游目的地的品牌形象，成为旅游产业链的自然延伸与拓展，共同构成了全新的文化旅游产业链。

大力构建文化旅游产业链，推动文化与旅游的协同发展，是实现二者融合的关键路径。文化产业与旅游产业的融合发展应遵循"宜融则融，能融尽融"的指导原则，准确把握两者的共同点，寻找最佳的结合点。这将促进文化产业和旅游产业在多个领域实现全方位的深度融合，确保两者的协同发展、资源共享和优势互补。这种融合将为文化和旅游两大产业注入新的动力和创新引擎，塑造文化旅游产业发展的新优势。

二、文旅融合的基本路径

与产业渗透相比，更深层次的产业融合体现在产业交叉和产业重组上。文化旅游产业正是文化产业和旅游产业交叉、重组的结果。在现代社会中，人们对旅游活动的需求不仅限于传统的娱乐休闲，更追求文化审美体验和自我发现，从而使文化旅游产业成为一个细分市场。文化旅游产业汇聚了文化企业和科技手段，专注于文化资源的开发、创意和创新，具有文化创意的特性，同时依托旅游市场和盈利模式，属于旅游产业的一部分。"以文促旅，以旅彰文"的理念促进了文化和旅游两个产业的互利共赢。

文旅融合需要协调好传统文化传承与现代产业创新、不同文化之间的和谐共存、文化守正与创新发展之间的关系，重视文化精髓的挖掘与展现。在理念融合的基础上，应实现资源融合、功能融合、产品融合、营销融合、市场融合，并通过技术、资本和人才的融合来推动文化产业和旅游产业各个环节的融合（见图1-1）。

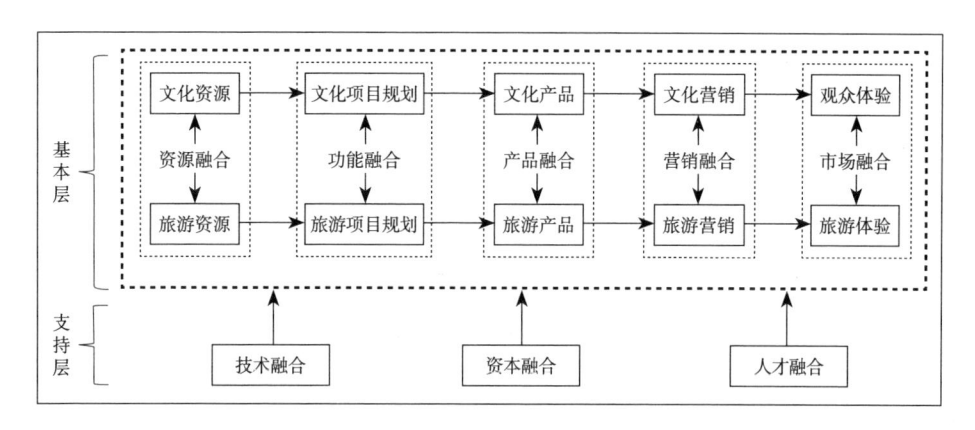

图1-1 文化产业和旅游产业融合路径

第一,资源融合。一方面,文化以资源要素的形式进入旅游市场,创新旅游内容,丰富旅游产品种类,以满足日益多样化的旅游需求;另一方面,旅游拓宽了文化效益的创造渠道。旅游产业的流动性特征有效弥补了文化地域性的局限,通过开发如文旅小镇、文化产业园区等的旅游资源,不仅加速了多层次市场的构建,还促进了文化的有效传承与传播。

第二,功能融合。文化产业为旅游产业注入文化产品与文化创意,开创了文化旅游的新模式,进一步为全域旅游下的新型城镇生活空间提供了坚实的文化基础与有力支持。旅游则作为文化体验与文化传播的载体,促进了文化的交流与发展,增强了文化自信。同时,旅游产业也为文化产业提供了独特的文化内容生产与消费渠道,显著提升了文化产业的经济与社会效益。

第三,产品融合。从细微的文创纪念品到宏大的文旅景区、公共文化场馆乃至城市文旅综合体,均可成为文化产业与旅游产业产品融合的桥梁。文旅融合的高级形态是文旅一体化发展,如主题公园等项目,它们以特色文化为核心,辅以完善的旅游设施,实现了食、住、行、游、购、娱、学、养等全产业链的深度融合。

第四,营销融合和市场融合。文化产业与旅游产业均致力于满足现代人对精神消费的需求,在生产与消费市场上存在广泛的交叉与重叠。随着物质生活水平的提高,居民在日常消费中对文化与休闲的需求日益增长,文旅产品的融合成为满足美好生活需求的重要途径。此外，文化和旅游部门的合并，有效解决了过去多头管理、职责不清的问题，进一步推动了文旅市场的深度融合。

第五，技术融合。数字技术不仅为文旅融合提供了强大的技术支持，其开放性、交互性与共享性更是引领了产业发展的新路径。数字技术的发展不仅开启了产业融合的新篇章，还重新定义了文化和旅游的消费模式。文化的数字化拓展丰富了旅游产品的供给，技术融合更催生了全新的文旅融合产品体系，如现代数字文旅产品等。同时，文旅产品的数字营销也构建了统一的数字生态共同体。

第六，资本融合。借助金融机构开发的创新性金融产品和服务，可以有效激发社会投资活力。在直接融资方面，支持文旅企业扩大上市融资规模，鼓励其通过并购重组提升市场竞争力。同时，利用政府投资工具支持和完善文旅融合项目的基础设施建设，引导社会资本投向文旅融合项目，从而推动文化产业与旅游产业的深度融合与持续发展。

第七，人才融合。文旅融合涉及创意策划、设计、开发建设、运营管理等多个领域，需要跨界知识与能力的复合型人才作为支撑。因此，需打破文化人才与旅游人才培养的界限，构建"多元、开放"的文旅协同育人体系，并加强人才教育与行业需求的对接，加速培养文旅策划与运营领域的跨界人才。

三、文旅融合的主要模式

文旅融合主要通过文化和旅游产业的渗透、交叉重组等方式实现。产业渗透发生在文化产业和旅游产业的边界，形成了以旅游产业为主体，叠加文化的"文化+"模式，以及以文化产业为主体，引入旅游元素的"旅游+"模式。产业交叉重组催生了文化旅游产业，标志着文旅融合进入了发展的新阶段，形成了一系列新型文旅融合业态。

（一）旅游产业 + 文化

在社会学家的视角下，文化由信仰、价值观、规范与法令、符号、技术以及语言六种基本要素共同构成。依托成熟的旅游产业，通过在旅游资源中凸显或融入文化符号和技术等要素，不仅使自然旅游增添了文化体验的深度，也促进了文化旅游领域新活动模式的开拓。

"文化+"模式主要有两种实施策略：一是挖掘和提升旅游资源中的固有文化要素。在自然旅游中，除了欣赏自然美景，还应强化文化体验，利用自然资源中的人文气息丰富旅游内涵。随着游客文化素养的提高，他们对旅游的需求已经超越了单纯的自然景观欣赏，扩展到了对本地文化的全面体验。以桂林为例，除了其著名的山水景观，桂林还拥有2000多年的丰富历史，包括夏商时期的百越文化、秦代的桂林郡、明清时期的桂林府，以及近现代的历史事件。通过整合城市历史、名人逸事、地方美食、传统活动等文化要素，桂林开辟了与山水观光相辅相成的城市文化旅游线路，增加了旅游的深度，提升了旅游产品的品质。二是利用现代文化技术转化文化资源为旅游资源。文化旅游从一开始就将文化资源作为其核心吸引力。它的核心在于提供文化感知体验，这要求对现代人群的文化需求有准确的理解。通过技术创新和艺术创新，结合多种文化元素，打造主题文化场景，为游客提供沉浸式的文化体验。迪士尼乐园和环球影城是文旅融合的典范，它们将影视文化IP融入旅游业，通过不断的创新和延伸，将IP资源拓展至游戏、动漫、文创产品等，实现了文化资源从单一、浅层开发向多元、深度开发的转变，形成了具有持续吸引力的文化旅游资源。此外，文化的广泛性也促进了农业旅游、工业旅游、购物旅游等新业态的发展，将农业、工业成果和经济消费要素转化为旅游资源，激发了旅游产业发展的新动力，丰富和提升了旅游消费产品。

（二）文化产业＋旅游

文化产业在文化创意、生产及文化保护的过程中，积极融入了旅游元素。旅游业被视为一种文化交流的方式，其中游客自带的文化背景、旅游经营中的企业文化与旅游目的地的社区文化往往相互交织，形成差异。当这些不同的文化相遇时，它们会通过反复的"借用"与融合，逐渐靠近彼此。由于游客是经济消费的主体，其短期内的经济行为往往对当地文化的留存与发展产生重要影响。文化产业，作为建立在文化资源和文化自信之上的产业形态，通过旅游渠道展示其文化活动时，能够有效促进当地文化的正向传播与发展。在文化遗产的保护与开发中，引入旅游产业，形成文化遗产旅游，能够增强市场保护的力量。然而，文化产业与旅游的结合，其核心仍在于提升文化产业本身的效益，旅游作为一种有效的文化开发和传播手段，而非最终目的。以北京的798艺术区为例，作为北京热门的文化旅游景点之一，它定位为北京的文化创意基地和文化产业示范园区，汇聚了众多艺术画廊、艺术家工作室、时尚文化体验馆以及影视、出版传媒、文化艺术等各类文化机构，是文化产业与旅游深度融合的典范。

（三）文旅交叉重组

文化旅游产业，在本质上虽隶属于旅游产业范畴，但其与"旅游＋文化产业"及"文化＋旅游产业"均有所不同。文旅产业的交叉与重组，是资本、业态、结构及市场等多方面深度融合的结果。在这一过程中，旅游效益的发挥更加依赖于对文化资源的创新开发。这不仅推动了产业内部的创新，还催生了会展旅游、体育旅游、节庆旅游、演艺旅游等一系列新型业态产品。文旅产业作为新兴的产业经济形态，开启了产业融合的新篇章，涵盖了文旅金融、文旅地产、文旅科技等多个领域，展现了强大的生命力和广阔的发展前景。

四、文旅融合的主要类型

基于文旅融合项目所依托的文化资源及产业实践经验，常见的文旅融合类型包括文化遗产旅游、主题公园旅游、研学旅游、演艺旅游、乡村文化旅游、文化产业园区旅游及文化新区旅游。以下是对这些类型的详细阐述：

第一，文化遗产旅游。作为传统文化旅游的重要分支，它以丰富的文化遗产资源为核心，如古城古镇、名人故居、民俗文物等，为游客提供独特的历史空间与体验。文化遗产因其深厚的历史积淀，自然拥有高度的文化价值和广泛的吸引力。在平衡传统与现代文化差异的过程中，对文化遗产的保护与尊重已成为社会共识。此类旅游强调对历史文化资源的深入挖掘与展示。

第二，主题公园旅游。主题公园是围绕特定文化主题，集景观、环境、设施及体验活动于一体的综合性休闲娱乐场所。以迪士尼、环球影城为代表，它们凭借非凡的想象力、创造力、服务品质及全球影响力，为游客打造了一个畅情寄怀、放松身心的物理空间。鉴于主题公园的高投入及相对较短的生命周期，其对文化主题的选择、创意的持续更新及 IP 建设提出了更高的要求。主题公园旅游属于典型的体验经济，需不断融合现代科技手段与游乐设施，以提升游客体验。

第三，研学旅游。这一类型继承并发展了我国悠久的游学传统，旨在通过旅游活动实现求知与习得的目标。起初，它主要面向特定的学生群体，但随着终身学习理念的普及，研学旅游已逐步向全年龄段扩展，成为文化、教育与旅游深度融合的新模式。政府及教育部门的多项政策文件，如《国民休闲旅游纲要》《关于推进中小学生研学旅行的意见》等，均对此给予了大力支持。

第四，演艺旅游。演艺旅游是文化与旅游深度融合的产物，从传统的剧院演出到实景演出，再到沉浸式互动演出，不断为游客带来新颖的文化体验。当前，旅游演艺已成为跨越时空的文化展示平台，全息投影、VR 等现代科技的应用更是为其增添了无限创意。演艺旅游打破了观众与舞台的界限，让游客从旁观者转变为参与者，如"剧本杀"等新兴项目就成功地为传统景区注入了新的活力。

第五，乡村文化旅游。依托乡村地区的农业、自然及文化资源，乡村文化旅游为游客提供了观赏、休闲、研学、康养等多种旅游产品。它不仅促进了农业多功能性的发挥，还推动了农业、工业、服务业的融合发展，成为乡村振兴的重要抓手。乡村文化旅游满足了现代人对乡村生活的向往与回归，是连接城市与乡村文化的桥梁。

第六，文化产业园区旅游。文化产业园区凭借其在产业集聚、产品供应、技术汇聚及协作机制等方面的优势，成为文旅融合项目的重要载体。政策文件如《关于推动国家级文化产业园区高质量发展的意见》明确支持文化产业园区向旅游消费集聚区转型。国内外众多成功案例，如法国诺曼底画家村、保加利亚科布瑞斯迪萨小镇及中国的北京798艺术区、良渚文化产业园，为文化产业园区的旅游开发提供了宝贵经验。

第七，文化新区旅游。文化新区作为城市文化生态与产业集聚的综合区域，以城市文化品牌塑造为核心，是全域旅游实践的重要平台。通过优化文化景观、旅游产品、公共服务设施及基础设施等，文化新区实现了资源的高效整合与产业的深度融合，以文化旅游为引擎推动新区经济社会的全面发展。

【思考题】

1. 简述文化产业和旅游产业的区别和联系。
2. 简述文旅融合的时代背景。
3. 结合具体实例分析文旅融合可采取的路径。
4. 结合大数据时代背景，分析推动文旅市场融合的因素。

第二章　文旅融合价值链

【学习目标】

知识目标：深入理解文化产业与旅游产业的价值链内涵、独特特征及具体构成；掌握价值链协同创新的理论与实践。

能力目标：能够系统梳理并整合价值链的关键环节；运用动态分析视角，有效识别并评估价值链重构所催生的新业态。

素养目标：培养并具备价值链创新思维意识。

【导读】

厦旅武平文旅项目是厦门旅游集团与武平县国有企业——武平县天然文化旅游投资有限公司共同组建的项目。该项目通过设立武平厦旅酒店管理有限公司、武平厦旅旅行社有限公司及武平厦旅景区管理有限公司等多个运营实体，全面覆盖了武平全域旅游的推广引流、继续教育基地酒店的运营管理以及千鹭湖景区等多个核心板块。

厦旅武平文旅项目致力于推动武平旅游全产业链的协同发展。在食宿方面，怡氧酒店作为武平厦旅酒店管理有限公司的旗舰项目，为游客提供了高品质的住宿体验。在购物方面，项目精心打造了武平风物集，汇聚地方特色商品，满足游客的购物需求。在营销方面，通过厦旅武平文旅新媒体号及文旅武平等新媒体平台，项目有效提升了品牌知名度和市场影响力。

在游览体验上，武平厦旅景区管理有限公司与武平厦旅旅行社联袂推出了"桃溪茶寮赏花＋环千鹭湖骑行二日游"等经典旅游线路，其中尧禄村的3D彩绘网红村尤为引人注目，其墙绘作品围绕客家小院、客家桃源山村及农耕三大主题展开，生动展现了武平独特的文化风貌与自然景观。

千鹭湖景区则坚持资源保护与开发并重的原则，成功引入了精品民宿、房车露营、亲子乐园、骑行等现代文化休闲旅游项目，并定期举办民俗活动、互动研学及体育赛事，极大地丰富了游客的参与感和体验感。此外，桃溪茶寮露营基地的"桃韵楼"作为"武平绿茶"技艺传承研习体验馆，不仅传承了地方茶文化，还通过举办茶文化商贸旅游节等活动，进一步加深了游客对武平绿茶文化的了解和认同。[①]

第一节　文化和旅游产业价值链分析

1985年，迈克尔·波特（Michael E. Porter）在其著作《竞争优势》中首次提出了价值链的概念，将其定义为"进行设计、生产、营销、交货及维护其产品各种活动的集合"[②]。产业链是基于产品生产过程中分工协作而形成的上下游各环节之间的紧密联系。产业价值链则是这些环节中的企业通过特定的价值通道相互连接，共同构成的价值活动链，其核心在于"价值创造"，体现了产业价值的传递、增值与转移过程。尽管不同行业的价值链在构成与表现形式上各有特色，但价值链的基本理念具有广泛的适用性。

相较于新兴的文化产业，旅游产业拥有更为传统和成熟的运作模式，其资源、产品及市场领域相对稳定，产业分工链条和价值链也更为完整。文旅融合的过程，本质上是对原有文化和旅游产业链、价值链的重构与整合，旨在创造新的竞争优势。

[①] 邱晓丽、王发祥：《武平尧禄，3D墙绘绘出别样风景》，《福建日报》2018年11月15日，https://www.sohu.com/a/275537058_100218306，访问日期：2024年7月10日。

[②] 迈克尔·波特：《竞争优势》，陈丽芳译，中信出版社，2014，第16页。

一、文化产业价值链

文化产业的价值链是一个围绕文化创意生产，通过多元化渠道进行销售，实现价值持续增值的系列活动链条。其核心活动包括：

第一，内容创意。作为整个文化产业价值活动的起点与关键，内容创意是激发文化产品独特性和吸引力的源泉。

第二，设计与生产。将抽象的创意转化为具体可感知的文化产品，通过媒介和工具的运用，提升产品的效用，满足消费者的体验需求。

第三，营销。作为文化产品传播的重要桥梁，通过多元化的营销路径，将文化创意的价值传递给消费者，实现价值的增值与扩散。

第四，服务。文化产业与消费者之间的互动与反馈环节，通过提供优质的服务，增强消费者的体验感知价值，并可能促进二次文化衍生品的销售与服务。

从微观层面看，文化产业以创意为核心，将创意转化为知识产权，并通过授权、升值、转换等流程，实现价值的最大化增值。此外，文化产业还与其他行业广泛协作，形成横向的价值再造链条，进一步拓展其价值边界。

（一）文化产业价值链的内涵

文化产业在对文化资源的开发利用过程中，形成了由创意策划、制作生产、传播营销、消费等环节构成的价值链。创意策划作为价值链的起始环节，通过创意人才的智慧、设计与创作，开发出诸如构思、剧本、摄影、绘画等艺术作品。这一环节至关重要，因为它是后续文化产品开发的基础，只有富有创意和吸引力的构想，才能推动整个价值链的后续发展。随后，这些具有开发价值的创意构想经过制作、生产和加工，转化为实体产品，如小说、电影、电视剧、动漫、游戏、演艺等。接着，这些文化产品借助各种媒体和线下场馆，如互联网平台、广播电视、报纸刊物、剧院、景区等，广泛传播给文化消费者。最终，消费者购买并消费这些产品，虽然这一环节决定了文化产业价值的最终实现，但消费者的反馈评价对价值链上游的创意设计和生产等环节具有重要的强化或修正作用。

（二）文化产业价值链的基本特征

文化产业价值链以文化创意为源头，以文化产品为载体，旨在将具有原创性价值的文化创意最大化地制作生产与衍生开发，从而实现价值的生成、传递和增值。该价值链具有以下明显特征。

1. 以创意为先导

文化产业的核心在于知识、创意、设计等可再生资源，其中创意是首要且核心的要素。缺乏创意，即使文化再独特、再深厚，也难以转化为显著的产业经济效益。创意高度依赖于人才的心智能力，因此，创意人才成为文化产业中宝贵的生产要素。相应地，文化企业也倾向于在创造力人才丰富的城市文创街区或高校集中区集聚。

2. 满足精神需求

文化消费与一般的物质消费不同，文化消费主要满足消费者的精神需求，提升内在的幸福感和满足感。根据马斯洛需要层次理论，随着物质生活的丰富，人们会追求更高层次的文化消费。随着我国经济的持续发展和人民生活水平的提高，大力发展文化产业以满足人民日益增长的精神需求成为时代的要求。

3. 能产生全链条效应

与有形的农业和工业产品相比，文化产品具有可共享、可重复消费、可复制的特点。特别是在数字技术和互联网技术的支持下，文化产品内容的数字化和传播渠道的网络化，使同一文化消费品能够多渠道同时传播。传播与消费的频率越高，文化产品的价值增值空间就越大。此外，完整的文化产业不仅限于文化产品本身，还包括围绕核心产品衍生的产品体系和产业链条。例如，迪士尼公司从动画制作起步，逐步扩展到迪士尼主题公园，将动画形象实物化，衍生出多种文化产品，构建了涵盖创意设计、产品生产、销售、终端消费、品牌授权等多个环节的完整产业链和价值链，形成了多条相互关联的产品生产和品牌价值链条，包括品牌动画形象使用权的出让，主题公园中的各类旅游商品、演艺节目，玩偶和生活消费品的生产销售，以及相关书刊、音乐及游戏产品的出版发行，等等。

（三）文化产业价值链的构成

构建完整的文化产业价值链，需有效整合创意人才、文化资源、资金、高新技术等核心要素。价值链上的各环节紧密相连、相互依存，共同推动原创性文化创意的规模化、产业化进程，最终实现经济效益的最大化。总体而言，这是一个价值持续创新、传递与增值的动态过程。

1. 创意生成

此环节作为文化产业价值链的起点，是产业链增值的核心驱动力。掌握创意源泉，意味着能够开发出具有市场潜力的核心产品，这些产品将在文化产业链中创造更高的附加值。创意源自艺术家、设计师等创意工作者的灵感火花，是文化产业不可或缺的核心要素。只有不断将原创知识与创意融入文化产业，才能持续催生新的盈利点。对于文化企业而言，精准把控创意生成环节，即掌握了产业链中的高附加值部分。

2. 文化产品的开发与制作

将文化资源中的无形创意转化为实际的文化产品，需要经历精心的开发与制作过程。这一过程涉及对文化元素的深度挖掘、核心特征的精准提取，以及从多维度进行的文化拓展与创意表达，旨在形成相互促进、互为补充的文化产品体系。好莱坞的"火车头理论"便是这一理念的生动体现，即以电影为引领，带动旅游、广告、游戏、娱乐、玩具、动漫等相关产业的联动发展。在好莱坞，电影投资前，众多行业的企业会围绕电影主题或角色展开文化衍生品的开发策划，电影票房往往只是整体盈利的一部分。

中国亦不乏成功案例，如北京联盟影业以电视剧《武林外传》为"火车头",成功衍生出包括网络游戏、川剧改编、短视频、动画片、话剧、动漫人偶剧、漫画书、毛绒玩具、文具及邮票在内的20余种产品。随后推出的《武林外传》电影版，以3000万元投入，斩获2.2亿元票房，在当年众多影片中脱颖而出，投入产出比位居前列。此外，该剧还极大地促进了江西省宜春市大段镇同福客栈等拍摄地的旅游热潮。

3. 品牌打造与知识产权保护

品牌不仅彰显了产品的品质与性能，还映射出企业的文化底蕴与信誉，助力消费者迅速识别并偏好选择商品，甚至甘愿支付溢价。当品牌形象足够强大时，可通过品牌授权、品牌延伸等策略，进一步拓展至实体文化产品及其他相关领域。因此，品牌建设对文化产业价值链的塑造、扩张与升级具有举足轻重的意义。知识产权作为创作者对其智力成果的法定权利，为文化产业的稳健快速发展构筑了法律基石。文化产业的繁荣，在很大程度上依赖于知识产权的有效保护。

4. 商业推广

文化产业从业者，包括制作人、品牌授权商、代理商等，通过精心策划的运营活动，将文化产品推向市场，满足消费者的需求。为降低行业风险并实现预期收益，文化产业需探索多元化、多渠道的传播策略。新媒体技术的迅猛发展，极大地促进了文化产品的创意孵化、制作生产及营销传播。整合产业资源，充分利用新媒体平台，成为推动文化产业发展的有效途径之一，有助于延长并丰富文化产业链。经济、文化、技术等多因素深度融合，增强了业态的渗透力与辐射力，催生了文化产业的新模式，拓宽了产业边界，并驱动了文化产业价值链的转型升级。

5. 消费

消费是文化产业价值链的最终环节，对整个产业链的健康发展起着至关重要的作用。随着信息技术的发展、生活水平的提高及市场文化产品竞争的加剧，消费者对文化产品的需求日益呈现多样化与个性化、高品质与高价值、互动性与参与性、情感共鸣、教育性与启发性、社交性与共享性的特点。

当前文化产品市场中存在大量同质化和仿制产品，这些产品往往附加值低、产业链短，不仅影响文化产业的健康发展，也导致文化产业缺乏持续发展的动力，容易陷入低端同质化的困境。要打破这一局面，文化产业必须以消费者需求为出发点，通过市场调研、分析消费者画像、收集和分析客户反馈等来深入了解消费者的需求。

促进文化产业价值链与其他产业的深度融合，实现跨行业的价值创造和多样化创新，是文化产业持续发展的关键。消费者的文化消费能力对文化产业的发展具有重要意义，它不仅推动文化产业的繁荣，还能提升国民的文化素质和生活品质。

在构建价值链时，文化企业需要进行精准定位，借助现代大数据技术，专注于那些能显著影响顾客价值感知的关键价值活动。顾客价值感知的重要性在于，不同的购买性质和种类决定了每个阶段的重要性。文化企业应根据顾客的需求和价值感知，不断调整和优化价值链的构建策略，以满足市场和消费者的需求。

二、旅游产业价值链

旅游产业价值链可细分为纵向供需链条与横向协作链条两大部分。纵向供需链条主要由旅游供应商、旅游中间商及旅游消费者等共同构建，其中供应商与中间商具有不可替代的协作关系。而旅游产业的横向协作链条，则与文化产业中的横向价值再造链条有所不同，其产业价值由实物产品及无形服务共同承载，并最终传递给旅游消费者。

（一）旅游产业价值链的内涵

旅游产业价值链，是为满足游客从出发地至目的地全程旅游需求而形成的复杂系统，涵盖旅行社、交通、景区、餐饮、住宿（包括酒店与民宿）、休闲娱乐、旅游商品销售、研学体验、康养服务等多个环节。传统上，旅行社常作为价值链的核心，但随着旅游业态的多元化发展，酒店/民宿、旅游景区、研学机构、康养部门等亦有可能成为价值链的新核心。总体而言，旅游产业价值链是由不同文旅企业共同参与，通过上下游的紧密合作，共同为游客提供服务并创造价值的活动体系。

从整个旅游产业链的视角来看，为旅游者提供服务的企业围绕其消费行为形成了一个紧密相连的链条，这一链条同时也是旅游产品价值传递的通道。其中，直接满足游客食、住、行、游、购、娱、研、学、养等需求的核心企业，如旅行社、交通部门、餐饮企业、住宿设施、各类景区、旅游商店、研学机构、康养机构及娱乐机构等，构成了产业链的核心链条。此外，旅游产业的发展还广泛涉及农业、工业等第一、第二产业，如农业旅游、工业旅游项目，以及第三产业中的教育、医疗、策划设计等多个领域，它们为旅游产业提供了重要支撑。同时，政府、行业协会等管理部门在旅游产业链的治理中也扮演着不可或缺的角色。

核心旅游企业作为产业链的关键要素，与外围辅助企业及管理部门共同构成了旅游产业链的动态网络。这些外围企业和管理部门通过各自的职能分工，为产业链的顺畅运行和旅游产业的健康发展提供了必要的保障与支持。最终，所有核心旅游企业、外围辅助企业以及管理部门，通过其在产业链中的服务贡献，共同将旅游产业链塑造为一条充满价值的旅游价值链。

（二）旅游产业价值链的基本特征

旅游产业是一个多元且复杂的活动体系，涵盖了众多相互关联的经济活动，这些活动共同构成了一个紧密相连的系统。以下是旅游产业价值链的几个基本特征。

1. 层次性

旅游产业链从上游至下游可划分为四个清晰的层次：基础旅游供应商

（如旅游资源开发者）、专门旅游供应商（如酒店、景区管理公司）、旅游中间商（如旅行社、在线旅游平台）以及最终的旅游消费者。整个旅游价值链的核心目标是为终端消费者提供高质量的旅游服务体验。政府作为产业链的重要调节者和治理者，负责维护市场秩序并引导产业的宏观发展。

2. 整体性

旅游产品融合了食、住、行、游、购、娱、学、康、养等多种体验元素，其整体价值由旅游产业链上各个环节的旅游企业共同创造。因此，旅游价值链需要重视所有核心企业的整体价值创造能力，确保各环节间的无缝衔接和协同作用。

3. 依存性

旅游产业链中的各个环节，在核心企业（如景区、旅行社）的主导下，还表现出强烈的相互依存关系。随着传统上下游界限的模糊化，旅游产业链呈现出交错并存的态势，企业间的竞争与合作关系更加紧密。各企业间的协同配合程度对提升整条旅游价值链的竞争力至关重要，任何环节的短板都可能影响游客的整体旅游体验和对整个行程的评价。

4. 延伸性

在科技进步、社会需求变化以及旅游业务转型等多重因素的推动下，旅游服务已从传统的团队旅游模式转变为个性化、网络化的服务模式。这一转变促使旅游产业链的形态不断演变，新的旅游产业价值网络正在逐渐形成。许多原本与旅游不直接相关的企业开始与核心旅游企业合作，共同创造和分享旅游价值。

（三）旅游产业价值链的构成

一般而言，旅游产业的三大核心主体为旅游供应商、中间商和消费者，而旅游价值链包含以下四个主要环节。

1. 旅游吸引物的策划、开发与建设

旅游目的地供应商致力于策划、开发并建设包括旅游景区、度假区、主题公园、乡村旅游点、特色民宿、地方美食体验、特色购物街区等在内的多样化旅游吸引物，以此激发游客的旅游兴趣和动机。

2. 旅游产品生产和线路组合

当前，旅游产品（涵盖设施与服务）的供应范围已远远超出传统的"食、住、行、游、购、娱"六要素，进一步拓展至"商、养、学、闲、情、奇"新六要素。这一变化不仅丰富了旅游产品的内涵，也促使旅游接待设施和服务供给的全面拓展与深化。旅游中间商则根据市场需求，将这些元素灵活组合成多元化的旅游产品或线路，以满足不同细分市场的游客需求。

3. 旅游产品营销

旅游吸引物及旅游接待设施可以通过多种渠道自行组织营销活动。旅游批发商也可能针对其开发的组合型旅游产品举办专门的营销活动。在我国，旅行社的垂直分工体系相对模糊，许多旅行社同时扮演着批发商、代理商、零售商等多重角色，既能够向单个游客销售单一类型产品，也能够向其他旅行社提供组合产品。此外，随着"互联网+"时代的到来，线上线下相结合的营销模式越发普及，如"互联网＋旅游"与线下门店的互补互通，共同构成了旅游产品营销的新业态。

4. 游客消费与反馈

尽管客源地旅游消费者位于旅游价值链的终端，但作为旅游产品价值的直接体验者和受益者，其反馈意见对旅游产品的改进、再生产乃至整个旅游价值链的调整与重塑具有举足轻重的作用。特别是随着社交新媒体的蓬勃发展，如马蜂窝、大众点评网、小红书、抖音、微信、微博等平台，已成为游客分享旅游体验、发表反馈意见的重要渠道，它们对旅游产业的影响力日益增强。

第二节 文旅融合视角下的文旅价值链重构

文旅融合下的价值链重构，旨在通过文化的深度融入，显著提升旅游产品的附加值，并同步促进文化的广泛传播与有效保护。此融合模式不仅能够增强旅游目的地的独特吸引力，还能促进当地经济和社会的发展。

一、文旅价值链重构的背景

在全球化与信息化的今天，文化与旅游的深度融合已成为驱动产业转型升级的重要引擎。面对市场需求的新变化与技术革新的快速推进，文化与旅游的价值链正经历着前所未有的重构过程。以下从宏观政策、需求转变、产业转型等角度探讨这一变革的动因及发展趋势。

（一）宏观政策驱动

文化强国、乡村振兴等国家战略为文旅融合与价值链重构提供了坚实的政策支撑。各级政府不仅加大了对文旅项目的财政投入力度，直接促进了文旅企业的快速发展；还积极推动数字技术的应用，出台了一系列鼓励文旅企业智慧化转型、数字文旅项目开发等政策措施，有效引导、激励和支持了旅游行业的数字化转型。这些政策举措共同推动了旅游产业与文化产业价值链结构的优化升级与创新发展。

（二）游客需求的转变

从市场需求端来看，旅游价值链的重构深刻反映了价值链上下游企业对游客消费需求变化的敏锐洞察与积极应对。随着线上经济的蓬勃发展，在线旅游服务与智慧旅游行业迎来了前所未有的发展机遇，游客需求的变化从价值链终端逆向推动了整个文旅行业的深刻变革。家庭亲子游、自驾游以及康养类旅游产品备受青睐。同时，随着人们物质生活水平的提高与文化素养的提升，市场对高品质文化体验的需求日益增长，剧本杀、音乐会、旅游演艺、博物馆、文化体育活动、图书馆、美术馆、文化馆及历史文化街区等主客共享型公共文化空间，吸引了大量消费群体，进一步加深了文化产业与旅游产业的融合程度。这些变化不仅激发了文旅融合项目的不断创新，也推动了文旅产业链的深度整合与重构。

（三）文化和旅游产业的转型

1. 对客服务功能转型

开发个性化旅游产品已成为旅行社业务转型的核心策略，同时也是其重新定位市场、增强竞争力的关键所在。这种"个性化"的旅游服务模式推动了对客服务功能的全面转型，旨在精准满足游客日益增长的碎片化、高自由度消费需求，进而引领并促进整个文化和旅游产业的转型升级。

2. 文旅企业数字化转型

文旅企业的数字化转型正全面渗透至企业自身建设及客户服务的各个环节。在线预约、云旅游、云展览、在线订购支付、数字营销、在线评论等新型业务板块的兴起，以及"一部手机游""线上+线下"复合型运营模式、文旅项目智慧平台监管等实践，均彰显了当前文旅企业数字化转型的蓬勃态势。数字旅游内容的生产与数字文旅智慧平台的共建，为构建线上文旅价值链开辟了新途径，使流量运营成为线上旅游价值链的核心驱动力。数字治理在推动文旅价值链转型与重构中发挥着至关重要的作用。

3. 企业间合作模式转变

随着旅游业与现代消费需求的不断发展，旅游OTA（在线旅游代理商）、新媒体直播营销、社交网站等新兴业态崛起，旅游产业价值链的复杂性与多元性日益凸显。文旅融合进一步加剧了产业价值链的解构与重构进程：一方面，企业不再局限于单一产业价值链的参与，而是更多地涉足多个环节，形成跨领域合作；另一方面，原有的价值链单一价值环节逐渐细化，分解为多个子环节，由产业链上不同类型的企业共同承担与协作。文旅产业价值链的结构与协同方式发生了深刻变化，企业间的合作内容也从单一的产品或服务交易，拓展至资源共享、技术互补、业务共担、客源共拓、协同营销等多维度、深层次的合作，共同推动产业价值链的持续优化与升级。

二、文旅融合视角下的产业价值链重构

在文旅融合的视角下，文化产业与旅游产业的价值链重构发展可划分为利益驱动下的价值链融合与需求导向下的价值链重组两大类别。

（一）利益驱动下的文旅产业价值链融合

旅游产业与文化产业在资源、人力资源、规划与生产、消费市场及营销策略等方面展现出天然的耦合性与功能互补性。受利益驱动，两大产业通过产业价值链的双向延伸实现深度融合。融合后，文化产业与旅游产业的价值链被赋予了新的功能与活力。根据融合过程中主导地位的不同，价值链重组可细分为两类：一是文化产业向旅游产业渗透的兼并模式，二是旅游产业向文化产业渗透的兼并模式。例如，博物馆、纪念馆、文化创意产业园区、古镇古街及名人故居等文化场所逐渐向旅游功能转型；同时，旅游景区也通过引入各类演艺节目、研学项目等，增强了其文化服务功能。这些举措不仅拓宽了文化产业的市场边界，也丰富了旅游产业的文化内涵，实现了两大产业的互利共赢。

（二）需求导向下的文旅产业价值链重组

文旅产业价值链的重组与融合，旨在通过重新整合文化产业与旅游产业中的各类元素，包括资源、服务、体验等，以精准对接并满足游客的多元化、深层次需求，进而推动两大产业价值链的优化与升级。在此过程中，不

仅实现了产品与服务的深度融合,还激发了资本、技术、业态、管理等多领域的创新活力。例如,通过博物馆、艺术剧院、会展、中医理疗、体育节事、新媒体等文化或新兴业态与旅游产业的重组,催生了博物馆旅游、音乐旅游、演艺旅游、研学旅游、体育旅游、节事旅游等新型旅游模式。这些创新不仅有效扩大了消费市场,还更好地满足了游客对休闲度假与文化体验的高品质追求。

三、文旅融合价值链的主要环节

文旅融合价值链的主要环节紧密相扣,构成了推动产业高效运行与持续发展的核心链条。以下从资源开发与整合、产品设计与创新、市场营销与推广、服务提供与体验优化等关键环节出发,探讨各环节在文旅融合价值链中共同创造的价值,以及它们如何协同工作以形成完整的产业运作机制。

(一)资源开发与整合

作为文旅融合价值链的起点,资源开发与整合是项目成功的基石。此环节聚焦于识别、挖掘、保护和融合具有文化和旅游价值的资源,旨在提供独特的文化旅游产品与服务。具体而言,首先,要明确并界定具备文化和旅游价值的资源,包括物质文化遗产(如古建筑、考古遗址)、非物质文化遗产(如传统手工艺、民俗节庆)、自然景观等。其次,深入挖掘这些资源背后的历史、文化、艺术及社会价值,为产品开发奠定坚实基础。在资源开发过程中,必须强调资源的保护与可持续利用,确保文化遗产得到妥善保存,自然景观得到有效维护。最后,通过整合不同文化资源与旅游资源,创新性地打造主题旅游线路、文化体验项目等,为游客提供新颖、丰富的旅游体验,也为文化遗产的传承与发展注入新的活力。

（二）产品设计与创新

产品设计与创新是文旅融合价值链中的关键环节，它直接关联到游客体验的质量和满意度。基于深入的市场调研和资源整合，设计团队需准确把握目标游客的偏好与需求，结合当地文化特色，进行精准的市场定位。在产品设计过程中，应充分挖掘独特的文化元素，融入创新的设计理念，开发出具有差异化竞争优势的旅游产品，如主题旅游线路、互动式文化体验活动、高科技艺术展览等。同时，注重品牌形象的塑造与产品包装的设计，提升产品的市场识别度与吸引力。运用 VR、AR 等现代科技手段，增强游客的参与感与互动性，使文化体验更加生动、立体。此外，探索个性化定制旅游、线上线下融合体验等新型服务模式，以满足游客日益多样化的需求，提升整体旅游体验的质量与满意度。

（三）生产与制作

在文旅融合项目的推进中，生产与制作环节至关重要。该阶段依据产品设计的需求，精心采购或筹备各类材料和资源，如建筑材料、装饰品、技术设备以及艺术藏品等。同时，致力于建设与改造旅游基础设施，包括博物馆、文化中心、风景区及特色酒店等，以满足游客的多层次需求。若项目包含艺术展览或互动演出，则需精心策划演出内容、展览布局及互动体验环节，涵盖剧本编纂、舞台美术设计、灯光音响配置及演员排练等全方位工作。生产过程中，严格遵循质量标准，建立质量控制流程，确保每一步都达到预定要求。同时，积极采用环保材料与绿色工艺，践行可持续发展理念，减少对环境的影响。通过这一环节，文旅融合项目成功地将设计理念转化为现实产品，为游客带来高品质的文旅体验。

（四）市场营销与推广

市场营销与推广是文旅融合项目不可或缺的一环，旨在提升项目知名度，吸引游客，进而实现经济效益。项目负责人应进行市场调研，洞察目标客户的需求和偏好，分析竞争者的市场策略，为营销活动提供指导。

项目需要构建独特的品牌文化，包括易于识别的品牌标识和口号，并通过品牌故事传达其核心价值和文化特色。在推广阶段，应制订包含价格、促销、分销策略的综合性营销计划，以实现广泛的市场覆盖和客户接触。利用电视、广播、互联网、社交媒体、户外广告等多种渠道进行宣传。建立客户数据库，通过会员计划和忠诚度项目维护客户关系，提高客户复购率。

定期评估营销活动的效果，根据市场反馈和数据分析调整策略。有效的市场营销与推广能够增强项目的市场知名度，吸引游客，实现商业成功，并提升社会影响力。

（五）服务提供与体验优化

在文旅融合项目中，服务提供与体验优化是提升游客满意度的关键。服务人员需展现热情与专业，为游客提供周到服务。针对地方文化特色，配备专业导游，提供深入且有趣的文化讲解，增强游客的文化体验。同时，关注住宿、餐饮、交通及娱乐等各个方面，确保游客能够享受舒适且便捷的旅游体验。重视个性化服务，满足不同游客群体的特殊需求，如家庭游、老年游等。通过持续优化服务流程与细节，提升游客的整体满意度与忠诚度，促进口碑传播，吸引更多游客。

（六）运营管理与支持

高效稳定的运营管理是文旅融合项目持续发展的关键。项目需确保各项服务与设施顺畅运行，制订并执行严格的安全政策与应急响应计划，保障游客与员工的安全。加强成本控制与预算管理，提高资金使用效率，确保项目财务健康。定期对基础设施进行维护与更新，保持设施性能与安全，提升游客体验。此外，加强员工培训与管理，提升服务质量与效率。通过科学管理与技术支持，实现项目的稳定、高效与可持续发展。

（七）风险管理与质量控制体系

风险管理与质量控制体系是文旅融合项目顺利运行与持续改进的保障。项目需建立全面的风险管理体系，识别潜在风险并评估其影响程度，制定应对策略以减轻或避免风险。同时，建立风险监控机制，及时发现并应对潜在威胁。在质量控制方面，制定明确的质量标准与流程，确保产品与服务质量达标。定期进行质量检查与评估，收集游客反馈，持续改进产品与服务。加强员工质量意识培训，提升全员质量控制能力。此外，积极申请相关质量认证，提升项目信誉度与市场竞争力。通过实施这些措施，可以有效降低项目运营风险，提升产品与服务质量水平，确保项目的长期稳定发展。

第三节　文旅融合价值链的协同与创新

文旅融合价值链的协同与创新是一个涉及多元利益相关者与复杂环节的综合性过程。在此过程中，不同利益相关者之间的紧密协同发挥着举足轻重的作用。本节将深入剖析文旅融合价值链中利益相关者协同的重要性，并探讨如何借助数字技术促进产业价值链的创新与深度融合。

一、文旅融合价值链利益相关者的协同

文旅融合价值链利益相关者的协同，是指各利益相关者之间通过合作、协调与共同努力，以保障文旅融合项目的成功实施和持续发展。这一过程中，各利益相关者的角色与贡献不可或缺。

第一，政府。作为文旅融合项目的引领者与监管者，政府机构负责制定

宏观政策、提供必要的资金扶持、审批项目方案、监督实施进程并评估项目成效。它们需与各方保持密切沟通与合作，确保项目目标的顺利实现。

第二，企业。作为文旅融合项目的具体实施与运营主体，企业需与政府机构、文化机构、旅游机构等紧密协作，共同研发与推广富有创意的文旅产品与服务。企业间的合作对资源的高效整合、风险的共同分担以及利益的合理分配具有重要意义。

第三，社区。作为文旅融合项目的重要参与者和受益者，社区居民不仅为项目提供了丰富的文化资源和劳动力支持，其积极参与和广泛支持也是项目成功的关键因素。

第四，游客。游客的需求与反馈是推动文旅融合项目持续优化的重要驱动力。通过精准把握游客需求、及时收集并响应游客反馈，项目能够不断调整优化，以更好地适应市场变化，实现可持续发展。

（一）政府部门

在文旅融合价值链中，利益相关者的协同合作是项目成功实施与持续发展的关键。政府部门作为重要推手，与文旅融合项目的发展紧密相连。通过制定并实施《"十四五"旅游业发展规划》和《"十四五"文化产业发展规划》等政策与规划，政府部门为文旅融合价值链的发展提供了明确的方向和强有力的政策支持。这些规划不仅明确了文旅融合发展的总体要求、重点任务，还配套了保障措施，为文旅产业的蓬勃发展奠定了坚实基础。政府部门通过设立文化和旅游部，强化了文化产业与旅游产业的协同机制，促进了二者的深度融合，进一步推动了文旅产业的协同发展。同时，政府鼓励非物质文化遗产与旅游产业的深度融合，探索创新文化旅游资源的利用方式，有效拓展了文旅融合的空间和载体。此外，政府部门还致力于强化法治保障、规范市场秩序，为文旅融合价值链的健康发展营造了良好的外部环境。通过加强宏观指导与服务，政府部门推动建立了统筹协调的文化产业发展工作机制和格局，确保了文旅融合价值链发展的各项任务措施得以有效落实。

（二）企业

随着文旅融合项目的深入推进，企业作为市场主体，不断创新与进步，不仅增强了自身竞争力，还促进了跨界合作，实现了收入与利润的稳步增长。在文旅融合价值链中，企业扮演着至关重要的角色。它们运用创新思维和技术手段，开发出丰富多样的文化旅游产品和服务，充分满足了市场的多元化需求，推动了文旅融合价值链的升级与发展。同时，企业通过精准的市场营销和品牌建设，有效提升了文旅融合项目的知名度和影响力，吸引了更多消费者的关注与参与。在资源整合方面，企业积极整合文化资源、旅游资源和技术资源等，促进了产业链上下游的紧密合作，提高了文旅融合价值链的运作效率。此外，企业在追求经济效益的同时，也不忘履行社会责任，致力于文化的保护与传承，实现了经济效益与社会效益的双赢。通过引入VR、AR等新技术，企业还进一步提升了旅游服务的质量和体验，为游客提供了更加个性化、互动性强的文旅产品，进一步拓宽了企业的收入来源。

（三）社区

文旅融合价值链的发展对社区产生了深远的影响。它不仅促进了社区经济的快速增长，创造了大量的就业机会，提高了居民的生活水平，还增强了社区的文化底蕴和社会凝聚力。文旅融合项目深入挖掘并展示了当地的文化和历史内涵，增强了社区居民的文化自信心和认同感，促进了文化的传承与创新。同时，这些项目还通过举办丰富多彩的文化活动和展览，提高了公众对文化的认识和欣赏水平，促进了文化的交流与传播。在项目实施过程中，社区还积极关注环境保护问题，努力避免过度商业化对文化遗产和自然环境的破坏，确保了当地历史遗迹的可持续保护和发展。

（四）游客

文旅融合项目为游客带来了更加丰富、深入的旅游体验。通过融入丰富的文化元素，如博物馆参观、历史建筑探索和文化演出观赏等，游客得以更深入地了解和体验目的地的文化和历史。随着人们精神文化需求的日益增长，文旅融合项目为游客提供了更多元化的文化体验和深度旅游的机会。这些项目不仅满足了游客对精神文化的追求，还提升了他们的精神境界和文化素养。此外，文旅融合项目还通过乡村旅游等途径，为游客提供了多样化的旅游选择，使他们能够亲身体验不同的生活方式和文化特色，从而增添了旅游的趣味性和多样性。

二、数字技术驱动下的产业价值链渗透与融合

随着5G通信、AI、VR、AR、云计算等数字技术的日益成熟及其场景的广泛应用，传统旅游产业正经历着深刻的变革，标志着我国数字文旅产业步入了一个崭新的发展阶段。这一进程中，各类传统的文化旅游资源得以重新激活，新的旅游吸引物层出不穷。数字技术不仅为传统文化和旅游产业注入了新的活力，还通过技术创新衍生出新型文旅产品，深化了文旅产业与其他产业之间的融合，构建了数字文旅新型产业价值链，催生了规模庞大、影响深远的数字文旅经济效应。

（一）供给侧

以内容创新为核心，强化文旅新产品的创意开发，运用数字技术培育创新型的数字化文旅融合产品，以推动文旅产业新形态的构建。文旅产业融合的关键在于产品的创新，即体验内容的创新，"内容为王"是文旅产业供给侧改革的核心理念。

首先，将旅游与优秀文化深度融合，依托传统文化和民族文化资源，通

过深入挖掘、整理与提炼文化内涵，并借助数字技术的创新应用和创意开发，使文化焕发新生，研发出符合当前消费者喜好的创新型产品。其次，以数字技术为核心创新工具，加速开发和应用数字文旅产品，推动 VR、AR、5G、区块链等关键数字技术在文旅产业中的融合应用，如推出 VR 景区体验、AR 文化展示、基于 5G 的高速传输数字文化内容，以及利用区块链技术实现数字资产管理和版权保护等，这些不仅丰富了文化体验的形式，还增强了数字文旅产业价值链的创新动力。最后，通过建立旅游网站、社交媒体等在线平台，推广数字导游、数字导购等智能化旅游服务，为游客提供详尽的旅游信息和历史文化介绍，增强游客的消费体验。同时，通过多渠道整合营销，包括搜索引擎优化（SEO）、社交媒体营销等，加强数字营销，提高数字文旅产品和品牌建设的曝光度，利用大数据分析游客的行为和偏好，提供个性化的旅游建议和推荐，以增强用户黏性。

（二）需求端

在当今时代，消费者对文化产品和服务的需求日益提升，不再仅仅满足于基本需求，而是更加注重情感体验和个性化服务。互联网技术的飞速发展和大数据分析能力的提升，使旅游服务提供者能够更有效地满足消费者的个性化需求。通过互联网平台，旅游服务得以更加便捷、快速地定制和满足消费者的个性化旅游产品需求。

数字文旅的发展正是为了响应数字时代消费者对个性化体验的追求。游客消费理念和习惯的变化正推动着文旅产业向数字化转型。数字技术的应用使文旅产业能够更深入地了解并满足消费者的需求，提升服务质量和效率，推动产业创新与发展。以"体验至上"为发展导向，文旅产品和服务通过数字技术提供了更加沉浸式的体验，增强了互动性和个性化，从而提升了消费者的整体满意度。

通过大数据分析精准把握旅游市场的特征，文旅企业能够针对消费者的行为体验和深层次心理需求开发文旅产品，进一步提升消费者的满意度和忠诚度。新的价值链要求文旅产业不断创新，利用互联网平台和数字技术，提升服务质量和效率，满足消费者对高质量、个性化文化体验的需求，从而实现游客价值最大化，并在原有价值链中培育和发展核心环节的竞争优势。

三、5G+AI技术群主导的文旅产业业态创新

当前，第五代移动通信技术（5th Generation Mobile Communication Technology，5G）与人工智能（Artificial Intelligence，AI）的广泛应用，标志着科技与文旅产业正迈向"深度融合"的新阶段。5G+AI技术群正驱动文旅产业在创意设计、生产制作、运营管理、营销推广等全产业链上实现创新性突破，旨在促进数字经济与实体经济的深度融合，强化新一代信息技术与文旅产业的结合，以打造具有国际影响力的数字文旅产业集群，这已成为我国文旅融合发展的重要战略目标。

（一）高速率与文旅产业生产端新业态

在文旅产业的实际应用场景中，文化智能制造通过生产新型实体设备与虚拟产品，并实现文旅信息的全面互联互通，为消费者提供了更加丰富、多元且个性化的文化体验。首先，聚焦于新型实体设备，如便携式可穿戴设备，在5G技术的赋能下，结合VR/AR技术，能够带来前所未有的沉浸式景区直播与旅游演艺参与感。这些设备的高便携性、智能化及不断降低的技术门槛，使更多消费者能够轻松享受高质量的文化体验。其次，文化智能制造促进了新型虚拟产品的诞生，如线上音乐节、云端展览、虚拟景区等。这些产品广泛运用传感器与物联网技术，实时采集并利用物联网信息，不仅拓宽了文旅信息的传播渠道，还确保了数据的实时更新，让消费者能够第一时间掌握最新的文旅资讯。最后，文旅信息的互联互通是信息化时代的显著标志。在物联网技术的推动下，借助传感器等智能设备收集的数据，不仅能够

实现实时更新，还能通过云计算与大数据分析技术进行深度处理，从而实现文旅产品从生产到消费的全方位互联。纵向互联强化了文旅产品从策划、开发、运营到维护的全生命周期中各环节的数据共享与智能协同；而横向互联则打破了地域与行业界限，促进了不同文旅产品（如旅游景区、文化体验、住宿餐饮等）间的资源共享与优势互补，真正构建了"数字化采集—网络化传输—智能化计算"的全链条数字化体系。

5G与云计算的结合为文旅产业带来了前所未有的变革。5G的高速率、低延迟特性使万物互联成为可能，而云计算则提供了强大的数据处理与存储能力，使数据、软件与硬件资源得以高效整合于云端，为各类用户提供灵活便捷的服务。第一，云计算平台促进了文旅企业、政府与科研机构之间的信息共享与合作，不仅限于文本与数据的交流，更包括计算能力与软件服务的共享，极大地提升了行业的创新力与工作效率。第二，云计算平台加速了文旅资源的流通效率，降低了市场准入门槛，鼓励企业通过云端平台进行资源置换与联合开发，探索文旅产业的新蓝海。第三，通过与消费者共享信息，文旅企业能更精准地把握市场需求变化，灵活调整资源配置策略，有效降低成本与风险。第四，基于5G与云计算的云VR技术实现了内容在云端的存储与渲染，用户得以通过更轻便、经济的设备享受高质量的VR体验。这不仅推动了VR终端的轻量化发展，也为文旅体验带来了虚拟旅游、远程教学、在线展览等全新可能。

（二）低功耗与文旅产业运营端新业态

平台化已成为现代互联网的鲜明标志，尤其在5G与AI技术引领的智能化时代，网络平台的影响力更为凸显。5G技术的低功耗特性，得益于其高效的编码解码技术以及先进的信息处理算法，使文旅企业能够持续高效地收集和传输数据，为内容平台注入丰富的资源，提升用户参与度，并强化了用户生成内容（User Generated Content，UGC）模式的平台化效能。同时，5G基站设计上的能效考量，采用节能硬件及优化的电源管理技术，降低了能耗，延长了设备电池寿命，确保了移动设备能够长时间在线，让用户能够无缝浏览内容、观看视频及参与互动，进一步促进了平台在制作、播放及智能服务方面的一体化进程。

平台内容化与内容平台化共同描绘了数字内容生态系统的演变轨迹，它们作为文旅产业运营平台化的两大并行趋势，相互交织、相互促进。平台内容化指的是技术平台或服务提供商开始涉足并创作原创内容，从单纯的内容分发渠道转变为集内容创作与分发于一体的综合平台。这一过程不仅丰富了平台内容的多样性，还通过原创内容吸引并稳固了用户基础，如 Netflix 从电影租赁服务转型为原创影视内容提供者的案例。内容平台化则是内容创作者或提供商建立自有平台，直接向消费者提供内容，减少对传统分发渠道的依赖，从而掌握更多控制权并提升收入份额，如音乐家通过个人网站或应用发布音乐，利用 Patreon 等平台获得粉丝支持。

5G 与 AI 技术的深度融合，全面提升了大数据的生产、加工、传输与分配能力。文旅企业依托这些数据，能够更精准地把握用户需求，优化市场定位与决策，促使多元内容生产者、互联网平台及个性化用户群体共同构建出相互依存、共同繁荣的文旅产业生态系统。

物联网（IoT）的发展正逐步将生活中的物体转变为智能终端，通过收集和交换数据，实现了智能化与自动化的功能。这一转变不仅是技术领域的深刻革命，也是信息传播模式的一次根本性变革。传统信息传播模式主要围绕"人—人传播"，即信息的产生与传播高度依赖于人的直接互动。物联网则极大地扩展了信息传播的渠道与范围，催生了"人—物传播"及"物—物传播"的新模式，使信息能够在人与物体之间，以及物体与物体之间自由流通。

在这种新型传播模式下，物联网构建了一个"沉浸式"的信息环境，人们仿佛置身于由智能物体编织的信息网络之中。与此同时，抖音、小红书、哔哩哔哩等视频直播平台，不仅作为信息传播的重要渠道，还成为文旅场景直播和个性化内容创作的热土。用户通过这些平台积极参与内容创作与分享，促进了信息传播的个性化与多元化。基于用户生成内容（UGC）的传播模式，不仅极大地丰富了信息内容的多样性，还随着平台的不断升级与创新，为用户提供了更加广阔的参与空间与互动体验。

在5G与AI技术的双重驱动下，演唱会、体育赛事等活动的现场直播正经历着前所未有的变革。5G技术凭借其高速率、低延迟及高度可靠性，显著提升了直播的流畅度与画质，为用户带来了更加优质的观看体验。而AI技术的高效捕捉与处理能力，则让用户能够更快速地制作并上传视频，创造出更多个性化、多角度、高质量的内容。这意味着，无论是在演唱会的狂热氛围中，还是在体育赛事的紧张刺激下，用户都能轻松捕捉那些稍纵即逝的精彩瞬间，并迅速分享至社交网络或直播平台上。

此外，5G与AI技术的深度融合还引领了一种新趋势：视频制作、播放与平台服务的一体化。这一趋势赋予了用户前所未有的主动权，使他们从被动的观众转变为积极的内容创作者与参与者。通过直播平台，用户不仅能实时与观众互动，还能借助AI技术为观众提供更为个性化和定制化的观看体验，进一步推动了信息传播模式的创新与发展。

（三）大数据与文旅产业营销端新业态

5G和AI技术群以其高速率、低延迟的特性，为各行业注入了海量数据资源的新活力。在文旅产业营销端，大数据分析已跃升为营销活动的核心驱动力。通过对用户数据的深入挖掘与分析，文旅企业成功实施了智能推荐与场景建构策略，不仅极大提升了营销投放的精准度，还有效提高了运营效率。智能推荐系统紧密贴合用户的偏好与行为模式，提供个性化的产品和服务推荐；而场景建构则依据用户的实时环境与需求，推送更为贴切的内容与优惠信息。这一系列基于数据的策略营销举措，不仅优化了用户体验，还助力企业精准把握市场动态，作出更为明智的市场决策。

反观传统的文旅产品营销模式，广告投放往往依赖于广泛的媒介渠道，虽能提升产品知名度，但精准度不足，难以有效触及目标客户，进而影响了消费转化率。然而，5G与AI技术的融合应用彻底改变了这一现状。文旅企业能够依托海量用户数据，运用先进算法精准描绘用户画像，实现目标客户群体的精准识别与锁定。基于此的精准定向广告投放模式，不仅显著提升了文旅产品的营销效率，还有效促进了消费者购买转化率的提升。

步入数字化时代，文旅产业的营销策略正经历着一场深刻的变革。大数据、移动设备、社交媒体、传感器及定位系统等技术的融合应用，为场景营销的蓬勃发展奠定了坚实基础。通过传感器与定位系统捕捉的消费者线下活动信息与文化消费偏好，商家能够精准把握消费者的地理位置、时间及情景信息，进而精准预测其需求。此外，VR与AR技术的引入更是为场景营销开辟了新天地。例如，博物馆引入VR场馆，让游客在虚拟环境中身临其境地感受文化艺术品的独特魅力。这种沉浸式体验不仅加深了游客对场景的感知，还极大地丰富了其参观体验，促进了消费行为的触发。通过线上线下世界的无缝对接，文旅企业能够精准识别并响应用户的场景化需求，有效推动消费行为的实现。

（四）多元终端与文化装备终端新业态

5G和AI技术在文旅产业的深度应用，彻底革新了信息传递的传统范式，催生了各类终端产品的创新浪潮，为消费者开启了前所未有的文化盛宴。依托5G和AI技术，数据实现了通过新型设备的广泛采集与实时传输，全方位升级了文化体验，使公众能够沉浸在"三维"乃至超越维度的空间中，感受更加立体、生动的文化信息。这一变革具体体现在两大方面：

第一，5G与AI技术携手构建了沉浸式的虚拟世界，极大地拓展了体验的维度。融合5G、AI、大数据等尖端科技，配合VR、AR、MR（混合现实）等新型设备，为用户营造出极度逼真的虚拟环境，极大地丰富了用户的感官享受。VR技术引领用户步入三维空间，享受沉浸式体验；AR技术则将虚拟元素巧妙融入现实世界，创造出虚实交融的新奇感受。随着技术进步，轻便化、易操作的终端设备日益普及，使高维度的虚拟体验更加贴近大众，呈现出多元化的发展趋势。

第二，5G 与 AI 技术的融合极大地拓宽了传播媒介的边界，模糊了传统时间和空间的限制。5G 技术构建的万物互联网络，使各类传感设备能够实时、高效地传递人的情绪变化与行为数据。基于这些数据，社会沟通方式实现了多维度拓展，时间和空间的界限在多样化的感知渠道中逐渐模糊，空间感知得到增强，时间体验得以延伸。5G 与 AI 在数据传输与信息交流上的卓越性能，赋予了用户更广泛的选择权，实现了个性化现场体验的定制。用户不仅能够即时感知现场氛围，还能突破传统直播的局限，自由选择观看位置、内容及角度，享受全面自主的观看体验。此外，互动视频技术赋予用户控制叙事路径的能力，使其掌握互动主动权，进一步提升了参与感和沉浸感。

（五）边缘计算与文化高频数据新业态

边缘计算，作为一种革新性的云计算模式，显著提升了数据处理的时效性和精确性。这使文化旅游企业能够更迅速、准确地洞察消费者的需求，从而提供更精准的文化服务，进而推动文化消费领域的变革。

边缘计算通过优化数据处理模型，采用就近处理用户信息的策略，助力文化旅游企业实现更精准的用户服务。云计算和边缘计算均属于 5G+AI 技术群的一部分，它们共同应对海量数据处理的需求，通过不同节点的协同计算能力，达成智能服务的目标。尽管基于云计算的推荐算法已经能够实现相对精准的定向投放，但物联网生成的海量数据对现有的云计算模式提出了挑战，可能引发数据处理延迟等问题。因此，边缘计算展现出其独特优势：它能遵循"就近原则"对接入侧的数据进行精确处理，有效降低数据处理延迟和带宽压力。这帮助文化旅游企业能够更高效、实时、精确地处理来自消费者的数据信息，并结合消费者的具体环境和场景，达成与消费者的精准服务和互动。在这样的互动关系中，消费者占据主导地位，文化旅游企业需根据消费者需求的变化及时提供定制服务，甚至根据消费者的实时反馈调整产品的制作方向。

借助 5G 技术的推动，用户的消费行为和习惯被海量数据全面揭示，这为提供精准服务创造了机会。文化旅游行业的内容服务因此能够与用户的需求完美对接，确保文化内容能够准确传达给用户，从而建立起从品牌到用户的垂直社群。在 5G+AI 技术群的助力下，大数据精准营销促成了多个"去中心化"的用户圈层。文化产品的营销广告能够精确触达这些社群用户。当社群内部成员付费购买后，他们会对文化旅游产品进行二次口碑传播，从而进一步扩大圈群，不断重构圈层，进而形成所谓的"圈群经济"。

四、数字技术引领下的文旅融合项目产业生态圈重构

"生态圈"一词，最初源自生物学领域，用以描述地球表层涵盖微生物在内的所有有机体及其共生环境的综合体系。当这一概念被引入经济领域时，它便指代了一个由生产商、供应商、流通企业、终端用户等利益相关者通过资源、信息及能量的交换关系而紧密相连的经济运行系统。在这个系统中，各利益相关方为满足自身需求，通过合作共同构建了一个价值平台，形成了一个自发形成、多维度交织的网络生态环境。

文旅产业生态圈，则是文化和旅游产业围绕"创意引入—生产制作—营销推广—消费体验"这一完整链条，将各环节中相关联的企业与机构紧密联结起来。通过资源整合、技术迭代、服务升级、内容共创及客源共享等策略，一个旨在促进可持续发展的文旅产业生态圈得以构建（见图 2-1）。

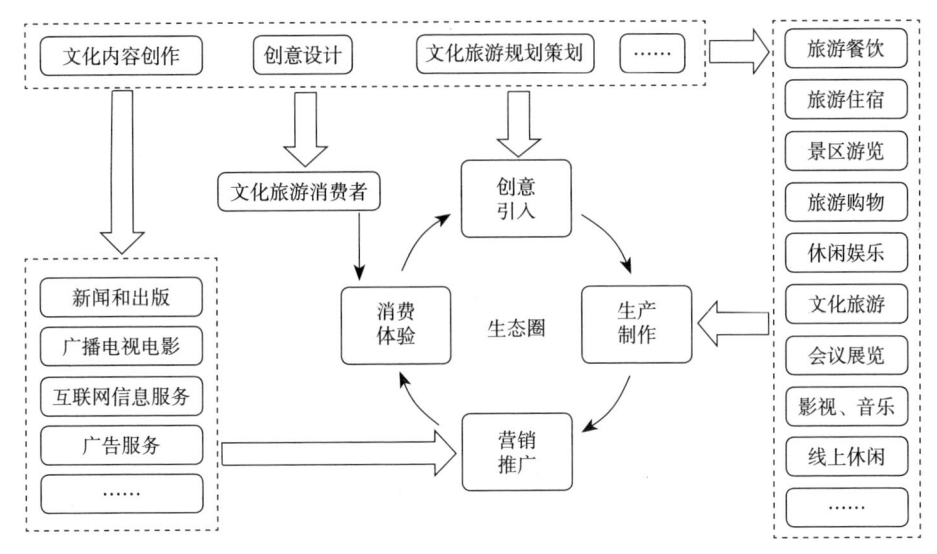

图2-1　价值共创下的文旅融合产业生态圈

【案例分析】

案例2.1　集团生态圈闭环：雅居乐打造"文旅产业"的生态圈模式

雅居乐集团副总裁王海洋表示，为适应文旅产业的大规模发展，雅居乐专注于城市生活服务，并借助文旅产业转型升级的机遇，精心构建了"文旅+产业"的生态圈，旨在打造一个能够满足国人追求美好生活的生态闭环。

2009年，雅居乐进入海南陵水，开发了海南雅居乐清水湾项目。该项目被定位为国际化的度假湾区，融合了旅游、酒店、游艇、婚庆、教育、体育、会展、文创等诸多产业。2015年，雅居乐进一步扩大了其在文旅领域的业务，陆续开发了江苏茅山山湖城、广西北海金海湾、山东威海冠军体育小镇、天津宝坻津侨国际小镇、厦门漳浦雅居乐香山湾等多个文旅融合项目。2017年，雅居乐成立了产城发展中心，提出了以文旅、康养及体育为核心产业的策略，致力于构建一个"产城文融合，智慧化创新"的文旅产业生态圈。①

案例2.2　开放型生态圈：北京环球度假区跨行业合作，打造文旅产业生态圈

记者采访了北京环球度假区副总经理褚博瑶、阿里巴巴集团资深副总裁赵颖、蒙牛集团总裁助理兼集团市场部负责人王斌，了解当前企业战略合作的最新进展。

北京环球度假区正在建立跨行业的、紧密的合作伙伴关系，通过整合不同行业、不同品牌和不同消费者渠道的资源，为游客提供最佳的沉浸式体验，并与合作伙伴共同打造可持续发展的文化旅游产业生态圈，成为娱乐体验行业的标杆。

据了解，北京环球度假区在商业银行、保险、汽车、啤酒等领域已开展合作项目，同时在电信服务、移动设备、食品、支付等领域也在积极探索合作机会。褚博瑶表示，他们期待未来有更多与北京环球度假区理念一致的国际和中国领军企业加入其合作伙伴阵营。

阿里巴巴提供的数据设备及人脸识别入园测试设备已入驻北京环球度假区数据中心，完成了双方合作私有云层面的技术设施部署。阿里巴巴通过高德、支付宝、飞猪、天猫等平台，将北京环球度假区的游客体验贯穿整个旅程，运用综合数字运营能力，打通各个环节。阿里巴巴的数字科技不仅完善了园区体验和管理，还融入了绿色和环保的理念，游客在园区的低碳、绿色、无纸化体验，以及使用电子支付，都将积累绿色能量，共同参与种植通州的蚂蚁森林公益示范林等。

除了阿里巴巴，北京环球度假区还与百胜中国、可口可乐、蒙牛等品牌签署了战略合作。百胜中国旗下的肯德基品牌概念餐厅 KPRO 进驻北京环球度假区内的北京环球城市大道。蒙牛出现在"变形金刚基地"园区中。北京环球度假区将与蒙牛集团共同打造一个主题化、娱乐化的全景消费体验，通

---

① 刘觅觅：《雅居乐打造"乐活天地"形成"文旅+产业"生态圈》，新华网，https://baijiahao.baidu.com/s?id=1641178977068867160&wfr=spider&for=pc，访问日期：2024年7月10日。

过精心设计的创意互动和一年四季不同口味和风格的高品质产品，为消费者带来全新的味觉和娱乐享受。蒙牛集团将与环球影城共同探索品牌跨界新实践，进行产品创意和开发，并推出一家联合运营门店，提供多样化、主题化和沉浸式的定制产品。①

【思考题】

1. 简述文化产业价值链和旅游产业价值链的异同。
2. 分析游客需求对文旅融合项目推进的影响。
3. 以迪士尼集团为例，分析其商业价值链。
4. 讨论在大数字时代下文旅深度融合的可行性。

---

① 经济日报:《北京环球度假区与中国市场多个跨行业领导品牌构建合作 共建北京文旅新地标》，https://baijiahao.baidu.com/s?id=1667099151606324391&wfr=spider&for=pc，访问日期：2024 年 7 月 10 日。

第三章　文旅融合项目策划

【学习目标】

知识目标：掌握项目策划的基本概念和核心原则；明确文旅融合项目策划的具体目标和实施步骤。

能力目标：能够运用大数据分析技术进行文旅消费市场的深入调研，为项目策划提供数据支持。

素养目标：培养创新思维和创意能力，在文旅融合项目策划中展现独特视角和新颖思路。

【导读】

8月29日，抖音生活服务发布的《2023暑期文旅数据报告》(以下简称"报告")显示，2023年夏天，抖音网友旅游打卡数超4亿次，主动搜索旅游相关内容5亿余次，同比增长147%。其中，一种名为"特种兵式旅游"的新型旅游方式受到年轻人的青睐，即用最少的时间和费用，打卡尽可能多的景点和城市，共有43万人参与其中。此外，贵州乡村足球超级联赛、淄博烧烤、都市明星大型演唱会等成为带动文旅消费的显著动力。演唱会和音乐节的抖音相关话题播放量超过360亿次。在全国出游大军中，"90后"已占据主流，占所有打卡人群的38%。而"00后"出游大军同比2022年增速超311%。[1]

---

[1] 张雪：《〈2023暑期文旅数据报告〉发布》，http://www.ce.cn/xwzx/gnsz/gdxw/202308/31/t20230831_38696187.shtml，访问日期：2024年7月8日。

第一节 文旅融合项目策划的理论基础

一、文旅融合项目的概念界定

在深入探讨文旅融合项目策划的具体理论与实践之前,首先需要明确文旅融合项目的基本概念。文旅融合,即文化与旅游的深度融合,这一概念不仅体现了现代社会对文化资源的深度挖掘,也彰显了旅游产业的创新发展路径。通过清晰界定文旅融合项目的概念,能够更好地理解其内涵与外延,为后续的项目策划奠定坚实的理论基础。

(一)文旅项目

文化旅游,作为一种将文化体验与旅游活动紧密结合的新型旅游形式,已成为旅游产业不可或缺的重要组成部分。它强调在旅游过程中充分利用文化资源,通过旅游活动传递文化价值,从而增强旅游体验的丰富性和深度。

1. 文化旅游

随着旅游市场需求的不断变化,游客对富含文化元素的旅游体验需求日益增长,这推动了文化产业与旅游产业的深度融合,"文化旅游"这一概念也随之兴起。1985年,联合国世界旅游组织(World Tourism Organization,UNWTO)赋予"文化旅游"多层面的定义。广义上,它涵盖了文化旅游目的地的所有文化元素,如历史遗迹、传统观念及生活方式等;狭义上,则聚焦于旅游者的文化动机,将文化旅游视为由文化兴趣驱动的旅游活动,具体包括研学旅行、艺术表演观赏等特定主题的文化旅游活动。本章中,我们将主要从狭义角度探讨"文化旅游",即围绕文化主题进行的旅游活动及其项目策划。

2. 文化旅游项目

美国项目管理协会（Project Management Institute, PMI）对项目的定义是："项目是一项具有临时性的工作，旨在提供独特的产品或服务。"这意味着在特定的时间框架内，按照事物的内在规律，利用有限的资源以实现一个既定的目标。另外，有专家认为，旅游项目是基于对消费者需求、动机和行为模式的科学分析和总结，旨在实现旅游目标或作为旅游活动的一部分进行投资建设的项目，其目的是激发消费需求并从中获利。

文化旅游项目的核心在于文化，它强调对文化资源的保护与传承，同时注重为游客提供独特的文化体验。通过开发新颖的旅游产品、设计富有创意的旅游路线、运用高科技手段提升游客体验等方式，文化旅游项目能够吸引大量游客前来参观、学习和享受，进而推动旅游业的繁荣发展。此外，具有鲜明特色的文化符号，如地标性建筑、传统节庆活动、特色手工艺品等，不仅是文化旅游项目的重要组成部分，也是其可持续发展的强大动力，能够吸引游客关注并带动相关产业的发展。

3. 文化旅游项目的特征

随着文化产业与旅游产业的深度融合，文化旅游项目应运而生。它们既彰显了文化的独特性，又展现了旅游的吸引力。这些项目在传统旅游的基础上，通过巧妙融入文化元素，形成文化旅游项目的特色。文化旅游项目的主要特征包括主题性、互动性和多要素融合。

（1）主题性

文化旅游项目与传统旅游活动不同，它们围绕特定的主题构建，蕴含深层的文化内涵，使旅游者在旅途中能够深刻感受并体验多样的文化元素。这些主题根植于当地文化土壤，形成系统性的整体理念，要求项目策划时必须全面考虑如何有效展现这一主题特色。

（2）互动性

文化旅游项目显著的特点之一是互动性。在旅游过程中，游客与当地文化元素之间建立起直接交流、参与和体验的互动关系。游客的个体文化价值观与地方文化价值观在旅游目的地相遇、碰撞、交融，形成独特的文化体验。文化表演项目通过精彩的视听盛宴和高科技手段，吸引游客积极参与，不仅增强了观赏性，更带来了无尽的乐趣。这种参与式互动让游客能更深入地理解当地文化，促进了文化与游客之间的深度交流。

（3）多要素融合

多要素融合是文化旅游项目的核心特征，它将文化、创意和技术三者结合，形成了具有创新性和可持续发展潜力的新型项目模式。文化是文化旅游项目的灵魂，不仅是旅游目的地开发的基石，也是吸引游客的决定性因素。文化旅游产品和服务必须蕴含丰富的文化内涵，以维持其吸引力和活力。

创意在文化与旅游产业的融合中起到了至关重要的作用。它不仅能够增强文化的表现力和生产力，还能够激发文化的新活力，创造新的价值。创意的融入让文化旅游项目能够提供更丰富、更多样的体验，满足游客对文化深度体验的追求。通过创意，文化能够以更生动、更具吸引力的方式重新诠释和展现，将文化从静态展示转变为动态、参与性的体验。

技术在推动文化产业与旅游产业的融合中发挥着至关重要的作用，成为两者融合的重要支撑。文化旅游技术的发展不仅提升了文化旅游的生产力，还丰富了旅游体验，支持了文化的传播。技术的应用，如VR、AR和数字互动展览等，为文化旅游项目带来了全新的体验方式。技术的融合不仅使文化体验更加多元和深入，也为文化的保护和传播提供了新途径。

文化、创意和技术在文化旅游项目中相互依存、相互促进。文化的深度和广度为项目打下坚实的基础，创意的融入让文化体验变得更加丰富和有趣，而技术的应用则提升了体验的质量和效率。这三者的融合共同推动了文化旅游项目的发展，为游客提供了独特的文化体验之旅。

（二）项目策划

项目策划是一个全面而系统的过程，它贯穿于从项目初步构想到最终实施的每一个阶段。在文旅融合项目的背景下，项目策划尤为关键，它不仅要巧妙地将文化资源和旅游活动相结合，还要着重关注如何创新性地提升游客体验，以确保项目的可持续性和商业可行性。

1. 策划

策划，简言之，是为实现特定目标或成功举办某项活动而进行的详细规划与策略制定。这一过程融合了创新性的思考与系统性的规划，旨在确保目标的达成和活动的圆满成功。它涵盖了目标的明确界定、资源的全面评估、实施方案的精心制定、执行步骤的周密安排，以及对潜在问题的预见与解决方案的准备。在商业运营、市场营销、项目管理及活动组织等多个领域，策划都是实现有效目标达成不可或缺的环节。

2. 项目策划

项目策划特指在项目正式启动前，对项目的目标、范围、所需资源、时间表、成本预算、风险评估及质量控制等方面进行深入思考与全面规划的过程。其核心目的在于确保项目能够按照既定的目标和要求稳步推进，最终实现预期成效。项目策划通常涵盖可行性研究、需求分析、目标设定、策略规划、团队组建、预算编制、时间管理、风险评估与应对措施等多个环节。这一过程为项目的成功实施奠定了坚实的基础。

3. 项目策划的过程

文旅融合项目策划是一项复杂而系统的任务，旨在通过整合文化与旅游资源，创造出独具特色的旅游产品和服务。这一过程的目标在于选择并优化最佳项目方案，但需注意，由于市场环境与游客需求的不断变化，项目策划需保持动态调整与持续优化。具体而言，文旅融合项目策划的过程包括：

第一，市场调研。深入分析目标市场的需求与趋势，了解潜在游客的兴趣偏好、消费能力及行为模式。同时，评估竞争对手的项目情况，明确自身的市场定位与竞争优势。

第二，资源评估。识别并评估项目所在地的文化资源（如历史遗迹、艺术活动等）与自然旅游资源（如自然景观、地理位置、基础设施等），为项目策划提供丰富素材与资源基础。

第三，目标设定。基于市场调研与资源评估结果，明确项目的具体目标与可量化指标，确立项目的愿景与使命。

第四，体验设计。结合创意元素与文化资源，设计独具特色的文化旅游体验方案。通过讲述故事、打造沉浸式场景等方式，提升游客的参与感与满意度。

第五，持续优化。在项目策划过程中，保持对项目的深入了解与评估，根据市场反馈与游客需求变化，不断加入新创意、整合更多资源，以确保项目方案的持续优化与升级。

4.项目策划的特征

文化旅游项目策划是一个综合性的过程，它结合了文化旅游资源的特性和旅游市场的需求，旨在创造独特的旅游体验。在这个过程中，项目策划通常具有以下四个特征。

（1）社会性

任何项目策划都需深入考量社会发展的宏观背景，并在此框架下，紧密结合国家和社会的具体情境进行细致规划。"双赢"理念在项目策划中占据核心地位，它强调项目在追求经济效益的同时，必须兼顾社会效益的生成。文化旅游项目策划尤需凸显其社会属性，紧密对接国家政策导向。国家政策不仅映射出政府对文化旅游行业发展愿景、重点领域及支持举措的期望，还为项目策划提供了宏观层面的指导与规范，确保项目与国家战略规划及发展目标的高度契合。此外，国家政策往往伴随资金扶持与政策优惠，为项目实施提供了坚实基础。文化旅游项目策划的核心追求在于实现经济价值与社会价值的同步增长，既要确保项目的可持续运营与盈利能力，又要积极承担文化传承、环境保护、社区发展等社会责任，通过二者的平衡与融合，推动项目的长期可持续发展。

（2）创造性

创新是项目策划的灵魂所在。简单复制过往方案的项目，往往因缺乏新意而难以吸引眼球。唯有策划者勇于冒险、敢于创新，能够敏锐捕捉客观环境的变化，将知识转化为独到的见解与智慧，方能赋予项目独特的魅力与生命力。近年来，文化旅游领域不断涌现的新形式，如沉浸式文旅演出、文化主题公园等，正是得益于创造性思维的注入，使项目策划焕发出勃勃生机。这些创新项目以新颖的视角吸引并打动观众，为人们带来前所未有的精神享受与愉悦体验。

（3）超前性

超前性在策划活动中占据重要地位，它要求对未来进行前瞻性的思考与规划。这包括精准预测社会未来的发展趋势，全面审视社会各个层面的演变动态，以确保策划内容能够紧跟时代步伐，契合公众的审美与需求变化。此外，超前性还体现在对策划成果的预先评估上，涵盖对项目发展方向的预判、盈利潜力的综合估算等。因此，一个成功的项目策划在初期便需依托深入且全面的市场调研。需要注意的是，超前性并非脱离现实的臆想，而是基于当前的客观实际，对未来趋势进行合理推断与实践。在文化旅游项目中，超前性不仅能够灵活应对市场需求的变化，更能引领文化发展的新风尚，开创行业新局面。

（4）盈利性

盈利性是项目策划不可或缺的核心要素，它关乎策划成果为项目各方所带来的经济收益与满意度。项目方周密策划的初衷在于高效配置资源，以实现经济效益的最大化。因此，在项目策划的每一个环节，盈利性都是指引方向、筛选策略、执行方案的重要依据，同时也是衡量策划成功与否的关键标尺。确保项目的盈利性不仅能够直接提升文化旅游项目策划的经济效益，还能增强旅游目的地的自我造血能力，为其长期、可持续的发展奠定坚实基础。

二、文化旅游项目策划的原则

文化旅游项目策划的原则是对策划过程中应遵循的行为准则的高度概括，这些原则紧密契合各类文化旅游项目的内在逻辑。鉴于不同文化旅游景区特性的多样性、资源的差异性以及环境的迥异，旅游产品的策划展现出了丰富的多样性。然而，仍有一些共通的策划原则，这些原则是进行旅游产品策划时应当遵守的。

（一）文化性和独特性原则

文化性是文化旅游项目策划的首要原则。文化不仅是旅游活动的灵魂，也是其持续发展的动力源泉。文旅项目唯有深植于文化和深度的策划之中，方能激发游客的浓厚兴趣和探索欲望。文化旅游项目的精髓，在于通过创意策划，将旅游目的地那些抽象且静态的文化符号转化为游客能够直观感受、亲身体验的多元化旅游元素。旅游作为一种文化活动，让每一位拥有独特文化背景的游客都能参与其中，在各异的文化环境中寻觅与体验。因此，旅游业的策划与发展深受当地文化底蕴的熏陶，呈现出鲜明的地域特色和民族风情。

在策划文化旅游项目时，务必深入挖掘和理解目的地的文化内涵，熟悉其深厚的文化积淀，并有效发掘和引导游客背后潜藏的文化需求与动机。旅游目的地所蕴含的丰富文化内容，正是文化旅游项目独特性的重要源泉。近年来，众多文化旅游目的地以当地传说与故事为蓝本，推出了诸如《又见敦煌》《寻梦牡丹亭》等大型实景演出。这些演出巧妙融合现代科技手段，生动展现了当地的代表性民间艺术，极大地增强了文化旅游的吸引力与感染力。

（二）系统性原则

文化旅游是一个包含饮食、住宿、交通、游览、购物、娱乐等多个方面的综合体系，而文化旅游项目的策划则是这一体系中至关重要的环节。这些子系统既相互独立又紧密相连，每一部分都需深刻体现文化的深层含义。因此，在策划文化旅游项目时，应以文化创意和旅游产业为基石，精心构建内容丰富、形式多样的旅游活动体系。同时，积极践行"文旅融合"与"全域旅游"的理念，推动文化旅游业与其他行业的深度融合，共同打造文化旅游产业的集群效应。

此外，文化旅游项目策划本身也是一个由策划目标、对象、策略、产品及营销等多个子系统构成的复杂综合体，每一环节都至关重要，它们相互关联，缺一不可。这就要求策划者必须具备全局视野和战略思维，从整体出发，进行全面、系统、科学的规划与设计，确保文化旅游项目的顺利实施与可持续发展。

（三）创新性原则

策划活动必须融入创新思维，并根据具体情况进行适时调整，唯有如此，策划方能吸引人、打动人，最终实现预期成效。文化旅游项目的创新策划，关键在于对文化底蕴的深入挖掘与创造性思维的巧妙运用。一方面，深厚的文化底蕴是创新思维的根基。策划者需具备丰富的文化知识储备，方能在策划过程中融会贯通，激发创新思维；反之，缺乏知识积累和文化沉淀的策划人员，往往难以有效融合文化产业与旅游产业。另一方面，创意是创新思维的核心驱动力。在产品策划中，创意的地位无可替代。唯有持续推出独具特色的旅游产品，方能长久提升旅游目的地的吸引力。通过不断创新，不仅能够赋予产品新的现代感和吸引力，还能将创意深度融入文化旅游项目策划，持续打造新颖的文化旅游产品，进一步促进文化产品与旅游产品的深度融合。

（四）灵活性原则

随着时代变迁、地域差异以及技术进步，文化旅游的需求正由物质层面转向精神层面。因此，文化旅游融合项目的策划必须秉持灵活性原则，为后续的调整与优化预留空间。文旅融合项目策划的灵活性，体现在采用一种既灵活又具适应性的策略与方法，确保文化旅游产品的策划能够张弛有度、刚柔相济、进退自如。这包括战略性旅游产品与战术性旅游产品的结合、核心旅游产品与辅助旅游产品的搭配、淡旺季旅游产品的灵活调整，以及长短期旅游产品的互补等。以文化旅游项目中的季节性问题为例，策划应充分考虑文旅资源的独特性和游客的出行习惯，根据季节变化策划多样化的旅游产品。如贵阳的避暑节、浙江天台山的红枫节、哈尔滨的冰雪节等，均是根据当地气候和自然环境灵活调整和优化的结果。此外，随着科技的飞速发展，文化旅游项目策划也应与时俱进，开发线上体验项目以适应技术变革。因此，完善文化旅游策划的系统架构，合理规划策划流程的跨度和层次，明确项目目标，制定系统化的策划方案，同时保持必要的灵活性和稳定性，是确保文化旅游项目成功的关键。

（五）多重效益并重原则

策划文化旅游项目的核心目标是充分利用文化和旅游资源，以实现经济、社会、生态三方面的综合效益最大化。策划过程需紧密跟踪文化旅游市场的需求，并预见市场未来趋势，确保项目的有效开发和执行。经济效益是策划中的首要考虑，涉及对项目投资回报和盈利潜力的细致分析与规划。社会效益紧随其后，涵盖文化旅游对当地社会多方面的影响，如提升管理水平、服务质量、知名度、居民生活质量以及促进文化交流等。这些效益通常是间接和长期的，需要时间来显现，且受景区、游客和社区等多个因素影响。生态效益强调在开发过程中考虑生态环境的和谐，确保文化旅游的可持续发展。

（六）可行性原则

策划文化旅游产品时，要认识到任何方案都基于假设，可能在执行中遇到挑战。策划时必须考虑方案的可行性，包括经济、环境、技术等方面，并将这些原则应用于整个策划过程。在实施策划方案前，进行详尽的可行性分析是必要的，以确保策划目标的实现。可行性分析包括合法性、经济性和科学性三个方面。合法性分析是审查方案是否符合法规政策；经济性分析是评估方案的收益、效果、风险和成本；科学性分析是考虑方案是否基于充分的调查、研究和预测，并遵循策划程序进行创新和科学构想。

（七）可持续发展原则

文化旅游项目策划应遵循可持续性原则，其涵盖生态和文化的可持续发展两个方面。可持续发展在文化旅游中是一个多维度概念，强调生态、文化与经济的和谐共存。在开发文化旅游项目时，应优先考虑生态保护、保持原始风貌和促进自然特性的原则。这些原则应贯穿于项目的所有方面，从保护当地生态系统到提供环境友好的服务设施，确保每个环节都促进与自然环境的和谐共存。可持续性在文化旅游项目策划中主要体现在两个关键点：一是自然资源的可持续利用，二是保障旅游地文化传承的持续性。在开发自然资源时，必须优先考虑生态保护，确保旅游地及其居民的长期福祉。开发者在旅游资源开发中，应本着保护原则，合理规划，以实现资源的长期利用，防止对自然环境造成不可逆转的破坏。

第二节 文旅融合项目策划的目标与步骤

一、文旅融合项目策划的目标

到2025年，我国在建设社会主义文化强国的道路上将取得显著成就，文化事业、文化产业及旅游业体系将更加完善，体制机制的优化将极大提升治理效能。国家文化软实力显著增强，国际影响力不断提升，同时，日益丰富的文化生活将进一步增强民族凝聚力，使文化产业和旅游产业成为支撑经济发展和综合国力提升的重要支柱。

通过深入推广社会主义核心价值观，中华优秀传统文化、革命文化和社会主义先进文化得到广泛弘扬，国民素质和社会文明程度持续达到新高度。展望2035年，中国将全面实现社会主义文化强国的宏伟目标，国家文化软实力显著增强，文化事业繁荣兴盛，文化产业和旅游业蓬勃发展，更好地满足人民群众日益增长的精神文化需求，为人的全面发展和全体人民共同富裕提供坚实保障。

为实现上述目标，我们将致力于构建更加健全的文化产业体系和市场体系，优化文化产业结构布局，提升文化供给质量，激活文化消费市场，持续扩大文化产业规模，并提升文化及相关产业在国内生产总值中的占比。同时，推动文化产业创新性发展，促进供需两端结构优化升级，构建多极支撑、优势互补、和谐共生的文化产业区域布局，并加强文化产业与其他相关领域的融合发展。

此外，我们还将激发文化市场主体的活力，强化分类指导，促进协同创新，优化文化企业成长环境，打造文化产业在国际合作中的新竞争优势。我们将积极讲述中国故事，坚持经济贸易与人文交流并重，既注重高水平文化输出，也重视高质量文化引进，以构建互利共赢的文化产业国际合作格局。

在文旅融合项目策划上，我们将深度整合文化产业与旅游产业资源，提升产品和服务品质，挖掘旅游消费潜力，促进经济社会全面发展。具体而言，将历史文化遗址、艺术表演等文化元素深度融入旅游产品，丰富旅游的文化内涵。文旅融合项目将带动住宿、餐饮、交通、纪念品销售等相关产业协同发展，形成强大的产业联动效应，促进经济增长。在城市更新与乡村振兴进程中，文旅融合将发挥关键作用，不仅推动产业经济发展，还将提升城乡文化品位，满足人民对美好生活的向往。我们将依据各地资源特色和产业基础，探索差异化、特色化的文旅融合发展模式，优化资源配置，促进业态融合，引导生产要素合理流动，推动文旅消费业态创新，加速文旅数字化进程，并加强专业人才队伍建设。

二、文旅融合项目策划的步骤

文旅融合项目策划是一个繁杂且细致的过程，它需要策划者全面考量文化、旅游、市场、经济、法律等诸多方面的要素。以下对文旅融合项目策划的基本步骤予以详细阐述。

（一）项目策划阶段的划分

项目的策划进程包含多个步骤，这些步骤间存在着内在的逻辑关联。学者们对于项目策划的具体流程有不同的认识和分类，不过，普遍认为一个完备的项目策划可划分为四个基本阶段。首先是对项目背景展开研究与评估，从而确立策划的核心主题；其次是构建策划的整体框架，明确期望达成的成果指标；再次是制定实施策略，将创新构想转化为详尽的策划蓝图；最后是执行策划方案，并对成效进行评估与分析。文化旅游项目策划，作为项目策划的一个特定类型，尽管在实施过程中会因具体项目的不同而存在差异，但其核心的策划步骤是较为相近的。

（二）文化旅游项目策划的流程

文化旅游项目策划是一项涉及多方面内容的复杂工作，涵盖了项目目标、文化主题、执行策略、市场反应以及效果评价等多个关键组成部分，共同构建起一个相互关联的复杂系统。尽管在具体的文化旅游项目策划过程中，流程会有所变动，但基本步骤大致如下：首先，对整体环境进行深度研究，依据市场需求的预测来界定策划的具体内容和主题；其次，通过对其他文化旅游地点的横向或纵向案例进行对比分析，确定本策划的详细目标；再次，围绕时间、资源和质量这三个关键要素，制定全面的策划规划；最后，执行策划方案，并对其实施效果进行评估。下文对每个阶段的任务进行详细的解释和说明。

1.项目背景研判

旅游目的地的地理空间环境是文化旅游项目策划的基础。因此，旅游目的地的文化旅游政策、自然生态资源状况、文化资源内涵等，均会对项目的策划与执行产生影响。由此，需要对旅游项目的综合发展状况进行深入的调查、分析与评估。影响文旅产业的因素涵盖以下方面：文化旅游产业的宏观背景、项目所处地理位置的发展前景，以及项目所在区域的空间布局。鉴于这些要素直接关乎文化旅游项目的可操作性，所以在项目策划阶段必须进行透彻的分析，以确保文化旅游项目策划方案具备合理性与实用性。

2.明确项目定位

在文化旅游项目策划的流程中，项目定位属于关键环节，其涉及市场定位与用户定位这两个基本层面。

第一，市场定位。文化旅游项目的市场定位指的是依据旅游者的需求与兴趣，结合企业自身的资源和竞争优势，明确在目标市场中所提供的文化旅游产品和服务所处的竞争位置。市场定位的目的是在旅游者心中塑造独特的项目形象，并针对目标市场制定相应的营销策略。市场定位的基础是市场细分，可分为无差别市场定位、广泛型市场定位、选择型市场定位和单一型市场定位这四种类型。伴随市场的发展，选择型市场定位和单一型市场定位因具有明确的目标和特色，越发受到重视，尤其是选择型市场定位已成为文化旅游策划中最为常用的方法。

第二，用户定位。文化旅游项目的用户群体主要为游客，所以对游客的基本情况展开研究对于用户定位极为关键。用户定位的调查分析可划分为地理、人口特征、旅游动机和行为模式这四个类别。每个类别都包含诸多可供选择的特征，可任意组合，为用户定位提供重要参考。通常可采用以下定位方法，以便更精准地识别和满足目标市场的需求，制定有效的营销策略，进而提升项目的竞争力和市场吸引力。一是地理细分法，依据游客的地理位置进行市场细分，适用于不同规模的市场范围；二是人口特征细分法，基于人口的统计学特征来划分市场，涵盖年龄、性别、收入、家庭规模等；三是旅游动机细分法，按照顾客的旅游目的进行市场细分，如商务、娱乐、研学等；四是行为模式细分法，通过顾客的行为模式来划分目标群体，考虑消费者对特定产品或服务的使用场景、忠诚度等因素。

3. 文化旅游活动项目策划方案确定

一个完整的文化旅游活动项目策划方案在确定之时，通常要历经计划拟订、可行性分析、项目立项申请这三个环节，每个环节的内容紧密相连，以此确保策划方案的缜密性与可行性。

第一，计划拟订环节。此阶段是策划前期工作的核心所在，需依据委托方需求来拟定文化旅游活动项目的目标、策划阶段、详细工作分工、时间节点以及经费预算。关键在于明确策划项目的目标，涵盖使项目成为核心项目，打造规模大、品质优、活动丰富的项目，以及创建生态、自然与人文相融合的可持续发展整体。

第二，可行性分析环节。此阶段是针对项目方案展开全面分析、研究、探讨和评价的过程，涉及专家的讨论、分析与认定，并对方案的不足之处予以修改。可行性分析的目的在于为投资者提供科学依据，从技术、经济等多方面提升项目投资决策的科学性，增进项目的社会效益与经济效益。

第三，项目立项申请环节。此阶段是文化旅游项目的正式立项进程，涉及向相关行政管理部门提交书面报告以提出申请，并获取批准或认可。立项申请书涵盖项目概述、重点内容、执行人员以及预期成果等，是实施策划方案的基础。

4. 文化旅游项目评估

文化旅游项目的规划与执行并非仅局限于项目地点本身，而是需要政府、社区以及当地居民的协同、参与和监管。项目评估是在策划草案基本成型之后，通过技术、经济、财务以及社会等多个维度展开的全面审核与评估。其主要目的是对文化旅游项目的策划方案进行深度改进与丰富，确保在方案正式执行之前实现全方位的优化，从而使策划方案体现出其实施的可操作性、科学性与前瞻性。

第一，可操作性评估。这一步骤着重关注项目是否契合市场需求、能否吸引游客，以及是否得到当地居民的支持与参与。同时，需考量项目的生态环境影响与合法性，保证项目能够在法律框架内得以实施。

第二，科学性评估。这一步骤确保项目策划深入挖掘文化内涵，不违背历史事实，基于对文化资源的科学分析。策划应遵循科学逻辑，避免违背科学原则，且在发展高新技术产业时要进行严格的可行性分析并采取环保措施。

第三，前瞻性评估。这一步骤要求项目能够展现文化自信，体现当代特征，并能够满足文化消费者的心理需求。项目应具备一定的灵活性，能够依据消费者需求的变化进行调整。

综上所述，文化旅游项目评估步骤是一个多角度、综合性的审查过程，旨在保障项目的可操作性、科学性和前瞻性，确保项目的成功实施与可持续发展。

第三节　文旅融合项目的市场调研与定位

文旅融合项目的市场调研与定位为项目的成功提供了坚实的基础。通过深入的市场洞察和精准定位，企业能够准确把握目标消费者的需求，紧跟市场趋势，从而设计出更具吸引力和竞争力的文旅产品。

一、文旅融合项目市场调查的内容

鉴于文旅融合项目跨越多个行业领域，其市场调查范围广泛。所有直接或间接影响项目营销活动及营销决策的因素均可能成为调查对象。市场调查的内容会根据不同文旅融合项目的特性及所处阶段的不同而有所变化。一般而言，文旅融合项目的市场调查主要涵盖两大方面：市场环境调查和文旅消费者行为调查。

（一）市场环境调查

在策划、创意、媒介选择及广告投放等关键环节，文旅融合项目需细致研究市场环境。市场环境可分为宏观与微观两个层面。宏观环境涵盖了国家或地区的政治体制、法律法规、产业状况、社会习俗、科技发展以及地理特征。而微观环境则关注同类产品的市场表现、消费者需求和市场趋势。

1. 政治环境调查

文旅融合项目往往蕴含特定的意识形态和价值观念，对游客及目的地社区居民产生直接影响。因此，需评估项目拟落地国家或地区的政治环境是否友好、包容。此外，还需关注目的地国家或地区对投资方所在国家的政策、两国政治外交关系以及目的地的政治社会稳定状况。

2. 法律环境调查

文旅企业的活动内容及传播观念必须遵循项目投资地的法律法规。法律环境调查旨在明确市场调研、内容策划及运营开发的法律边界。

3. 经济环境调查

经济环境调查聚焦于生产和消费两大领域。生产方面关注当地对文旅融合项目建设和运营的支撑条件，如建筑材料供应、能源资源状况及交通运输条件；消费方面则关注居民收入、消费水平及物价水平。

4. 社会文化环境调查

社会文化环境调查主要考察两个方面：一是文旅融合项目中的旅游体验活动是否能获得当地文化认同或跨文化包容，涉及社会人口结构、风俗习惯、宗教信仰、道德观念及文化传统等；二是文旅企业在文化差异地区的运营和管理可能面临的挑战。

5. 科技环境调查

在科技日新月异的今天，许多文旅融合项目的开发与运营依赖于高科技。因此，需调查拟投资地的科技环境对项目策划设计、开发制作及运营管理的潜在影响，并关注科技体验在消费市场中的发展趋势。

6. 地理和气候环境调查

地理位置和气候条件对文旅融合项目具有显著影响。地形地貌、水文特征及气候条件直接影响游客的旅游行为和消费习惯。同时，地理和气候环境直接决定了文旅融合，尤其是户外项目开展的可行性。

（二）文旅消费者行为调查

通过对文旅消费新特征及趋势的深入剖析，发现市场如同一幅持续演变的画卷，其动态变化令人瞩目。然而，要全面把握这一市场脉搏，就必须深入挖掘那些潜藏于表面之下、影响消费者购买行为的隐性力量。以下将详细探讨影响文旅消费者购买行为的各种因素，并揭示这些因素如何相互交织，共同塑造文旅消费的新格局。

1. 影响文旅消费者购买行为的因素分析

(1) 文化因素

首先,文化及其所蕴含的价值观念、精神追求,如同灯塔一般,为文旅消费者的选择提供了明确的方向和标准。其次,文化的渗透性不容忽视,它使被渗透地区的人群逐渐接纳外来文化,实现文化同化,进而形成共同的文化消费观念,为文旅市场开辟新的消费领域。最后,文化的传播性和影响力还体现在文旅消费者行为的模仿性上,社会中的"从众"心理促使文旅消费成为一种时尚潮流,引发现象级的消费热潮。因此,在文旅融合项目的市场定位调查中,必须充分重视亚文化的特征,深入了解目标市场人群的共同价值体系和文化标准。

(2) 社会因素

旅游消费模式深受消费阶层、家庭成员构成以及个体在社会中所扮演的角色等多重因素影响。同一社会阶层的人群由于拥有相似的价值观念、生活方式和消费习惯,彼此间往往产生强烈的相互影响,这些相似性直接作用于文旅消费的决策过程。此外,家庭成员的需求、兴趣偏好以及家庭结构的变化,也是决定文旅产品消费重点的关键因素。同时,旅游消费者的个人特征,如生理特征、性别、个性、受教育程度、职业、收入水平以及生活圈层等,也在不同程度上影响着他们在文旅市场中的消费行为。

(3) 心理因素

文旅体验产品的购买行为是一个复杂而微妙的心理过程,它受需求、动机、知觉、信念、态度等多种心理因素的共同作用。对于游客而言,文旅体验需求的产生是购买行为的根本动力。动机是文旅消费者购买行为的直接推动力量,个人信念、自我定位等是间接推动力量,需要运用多种调查方法把握目标人群的消费心理。

2. 文旅消费新特征及趋势

(1) 数字技术开创文旅消费新体验与决策空间

"一部手机游"模式让游客的文旅体验与数字服务体验深度融合。出游前，游客广泛利用电商平台、新媒体平台及电视等多种渠道初步了解旅游目的地；游览过程中，他们则通过线上线下价格对比，并借助社交媒体分享或直播旅游经历。其中，文旅消费者的自发分享与点评构成了用户生成内容（UGC），促进了网络用户间的价值互构，构建了超越实际旅游空间的虚拟体验空间。社交媒体上的旅游评论与分享对潜在游客的决策产生直接影响，游客越发依赖互联网平台上的真实体验分享与评价。游览空间不再仅限于景区服务，游客与潜在网友的主动参与，与景区共同构成了"价值共创"的场域。这一共创过程基于游览空间为三方提供的实时互动可能性，景区据此调整服务，创造新的旅游文化价值，并通过社交媒体的广泛传播吸引更多潜在游客，形成庞大的价值创造网络。

（2）文旅消费动机的多元化与复杂化

在物质条件日益丰裕的今天，文旅消费动机展现出既多元又单一的特性，总体呈现复杂性与动态性。部分游客追求食、住、行、游、购、娱的全面体验，要求传统单一吸引力向多元功能转变，以满足"休闲"需求的文化旅游消费者，如民宿、露营地等新兴业态应运而生。同时，也有游客因一道特色美食、一场精彩演出或一次画展而踏上中长途旅行。消费群体覆盖全年龄段，农民参与文旅体验的比例逐渐上升，女性更是成为休闲消费场所的主力。

（3）文旅消费追求深度体验和文化品位

随着社会文化素质的普遍提高，文旅消费需求向更高品位迈进。一方面，消费者越发重视文化元素对旅游品质的决定性作用，积极寻求"演艺+旅游""展览+旅游""研学+旅游"等新型出游主题，以营造独特的旅游体验；另一方面，新一代旅游消费主体倾向于通过个性化文旅消费展现个人价值观，如主题民宿、晒圈旅拍、特色美食、极限运动等成为热门选择。文化要素与旅游资源在内容、创意、活动、物理空间及消费人群等多个维度实现深度融合。

（4）文旅消费的个体性与共通性并存

在个体性层面，游客在目的地选择和产品组合上更加注重个人兴趣与需求的满足，利用多样化的数字化平台实现自主规划与定制。消费动机的"多样化"特征越发显著，各类文旅活动，无论高雅通俗、静态或动感、古今中外、大众或小众，均能吸引到特定的消费群体。同时，文旅体验场域的共通性使文旅空间成为展示身份自信的新型价值空间，文旅消费的广泛参与性促进了社会认同与归属感的形成。

二、文旅融合项目市场调查的主要方法

（一）网络问卷调查法

在国内外社会调查中，问卷调查法是一种较为常用的方法。问卷，作为一种高效的信息收集工具，通过设问、选择等多种方式，系统地收集受访者的意见与看法。当前，随着网络技术的飞速发展，问卷调查法已普遍借助网络平台进行设计、制作与分发，不仅实现了问卷的即时回收与统计，还极大地提升了调查的效率与便捷性。相较于传统的访谈表，网络问卷往往更加详细、全面，特别是在文旅融合项目的调研中，通过专门的调查问卷平台进行操作已成为趋势。

1. 网络调查问卷的设计方法

网络问卷的设计至关重要，因为一旦大规模发放便难以中途调整。因此，在设计过程中需特别注意以下几点。

（1）首页设计

在问卷的起始部分，应设置一个欢迎页面或简要的说明段落，明确阐述调查的目的与意义，并强调对参与者隐私的保护措施，以此提升受访者的参与意愿与信任度。

（2）版面及功能设计

问卷的版面编排应工整清晰，语句表述需简洁明了，确保阅读者能够迅速捕捉关键信息。同时，建议采用单页上下滚动的设计方式，便于浏览。此外，应确保系统能够在短时间内保存受访者的答案，允许其因故中断后继续完成问卷，提高用户体验。

（3）检验功能设计

为确保问卷数据的真实性与可靠性，可设计多种检验策略。例如，设置正反设问的关键问题以检验回答的一致性；利用问题间的逻辑关联，限制未完成前一个问题则无法进入下一关联问题的操作；为部分问题增设"不愿回答""不知道"或"不确定"等选项，以真实反映受访者的态度；对填写过程中的错误及时提供提示信息，引导受访者纠正，从而提升问卷的整体质量。

2. 网络问卷调查的操作流程

第一，借助平台制作问卷。利用问卷星、调查宝、问卷网等专业的在线问卷调查平台，根据调研需求自行设计问卷模板或选用平台提供的现成模板。设计完成后，生成问卷链接或二维码以备分发。

第二，选取发放途径。通过网络社交平台（如QQ群、微信群）、社交媒体（如微博）、电子邮件等多种渠道向目标群体发放问卷链接。受访者填写并提交问卷后，后台数据库将自动进行数据的收集与初步统计分析。需要注意的是，为提高样本的代表性与可控性，可采用定向邀请、设置答题奖励等方式来精准筛选与激励受访者。

（二）网络文本分析法

与网络问卷调查法相比，网络文本分析法将丰富的文本内容转化为可量化的数据，通过专业软件深入分析消费市场对文旅融合项目的形象感知。此方法所采集的数据具备来源广泛、内容丰富等显著特征，正因其独特的优势，日益受到市场调查者的青睐。网络文本分析法的主要操作步骤如下所述。

步骤1：选择数据爬取工具与数据源。

目前，常用的数据爬取工具有Python、八爪鱼、Roast等软件。数据源则主要来源于各大网络平台，特别是针对文旅融合项目的，如马蜂窝、大众点评网、携程网、飞猪网，以及社交媒体平台如微信公众号、抖音、微博、小红书等。

步骤2：处理文本数据。

利用工具软件，收集游客基于文旅融合项目消费体验所撰写的网络游记、评论等文本资料。在数据预处理阶段，需剔除文本中的英文字符、多余空格、叠词及重复语句，以清除噪声数据。同时，对同一事物或描述对象进行标准化编码。随后，采用"分词"技术和"中文词频分析"来构建高频词汇表，统计各高频词汇及其出现频次。这些关键词不仅反映了用户舆论的核心，其频次还揭示了用户的兴趣点、情感倾向及认知层次。进一步地，将分词处理后的文本导入在线词云编辑器，生成直观的词云图，便于快速洞察用户反馈的要点和趋势。

步骤3：分析语义情感。

当前，自然语言处理技术在情感分析领域应用广泛。通常，情感被划分为积极、中性和消极三类。通过分析、处理和总结网络评论中的情感词汇，可以得出情感分析的结果，这有助于清晰展现游客对文旅融合项目的评价和整体感知。

步骤4：语义网络分析。

在筛选出高频词汇后，语义网络分析利用这些词汇间的共现关系，将词汇间的相互关系量化为数值，并通过图形化方式展示其结构联系。通过语义网络结构图，可以清晰地看到高频词汇的层次结构和紧密程度。图中词汇间连线的密集程度反映了其共现频率，连线越密集表示共现频率越高，进而揭示了在游客感知中这些词汇间的强相关性。据此，可以深入分析当前文旅项目存在的问题，把握消费者的关注点和评价，为未来制定质量提升策略提供有力支持。

（三）观察法

观察法是在文化旅游项目现场，由观察者直接对游客的游览和消费行为进行细致观察和记录，以直接获取市场信息的方法。这种方法高度依赖于观察者的直接感知能力，同时也常借助摄影、录像等现代技术手段来捕捉并记录被观察者的表情、动作及行为细节。在观察法中，一项重要的技术手段是"神秘顾客调查"，通过隐蔽身份的观察与适时提问，来评估文旅产品的真实顾客体验与反馈。

1. 调查者观察的重点

运用观察法进行文旅融合项目市场调查时，应重点关注以下几方面：首先，游客行为观察，旨在掌握游客的构成、行为模式、兴趣偏好等关键市场信息；其次，运营状况观察，包括监测游客数量、消费行为，记录旅游景区的拥堵情况、人流流通状况、运营团队的服务质量及管理能力等；最后，文旅项目经营环境观察，如评估旅游旺季高峰期文旅景区周边的交通状况、环境舒适度等。

2. 观察法的步骤和原则

（1）步骤

前期准备：明确观察目的，设计观察方案，选择并培训观察员，准备必要的观察工具（如摄影设备、记录本等）。

现场观察：收集现场游客的直接评价，通过摄影、录像等方式记录消费人群的游览、消费等体验行为。

现象描述：对现场观察到的现象或游客行为进行准确、详尽的描述，记录相关细节。

报告撰写：基于观察结果，撰写观察报告，对文旅消费现象、特征进行总结，并深入分析其背后的原因。

(2)原则

目的明确性：在开展观察法调研前，必须明确调研目的，确保调研活动有的放矢。

代表性选取：观察对象、观察内容的选取应具有广泛性和代表性，以确保观察结果的普遍性和有效性。

客观性：在观察过程中，应坚持客观、中立的态度，避免个人喜好或偏见影响观察结果的真实性和准确性。

细致性与全面性：观察应细致入微，全面覆盖，以获取尽可能完整的市场信息。

保护隐私：在记录游客行为时，应尊重并保护游客的个人隐私，避免侵犯其合法权益。

(四)专家座谈法

专家座谈法，亦称专家会议法，是通过组织在文旅行业或相关领域拥有丰富知识、管理经验及技术专长的专业人员组成专家小组，就拟评价的文旅项目相关方案进行深入座谈与讨论，最终形成具有指导意义的意见或建议的方法。

1. 类型及组织形式

第一，头脑风暴法：旨在营造轻松自由的氛围，鼓励与会专家积极思考，无拘无束地发表个人见解，不进行即时评价或批评，旨在激发创新思维与创意，不追求即时共识。

第二，主题会议法：围绕文旅项目的特定议题，组织专家进行针对性讨论，通过充分交流与辩论，逐步消除分歧，最终形成较为一致的结论或建议。

第三，混合式会议法：结合头脑风暴法与主题会议法的特点，会议分为两个阶段。第一阶段采用头脑风暴法，广泛收集创新思路与解决方案；第二阶段则转入主题讨论，对前一阶段提出的创意进行细致分析、质疑与辩论，同时鼓励新想法的涌现，最终通过集思广益达成共识。

2. 优势与不足

优势：专家座谈法能有效促进文旅领域专家间的知识共享与灵感碰撞，产生"头脑风暴"效应，快速汇聚高质量的创新性见解，为项目决策提供有力支持。

不足：由于参会专家数量有限，讨论结果可能受专家个人学识、经验及权威性的影响，存在"群体思维"风险，即多数人或权威意见可能压制少数人的真知灼见。此外，部分专家可能因表达能力限制而无法充分表达观点，导致有价值的意见被忽视。

3. 基本原则

专家代表性：挑选的专家应在文旅行业内具有广泛的代表性和良好的专业素养。

信息充分性：提供给专家的信息与讨论的问题应全面、准确、清晰，确保专家能够基于充分的信息作出判断。

中立性原则：调查单位或文旅融合项目组应保持中立，避免将自身观点强加于专家讨论之中，确保讨论结果的客观性与公正性。

三、数据驱动下的文旅市场调研

在信息时代的大背景下，数据已成为指导决策的关键依据。对于文旅市场而言，数据驱动型的调研方法能够更为精准地勾勒用户画像，洞察消费者需求，预测行业趋势。数据驱动下的文旅市场调研，不但提升了调研的效率与准确性，还为文旅项目的创新发展给予了强有力的支撑。

（一）大数据驱动的市场调研内容

大数据（Big Data），也被称作巨量或海量数据，是为区别于传统小数据而提出的概念。大数据来源广泛，不但涵盖传统数据库、企业信息系统等常规渠道，还包含卫星影像、社交媒体、互联网日志等非传统数据源。为有效分析和处理这些大数据，需要运用分布式计算、数据挖掘等技术，采用机器学习、AI等方法。在特定时间范围内对电商平台和社交媒体上的文旅大数据进行采集并整理分析，已成为文旅行业重要的市场信息获取途径。

1. 用户画像

用户画像（Persona）是对特定用户群体各维度信息进行整合与描述，形成的一个具体、生动的用户形象，也可将其描述为"基于用户真实数据的虚拟代表"。用户画像的信息维度主要包括以下内容。第一，用户基本信息，涵盖性别、年龄、地理位置、教育背景、收入水平、兴趣爱好、购买历史等特征。第二，用户行为偏好，如访问内容、时间、平台等偏好。第三，用户交易数据，是指用户在进行购买、支付或其他金融交易时产生的数据。这些数据通常包含交易的时间、金额、频率、产品或服务的种类、购买数量等。用户交易数据是了解用户消费行为和偏好、评估用户价值和忠诚度的重要信息。构建用户画像是为满足特定决策需求而进行的数据建模，从用户行为日志、社交媒体和网络论坛、电商平台数据库、物联网设备、客户关系管理系统等现有的海量数据中挖掘潜在用户的信息。企业通过分析这些数据来优化营销策略、改进产品和服务、提升客户满意度以及增加销售收入。

具体而言，用户画像对文旅企业的作用主要有以下几点。第一，用户信息统计，如全国分区域、分主题文旅产品消费状况，便于更精准地进行市场定位。第二，业务决策，通过用户画像了解文旅消费者需求，指导企业制定发展战略，开发更具针对性的文旅产品。第三，精准营销，依据用户画像特征，开展地域及竞品分析，精准选取广告投放平台、细分市场群体。

2. 消费者购买意向研究

当前，在新型社会化营销中，搜索和分享这两个行为为文旅企业提供了大量的消费者数据，包括携程旅行、微信、微博、抖音、马蜂窝、小红书、去哪儿旅行、飞猪旅行、同程旅行、途牛旅游、百度、美团等平台汇聚了大量的文旅搜索和分享大数据，如近几年火爆的围炉煮茶、看海、亲子游等搜索热词。基于搜索数据和用户画像，可以判断潜在文旅消费群体的购买意向和市场消费动态。通过口碑数据、游客评分可以精准把握游客体验与需求，好的游客口碑不仅代表文旅产品的质量，更直接影响其他文旅消费者的购买意愿。

3. 消费者竞争情报研究

在大数据、移动互联网时代，企业能够更充分地研究行业趋势和竞争对手，以应对来自各方的挑战。但需注意，随着文旅体验需求的多元化，对文旅融合项目产生消费替代的不仅仅是本行业的竞争对手，也可能是来自非直接关联的体验项目。故而，在互联网大数据时代，文旅行业中的竞争，不应仅局限于现有的同类文旅产品，还要考虑其他关联行业的替代产品，甚至要考虑未来可能的新进入者，才能对竞争对手进行全面分析，如在线游戏与网络小说可能降低人们闲暇时间的出游率，博物馆、剧院话剧也会替代景区。因此，也需要分析游戏与网络小说等非直接竞争者，并加强文旅融合项目、线上文旅体验与游戏、网络小说的关联，以连通不同的文旅消费群体。

文旅大数据的竞争情报分析通常包含以下步骤。第一，明确分析的目的以及需要解决的具体问题，如市场定位、产品开发、营销策略等。第二，收集来自公开报告、市场调研、媒体营销方向及用户评论的相关数据。第三，清洗和格式化数据，并分析和挖掘数据中的有效信息，洞察消费趋向。第四，通过构建竞争情报框架，以及跟踪竞争对手的表现和市场变化，预测未来市场趋势，为战略规划提供实际依据。第五，整理分析结果，形成具体行动方案的报告，为管理层提供战略决策支持。

（二）大数据驱动的市场预测研究

目前，大数据的预测技术已在诸多领域广泛运用，诸如金融市场分析、消费者行为预测、健康医疗、能源需求预测、交通流量预测等。依靠繁杂的数据分析与机器学习算法，能提高预测的精准性与效率，不但能够降低企业成本，还可以让营销策略与资金投入获得理想成效。比如，主题公园和旅游景点可以通过剖析历史客流数据、天气状况、季节性事件等，对未来的游客数量予以预测。又如,迪士尼乐园使用智能手环(Magic Bands)收集游客数据,以实现客流量管理的优化以及游客体验的提升。

1. 市场销量预测

市场销量预测指的是依据以往销量以及市场对文旅产品需求的变动趋势加以分析,对未来一段时期内产品销量进行的科学预估。一般的中小型文旅公司主要由相关管理人员依据市场经验来进行估计。而大型文旅公司的市场销量预测则会依据以往历史数据开发预测模型,例如,谷歌公司针对电影票房开发出了一个预测模型,利用电影上映预告片的搜索量以及同时期同类电影的影片票房构建回归模型,能够有效地对电影票房进行预测,以供各类电影发行公司进行决策。基于大数据精确的文旅产品销量预测,能够引导文旅企业制定开发策略,涵盖其项目创意及定位、人财物等成本投入、产品定价等。另外,销量预测可以助力文旅企业制定运营策略,如确定运营方针、投放规模等,增强文旅企业的竞争力。

大数据驱动的销量预测包含预测目标、收集数据、建立模型、评价指标这四个基本步骤,意在确保预测过程的严谨性、科学性以及准确性。首先,明确预测目标,其主要内容包括明晰预测对象、目标、周期,权衡需求与预测精度的准确性和可解释性。其次,进行数据收集与预处理,主要内容为依据指标体系对数据进行描述和有效性检验等。再次,构建模型,主要内容为建立模型、选择算法、训练与预测模型、处理拟合问题等。最后,评价指标和模型,主要内容为筛选确定最优评价指标与模型。

2. 市场容量预测

文旅市场容量指的是某一特定文旅产品的消费体验人数(次)。市场容量预测可助力文旅企业判断文旅项目潜力,直接影响文旅企业对文旅产品的创新开发及投资决策等。文旅融合项目的市场容量预测,除了要对宏观环境加以预测,还需结合项目所在地区的市场容量展开分析预测。

(1)宏观环境预测

长期以来,投资者极为关注诸如总供需、国民生产总值、物价水平、就业率、财政收入等宏观经济信息的收集与处理。对于文旅行业而言，人均国民生产总值乃是一项重要考量指标。当下，国内生产总值（GDP）的走势预测主要通过综合运用网络数据、政府统计数据等，并结合经典时间序列模型、高维数据模型、机器学习等手段来进行。通常而言，人均GDP达到1000美元后，真正意义上的旅游才开始，但主要为大众观光旅游。当人均GDP突破3000美元时，大众观光旅游开始向休闲、体验旅游转型。而人均GDP超过5000美元则标志着文化消费和休闲旅游开始进入蓬勃发展的新时代。2024年1月，国家统计局正式发布，2023年中国的人均GDP已达到1.27万美元。党的二十大报告提出，我国社会的主要矛盾已经转化为"人民日益增长的美好生活需要和不平衡不充分的发展之间的矛盾"。[1] 文旅消费需求总体的宏观消费环境理想，大众对文旅体验需求旺盛。

（2）当地市场容量预测

文旅融合项目，特别是线下文旅融合项目，需要对项目区域的市场容量予以预测。可运用大数据与小数据相结合的方式进行预测。大数据着重于调研文旅消费群体的广度，追求全面性，涵盖大量的文旅消费现象；而小数据则侧重于调研文旅消费群体及其消费行为的深度，包含消费行为属性、社交特征、心理状态等数据，并注重挖掘文旅消费现象背后的缘由。一般来说，需注重大数据与小数据的融合，可采取以下两个步骤：第一，建立数据间的关联，实现跨领域数据融合、跨网络数据融合，整合同一对象在不同平台的属性信息；第二，开展"线上＋线下"的数据融合，在大数据的数据库用户画像中抽取样本进行传统问卷调查。通过大、小数据的相互补充，构建起更为完备的目标对象信息以及市场容量预测数据。

---

[1] 习近平：《高举中国特色社会主义伟大旗帜 为全面建设社会主义现代化国家而团结奋斗——在中国共产党第二十次全国代表大会上的报告》，https://www.gov.cn/xinwen/2022-10/25/content_5721685.htm，访问日期：2024年7月12日。

（三）大数据驱动的媒体监测调研

在互联网时代，大数据为媒体和广告营销提供了大量的数据点，能深入且全面地洞察消费者行为，揭示出消费者的细微偏好与行为模式，进而更为精准地预测市场趋势。互联网大数据的实时追踪技术可为媒体和广告效果提供即时反馈，助力企业迅速响应市场变化，更高效地配置营销资源，优化营销策略。在文旅融合项目中，以人为核心的理念要求广告投放具备更高的准确性、更优质的流量以及更适宜的曝光环境。这种需求促使文旅企业严密监测广告效果，确保营销策略与消费者需求同步。互联网快速迭代的特性要求企业响应消费者需求的变动，灵活调整营销策略。故而，互联网营销效果监测需关注三类关键指标：流量指标、互动指标以及转化指标。

1. 流量指标

流量指标是用以衡量网站、应用程序或其他数字渠道的访问量的指标。流量指标是衡量数字渠道用户流量的重要度量标准，用于评估文旅项目数字营销或运营活动的成效。常见的流量指标包括：访问量、独立访客数、页面浏览量、平均访问时长、跳出率、新用户比例等。

2. 互动指标

互动指标描述的是用户参与的深度，能够反映出营销内容或活动针对用户群体的精准程度以及用户对内容质量的评价。个性化的互动指标通常为针对营销内容和活动的评论、转发、点赞、关注等。除了通用的标准化指标，还可依据自身的文旅项目目标，定制契合特定需求的个性化互动指标。

3. 转化指标

在互联网营销效果监测中，转化指标是衡量广告活动成功与否的核心指标。它直接体现了营销活动将潜在客户转化为实际购买者或达成其他预期目标的能力。转化指标的重要性在于其能够量化营销活动的投资回报率

（ROI），协助企业评估营销投入的成效。销售量是多数非公益型文旅企业惯常使用的衡量指标，销量效果的监测基本贯穿于文旅融合项目数字营销的全流程。

四、文旅融合项目市场调查报告

市场调查报告旨在通过系统性的研究和分析，为企业和组织提供有关市场环境、竞争对手、消费者行为和趋势等方面具有针对性、客观性、时效性和逻辑性的综合性研究文档。

（一）市场调查报告的功能

文旅市场调查的委托方通常凭借研究报告来评判整个市场研究与评价工作的优劣。市场调查报告存在书面报告和口头报告这两种形式，二者在表现形式上存在差异，写作或表述的要求亦不相同：前者措辞严谨，内容更为详尽，主要用于市场调查最终成果的汇报交流；后者较为简洁，要求归结出主要观点和结论，用于口头沟通。

1. 书面调查报告的功能

（1）证明调查过程的严谨性与准确性

书面报告需要对市场调查的背景、目的、方法、过程、对象或内容、结果及结论等各个部分进行具体阐述。调查活动的科学性与内容的真实性是基本要求，而这通常要从调查体系设计的科学性以及操作过程的真实有效性这两个方面着手。

调查体系设计的科学性通过在调查中相关概念的界定、研究问题的指标化、收集资料方法的筛选、样本群体的确定、抽样方法的选择、统计分析方法的运用、结论与建议的推导过程等方面体现出来。

操作过程的真实有效性通过对市场调查方案的设计、过程的管控、数据分析结论的总结等全过程进行严格执行来予以保障。

(2）阐述市场调查结果并提出建议

书面报告阐述市场调查结果，分析得出调查结论，进而在发现问题的基础上，提出解决办法。市场调查报告需尽可能涵盖市场调查的主要细节。一般来说，调查结果、结论及建议才是文旅企业决策者真正需要的部分。只有市场调查报告具有科学性和真实性，才能确保结果、结论与建议的价值性。在结果、结论与建议三者中，结果部分是市场调查报告的核心部分，是获取有价值的参考意见与建议的前提。

（3）作为后续调研的重要文献

高水平的书面报告既是本次文旅市场调查项目的决策依据，在一定期限内，又可以成为后续类似调查的重要二手资料来源，发挥类似正式文献的权威性作用。此外，还有可能成为市场调查行业的重要案例资料。

2. 口头调查报告的功能

口头调查报告是书面调查报告的简化版本，其主要用途是在向调查委托方进行正式汇报交流时充当一个正式的交流汇报文本。通常情况下，调查活动结束后，受托方需要向委托方进行正式的调查成果汇报，主要涵盖调查过程的主要情况和主要结果、结论和建议。对于委托方的决策层和相关部门负责人而言，正式的口头汇报尤为重要。他们可以在短时间内获取所需要的关键信息，并能与市场调查人员直接交流。相关部门负责人之间也能够直接围绕相关业务中发现的问题展开深入沟通。

（二）市场调查书面报告撰写的基本要求

一份优秀的文化市场调查书面报告是市场调查项目完成的关键性文档。它不仅需要具备合理的内容结构设计，还需要掌握专业的撰写技巧和相关的写作规范。

调查报告的写作要求有别于学术论文以及一般的工作总结，其基本特性在于对调查获取的数据、资料等进行剖析研究，给出结论与建议。调查报告应当秉持实事求是的原则，真实地反映客观实际，客观地给出结论。调查报告切忌根据调查者或委托方的假定预先确定结论,而后去寻觅证据来验证这一结论的正确性。市场调查书面报告撰写的基本要求为:实事求是、有的放矢、注重创新。

第一,实事求是。调查报告作为调查研究的成果,最根本的要求是尊重客观事实,运用真实数据和资料,故而不可编造虚构、先入为主或迎合他人意图进行杜撰。在文体上通常不采用第一人称,如"我们发现……",而采用第三人称或非人称代词进行叙述,如使用"数据表明……""研究表明……"等表述方式。在撰写时应保持中立且客观的口吻,避免表达个人主观意见,如不用"我们认为……"。在数据分析和呈现部分,应充分利用图表来清晰准确地展示信息。报告还应当详尽且客观地描述市场调查项目的研究方法、调查结果和结论等内容。调查报告中不应仅表述那些对委托方或调查者有利的结果,对调查中确因各种客观原因无法全面深入了解的关键内容也应客观呈现。

第二,有的放矢。撰写报告时必须围绕主题做到有的放矢,论述要中心突出、观点鲜明、条理清晰,但不可错误地认为"报告越长,质量越高"。鉴于市场调查涉及多种方式,所收集的资料通常数量众多且复杂,需要依据调查目标精准筛选资料,并进行合理分类,划分资料的紧急程度,在报告中依照逻辑顺序进行总结和梳理。不同受众,对市场调查报告中问题焦点的关注也有所不同。在撰写报告时,要考虑到受众的需求,例如,面向市场研究人员的调查报告可以适度拓展内容,强调技术性细节,以利于他们评估市场调查结果的有效性;面向企业决策者所撰写的调查报告应简洁明了,突出关键问题、结论和建议,并注重利用图表展示情况。

第三,注重创新。市场调查报告应紧密把握文旅行业的新动态、新问题等热点,尤其要能够紧密结合市场发展的新消费趋势,重点进行阐述,为科学决策提供依据,提升报告对文旅企业决策的参考价值。倘若调查报告缺乏新意,只是陈述显而易见的现状,所得出的结论和观点陈旧,委托方就容易对整个市场调查工作的质量和必要性产生质疑。

（三）市场调查书面报告的结构安排

从内容构成而言，书面调查报告通常需涵盖以下市场调查与分析的关键环节：市场调查背景、调查目标、调查内容、调查方法以及资料收集过程；通过调查获取的核心资料或数据；统计分析结果；调查结论与建议。部分调查资料和数据、调查问卷等可采用附录形式附于调查报告之后。但需要强调的是，书面调查报告不能仅仅是机械地将整个调查过程及所有获取的资料罗列出来。撰写书面调查报告既要充分阐述调查的全环节，又要考虑报告阅读者的阅读需求。一般来说，作为决策者很难从头到尾完整地阅读一份市场调查报告，调查委托方的关键决策者通常对调查结果、结论和建议部分有着最为迫切的阅读需求，而对其他信息则关注较少。下文具体阐述市场调查书面报告的结构安排。

1. 封面、标题与目录

报告封面会影响阅读者对市场调查书面报告的第一印象，它能保护报告、识别报告并提供基本信息。封面通常包括报告标题、编写单位或作者、编写日期、版本信息以及保密级别等。因此，封面的设计要具备专业性、简洁性和一致性。

标题即市场调查书面报告的名称。标题乃调查报告的"窗口"，需精准反映报告的主题或调查内容。一个恰当的标题应通过简洁且具体的方式，将调查的内容传达给读者。标题一般分为单标题和双标题两种形式。单标题报表仅含一个主标题，其直接指向调查的核心内容。双标题报表则采用主副标题形式，主标题通常概述调查的主题，而副标题则提供关于调查内容或对象的更多细节。标题的风格大致可分为以下三种："直叙式""观点式"和"问题式"。"直叙式"标题是直接陈述调查的主题和内容的标题，通常涵盖调查的对象、主要内容、时间范围等信息，如"2024年冬季奥运会观众满意度调查报告"，清晰明了地向读者揭示了调查的具体内容和范围。"观点式"标题是直接表达作者观点或看法的标题形式，其通常会以明确的方式提出一个主张或结论，如"数字化营销：未来品牌增长的驱动力"，此类标题传达了作者对某一主题的立场或观点，会吸引那些对这一观点感兴趣或想要了解更多信息的读者。"问题式"标题通过提出问题来吸引读者的注意力，这些问题通常是调查或研究的核心议题，如"为什么可持续发展对企业长期成功至关重要？"通过设问、反问等形式引起读者的好奇心，促使他们阅读报告以寻找答案或深入了解相关议题。以上三种标题各有其优势，前一种标题更能清晰表明调查的具体范围和对象，后两种标题风格则更具吸引力。因此，在采用"观点式"和"问题式"标题时，通常会用副标题补充更多背景信息，以帮助读者更好地理解调查的上下文和目的。

报告的目录是报告中所有章节标题和子标题以及对应页码的列表，为读者提供了报告结构的快速概览，便于快速定位和查找感兴趣的部分。一个完整的目录通常包括标题、章节标题、子标题、页码、参考文献和附录、图表清单和表格清单等。目录的设计应清晰、简洁，并与报告的整体风格一致。正确的目录能够帮助读者高效地浏览报告，尤其对于长篇或复杂的文档，目录的作用更为关键。

2. 内容摘要

文旅企业决策者在阅读调查报告时，核心关注点为调查结果、结论以及建议。这些内容在摘要部分应得到充分且精练的呈现，以满足决策者的信息需求。摘要作为报告的总领部分，应当清晰、简洁且概括地陈述调查报告的主要内容。一般而言，摘要主要简述以下内容：市场调查的背景与目标；调查过程的科学性与合理性；调查方法、资料来源；调查结果；主要的结论与建议；调查的局限性；等等。

3. 序言：市场调查的背景与目的

市场调查的背景是对调查的由来或受委托进行该项目调查的原因进行说明，是构建整个市场调查方案的依据，不但能够佐证调查目的，还能与调查结果相融合以阐释问题。调查背景需着重说明以下两方面的问题：其一为文旅企业当下产品的现状、问题抑或所处的不利态势；其二为此次市场调查的目的何在？调查欲解决何种问题。具体来讲，调查背景或许会涵盖如下问题。

问题1：文旅企业的现状及问题。主要包含：一定时期内文旅消费者的基本情况、产品或服务的供给状况、市场占有率、营销策略与成效等。

问题2：竞争对手的情况。主要包含：竞争对手的文旅产品或服务情况、市场占有情况、营销策略、对手的新动向等。

市场调查的目的通常是针对背景分析中存在的问题而提出的。例如，消费者景区购买力下降的原因，针对该主题提出调查的目的有二：一方面，找出消费者景区购买力下降的原因并提出解决方案；另一方面，文旅企业认识到产品的竞争力不足或文化价值内涵不深厚，然而无法确定在众多影响因素当中，起决定性作用的因素是哪一个。解决诸如此类问题，需要对假设进行验证和证实。研究者需制订明晰的调查计划，其中包含：详细描述当下状况；识别和分析影响消费者购买力的变量，并分析变量之间的关系；基于现有的知识和理论，提出并验证假设；实施调查后，分析收集到的数据，以验证假设得出结论。

4. 正文

作为市场调查书面报告的核心部分，正文对整个报告质量起着决定性作用。正文必须运用客观、中性的语言陈述事实，通过客观资料或数据分析来阐释被调查对象，得出调查结果，并梳理现存问题，提出具体的意见和建议。正文写作在内容表述方面有特定要求，以确保信息的准确传达以及逻辑的严密性。

（1）正文文字表述要求

第一，措辞应简洁明了。书面调查报告的质量并非以字数或篇幅长短来评判，一个优质的调查报告需传达诸多详细且精确的信息，"能对调查内容清晰地表达"才是最为核心的要求。

第二，尽量少用缩略语。首次提及专业术语时，应书写全称，并在其后括号中写出缩写形式。术语缩写在整篇文章中的使用应前后保持一致。

第三，合理安排章节与内容结构。依据各论点的重要性来安排逻辑顺序，既可以按照主报告、分报告的顺序逐一向读者呈现，也可以根据重要性依次展开。在保持层次清晰的同时，突出重点内容。一般来说，段落展开可采用以下四种形式：递进式，即各段落内容逐步深入，逐层分析问题，由浅入深地探讨；时间顺序式，依照事件发展的时间顺序来安排内容，让读者跟随事件的发展过程；总分式，先提供整体的概述，而后逐段详细展开，或者先分段详细阐释，最后进行综合性总结；并列式，采用并列的结构，将各个论点或主题平行展开，使内容呈现均衡布局。

（2）统计图表编制的注意事项

若调查涉及大量数据，就需要编制大量的统计表，以增强报告的清晰性与简明性。编制图表需注意以下方面：图表应尽量简洁美观，显示主要信息；表格的整体布局需合理；分组不能过多或过少；注明所引用的数据或图表的来源。

5. 结论与建议

结论作为调查报告的收尾部分，对问题的理解以及激发更深入的思考至关重要。一个优秀的结尾可采用以下形式：全面概括类，即在报告的结论部分，可综合前文的分析，提炼出报告的核心观点，提供明确的总结；明确结论类，通过深入分析收集的资料和数据，得出报告的明确结论，这些结论应基于事实和分析得出；提出建议和看法类，针对调查中发现的问题，提出具体的建议和解决方案，这些建议应切实可行，有助于解决问题；未来展望类，依据调查的结论，预测和展望未来的发展趋势和可能变化，帮助读者理解调查结果具有长远意义。

6. 参考文献与附录

在撰写报告时，务必在参考文献部分清晰地标注所有引用的内容，以确保学术诚信和维护资料的可追溯性。附录，作为正文内容的补充与深化部分，旨在提供更详尽的信息，其可能包含以下内容：实地调查员的培训与监督流程；调查问卷样本、收集的数据类型、抽样设计的具体特点、抽选样本过程中遇到的问题及其解决方案说明；数据质量评估报告；各种数据分析软件的使用及建模分析方法的详细说明；各类过程数据的汇总表格；术语索引；等等。

在大数据时代背景下，众多文旅市场调查报告依赖于对海量大数据的深入分析。然而，鉴于大多数用户难以独立评估调查数据的准确性和可信度，市场调查机构便承担起至关重要的角色，负责进行必要的数据质量评价，并提供专门的文旅市场数据质量报告。一般而言，数据质量的论证结果会在正文中简要阐述，而详细的数据质量报告则独立放置于附录之中。这样的安排有助于增强用户对调查结论的信任度，并促进调查结果的有效利用。

数据质量报告在内容上应详尽阐述以下几个方面：数据采集所采用的技术手段、数据类型（如普查数据、行政记录、抽样调查数据、互联网数据等）；数据的收集与使用周期；数据可能存在的潜在问题及其处理措施；数据质量的评估标准与验证过程；等等。这些信息的全面披露，对提升报告的专业性和可信度至关重要。

五、文旅融合项目定位

（一）文旅融合项目定位概述

项目定位是文旅融合项目策划与运营的基石，对后续工作具有方向性的引领作用，是文旅融合项目策划不可或缺的核心环节。杰克·特劳特被誉为"定位之父"，他首次在商业领域提出了"定位"这一概念，从而奠定了定位理论的基础。特劳特强调，定位的实质在于如何在消费者的心智中为企业的产品或服务找到一个最佳位置，以便在消费者选择时能够获得优先考虑。他进一步指出，定位并非创造一个全新或与众不同的东西，而是通过调整已有认知和重塑现有关联认知，来实现其目的。

在当今这个"内容为王"的时代背景下，消费者的购买行为已逐渐从传统的功能导向转变为更加注重体验与情感的价值导向。因此，文旅行业必须深刻洞察并满足消费者在"功能性、情感化、精神化"三个层面的全面需求，同时在产品定位上展现出高度的复合性与创新性。从文旅消费者的视角出发，他们日益重视自我需求的实现与满足，并对文旅体验服务、情感共鸣、场景营造等方面提出了更高的期望。在此背景下，特劳特的定位理论为文旅融合项目，尤其是那些以销售体验为核心的产品，提供了极具价值的指导。

1. 文旅融合项目定位概念

文旅融合项目致力于在文化产业链的深耕细作中，通过多业态的融合发展，探索并开拓新的利润增长点。其主要涵盖文化娱乐、度假休闲、康养服务、智慧科技等多元化领域。文旅融合项目的定位过程，涉及对自然环境、文化经济、政策法规、消费市场、交通电力等配套设施的全面调查与分析。这一过程要求运用严谨的定量与定性评估方法，结合深入的逻辑分析，以发现文旅融合项目与所在区域自然社会经济条件、政策法规框架、技术水平、投资者能力需求以及消费者偏好之间的最佳契合点。基于此，明确文旅融合项目在产品形象塑造、客源市场开拓、消费产品开发等方面所应展现的独特类别与鲜明特性。

2. 文旅融合项目定位主要考察内容

项目定位的分析需综合考量项目消费者需求、经济可行性、地方特色、投资团队优势等多方面因素。

（1）文旅融合项目的体验性和休闲性

当前，文旅消费市场在时空、目的、场景、品位、信息获取等多个维度展现出新的消费偏好（见表3-1）。高频次休闲、近距离出行、多场景文旅消费已成为文旅市场的显著特点。文旅休闲活动不再局限于传统景点，而是拓展至城市花园、绿道、公园等开放空间，以及菜市场、餐馆、咖啡馆、酒吧、购物中心、酒店、民宿等商业环境，乃至图书馆、剧院、文化馆、博物馆、美术馆、电影院、音乐厅等文化空间。文旅从业者需积极促进文创设计与消费需求对接，推动文化创意产品和旅游商品的品质提升，精心打造一批城市休闲、乡村"微度假"的优质文旅产品，促使传统"远程低频"的文化体验游向"近程高频"的文化休闲度假游转变。

表3-1　文旅消费市场新偏好

创新视角	行为特征
新时空	近+中+远距离、高频次
新目的	乡村旅游、自然郊野风光地
新场景	场景日益成为旅游目的地建设的关键要素，夜间文旅消费旺盛，游客选择产品时注重调性和情感
新风格	追求"酷""飒"和"内涵""调性""文艺感""故事感""交互式""解构与集成""角色扮演"
新偏好	剧本杀、美食、特色民宿、露营、房车、夜游项目、美术馆、自然体验、骑行、徒步、摄影、皮划艇、桨板等独立或组合都可成为吸引要素
新品位	年轻人追求小清新、文艺风；越来越多的老年人"年轻态、健康体"，审美与年轻人一致
新网民	旅拍、种草拔草、咨询、点评、分享等

（2）文旅融合项目的场景化和故事性

随着大众休闲度假旅游的兴起和小康社会的到来，场景已逐渐超越风景，成为构建旅游目的地的核心要素。旅游景区与文化休闲场所的界限日益模糊，文旅融合促使传统消费场景转变为新的文旅融合空间，如江苏南京秦淮灯会、福建龙岩世遗永定土楼、湖南长沙雨花非遗馆等，均通过活化非遗项目实现文化传承与创新。文旅融合在融合风景与场景的同时，也为文旅产品定位和创新提供了更广阔的空间，如"景区"讲述"故事"，与游戏行业合作的"星之守护者"活动，与突尼斯驻华使馆联合的"打开任意门""红叶祭"（针对青年二次元族群）及"星空小镇"等活动。在文化和旅游深度融合及科技旅游产品不断发展的背景下，旅游景区已成为人们日常生活的一部分，让游客体验科技与文化的碰撞，增强文化自信。

（3）文旅融合项目的科技感和创新性

文旅融合发展的关键在于创新，其主要表现为"六新"理念——新业态、新产品、新IP、新商业模式、新技术与新媒体（见表3-2）。从旅游产业与文化产业的发展特性来看，以"六新"引领文旅融合的创新方向，是未来文旅产业发展的必然趋势。利用AI、大数据等数字技术，开发沉浸式文化展览、云游产品、云娱产品、云展产品、数字化主题乐园等，结合景区、酒店、影视基地、古镇、邮轮等既有文旅项目空间，创造沉浸式体验新模式，为文旅场景运营开辟新路径。

表3-2 文旅融合的六个创新

创新模式	具体内容
新业态创新	民宿客栈、自驾车营地、低空旅游、旅行拍摄、水上运动、休闲商业、实景演艺、研学旅行、剧本杀等
新产品创新	户外运动产品、游乐产品、研学旅游产品、婚庆产品、旅拍产品等
新IP创新	主题公园IP、影视IP、动漫IP等
新商业模式创新	OTA、俱乐部、分权度假、旅行服务平台、众筹、个性化定制等
新技术创新	AR、VR、MR、过山车、水上游乐、摩天轮、数字化技术等
新媒体创新	社交媒体微博、微信、短视频、自媒体、音频媒体等

（4）文旅融合项目的单体性和复合性

民宿、早茶、电影、戏剧、夜市、画展、垂钓、露营、草坪音乐会、室内剧本杀等小而精致的文化和旅游综合体，通过内容创新和优质体验服务，深受休闲度假游客的喜爱。例如，浙江松阳县石仓古民居群的鸣珂里·石仓文化民宿，让客人亲手编竹篓、酿米酒、穿汉服，深度体验地方文化。另外，"大而全"的主题公园、文旅小镇、风景区、历史文化街区等大型文旅融合项目，则形成关键产业带动上下游发展的"龙头"效应，构建相互促进、共同发展的产业链条。首钢—高炉·SoReal科幻乐园便是成功范例，它将工业遗存转化为现代科技娱乐场所，利用5G、边缘计算、AR、VR、MR、AI、数字孪生、全息影像、3D投影等前沿科技，打造了一个集文化、娱乐、科普、餐饮、零售、服务于一体的元宇宙空间，不仅吸引了大量游客，还带动了科普研学、电竞赛事、演艺演出、音乐酒吧等多功能复合空间的发展，促进了产业链的延伸与拓展，实现了从"工业锈带"到"生活秀带"的华丽转身。

3. 文旅融合项目拟建地情况

在文旅融合项目的策划与实施阶段，选址问题至关重要。其直接关乎项目的可行性和未来发展潜力。下文将从地方气候、特色资源、土地情况、市场区位以及市场竞争力等方面展开探讨，为项目的推进提供科学依据，确保文旅融合项目能够因地制宜，发挥最大效益。

（1）地方气候

当地气候直接影响文旅融合项目的主要体验内容。即便文旅融合项目可借助现代技术营造小气候环境，但大型的文旅融合项目仍会受气候条件所限，如气候炎热的南方适宜发展热带雨林类项目，严寒的东北则适合开发大型冰雪文旅融合项目。

（2）特色资源

文旅融合项目首先以文化作为核心表达内容。文化包含自然山水文化、民俗风情、历史文化、工业文化、农业文化、商业文化等，均带有鲜明的地方特色。文旅融合项目的定位会受当地特色资源的直接影响，如福州的闽越水镇项目，以闽越文化为主题，重现百年前福州的水乡风貌。当地资源特色往往决定了文旅融合项目的功能、主题和形象等定位，是文旅融合项目比较优势的最大体现。

（3）土地情况

土地是项目选址在政策和经济可行性方面的主要制约因素之一，在规划和管理土地使用时，不但需要辨别禁建区或保护区，如自然保护区的核心区与缓冲区、生态脆弱区等，还需要深入解读地形地貌、分析用地属性、评估土地价格并对相关土地交易政策进行解读。土地政策和价格直接影响文旅融合项目的开发规模与档次、内部子项目类型、组合方案以及功能区布局等。

（4）市场区位

考察项目地区的交通状况，特别是对项目辐射区域或周边的主要客源市场及潜在客源市场进行考察，尤其要结合相似文旅项目消费人群的保有量与增长率、市场购买力、城市人口结构等关键指标进行分析，以确定客源的区域市场和消费分层定位。

（5）市场竞争力

准确把握自身项目的特色与优势，对周边已有的或正在规划的文旅融合项目发展情况进行调研，避免定位雷同而产生恶性竞争，从定位上为错位竞争做好准备。

4. 文旅融合项目定位的策略

文旅融合项目定位思路：以大发展格局为前瞻，以多元价值突破为目标，以优势资源为基础，以比较优势为突破，以市场需求为导向，把握文旅发展趋势，开展项目定位。

（1）以大发展格局为前瞻

文旅行业拥有其独特的发展趋势与格局，文旅融合项目的投资者需具备高度的战略眼光与前瞻性，深刻洞察产业趋势，尤其是与自身项目紧密相关的产业动态。这些趋势涵盖未来消费需求导向、区域经济及交通网络的演变趋势，以及项目间的竞争与合作态势等。一个成功的文旅融合项目，应当紧跟国家战略规划，立足"大文旅、大交通、大区域"的宏观视角，精准分析项目所处的地理位置与发展环境。

大渡河风景道（乐山段）正是这一理念的生动实践，它作为四川省交通强国建设试点项目之一，充分展现了"大文旅、大交通、大区域"背景下的文旅融合新典范。该项目横跨四川省乐山市多个区域，自乐山大佛三江湿地起，途经市中区、沙湾区、峨边彝族自治县、金口河区，终至金口河大渡河大峡谷，全长达165公里。项目通过深度整合大渡河流域丰富的文化旅游资源，精心打造了一个集"文旅＋交通"于一体的标杆项目，有效促进了乡村休闲旅游产业的集聚发展。

项目的实施亮点包括建设了 72 公里的骑行道、7 座旅游驿站，并开通了 140 公里的水上航线，这些基础设施的完善极大地丰富了游客的旅游体验，并带来了可观的经济效益，至今已累计接待游客约 1000 万人次，直接经济贡献高达 14 亿元。此外，大渡河风景道（乐山段）还巧妙串联了 1 个天府旅游名县、4 个 4A 级旅游景区、6 座博物馆以及众多乡村旅游热点与特色文旅产品，如沫若戏剧文创园、黑竹沟、大渡河金口大峡谷等。

在交通网络构建上，项目所在区域及沿线交通设施完善，涵盖了成贵高铁、成昆铁路复线、渝自（乐）雅铁路、乐山机场、岷江港航电综合枢纽，以及密布的高速公路与国道网络，共同织就了一张"快进慢游"的综合立体交通网。这一系列举措不仅极大地提升了旅游服务的便捷性与舒适度，更为当地经济的繁荣发展注入了强劲动力，实现了文化旅游的深度融合与共赢发展。

（2）以多元价值突破为目标

文旅融合项目的价值主要体现在以下两个方面：第一，项目自身的直接价值，如游客流量的显著增长、项目经济收益的提升等；第二，文旅融合项目能够对关联产业产生强大的带动作用，同时传播积极正向的价值观念，促进文化的创新性传承与创造性发展，对区域、城市、社会乃至文化整体发展的多重价值不言而喻。

以台儿庄古城为例，该古城于 2008 年重建，不仅承载着深厚的历史价值与文化意义，更是世界范围内"二战"遗存较为丰富的地区之一，被誉为中国民居建筑的博物馆、运河文化史的活化石，以及东方古水城的典范。这些丰富的历史文化遗产，使台儿庄古城成了一个充满文化底蕴与独特魅力的旅游胜地。

2009 年，国台办将台儿庄古城正式授予全国首个"海峡两岸交流基地"的称号，这一荣誉极大地提升了台儿庄古城在促进两岸文化交流中的重要地位与广泛影响力。2011 年，台儿庄古城荣膺"十大齐鲁文化新地标"榜首，再次有力证明了其在文化领域的重要地位与深远的影响力。

台儿庄古城在融合发展过程中，根据项目自身特质，巧妙融入了多元化的文旅新功能，实现了对地方文化资源的最大化开发与利用，不仅拓宽了项目的发展路径与盈利空间，更成功地实现了多重价值的深度挖掘与综合提升。

（3）以优势资源为基础

优势资源是构建独特文旅融合项目的基石。在项目定位过程中，需双管齐下：一是要深度挖掘并高效利用项目所在地的区位资源，进一步发掘并提升潜在资源的价值，以增强文旅融合项目的独特魅力和吸引力；二是要精准界定项目的主题、产品服务及运营模式，确保项目紧密贴合目标市场的需求，实现高效运营。同时，应着眼于满足消费者追求新颖与独特的心理，赋予项目更多时代感与附加价值。

以西湖天地为例，其成功在于从四个方面深度挖掘资源价值：第一，充分挖掘西湖南线风景区的自然景观资源，打造视觉盛宴；第二，针对西湖庞大的游客群体，构建高品质游憩商业空间，提升消费体验；第三，深度挖掘浙江地区传统民居建筑的文化精髓，融合现代设计理念，创新景观资源，营造独特的文化氛围；第四，借鉴中国香港瑞安集团等成功运营经验与商家网络资源，如上海新天地的成功模式，为项目注入新的活力。

从区域视角出发，挖掘优势资源还意味着要进行有效的区域资源整合。雪峰山文旅集团的发展便是这一策略的典范。该集团位于湖南省，通过深入挖掘与整合区域内丰富的文化资源，实现了资源的最优配置与区域间的协同发展。集团不仅建设了穿岩山景区、统溪河休闲小镇等多个重大旅游项目，成功打造了多个4A级、3A级景区，还跨区域整合了隆回虎形山、沅陵借母溪等景区的资源，形成了强大的旅游集群效应。同时，集团注重传承与展示当地独特的文化遗产，如花瑶挑花、巫傩、目连戏等，为游客提供了丰富多元的文化体验。此外，通过建立民间智库、深入研究非遗资源、实现古今文化的巧妙融合，雪峰山文旅集团进一步推动了文旅的深度融合，实现了文化、旅游与经济的共赢发展，为其他地区的区域资源整合提供了宝贵的经验和启示。

（4）以比较优势为突破

比较优势是文旅项目塑造独特定位的突破口。这种优势不只限于资源禀赋，还广泛涵盖交通便捷性、区位优势、客源市场消费潜力、运营商综合实力等多个维度。以成都宽窄巷子为例，它不仅是老成都"千年少城"城市风貌与百年原真建筑风貌的珍贵遗存，更是这些多元比较优势的综合体现。

在 2003 年启动改造前，宽窄巷子面临着环境较差、建筑老旧的严峻挑战。为响应成都市打造"休闲之都"的战略定位，市政府毅然决然地推动了宽窄巷子的改造升级项目，深入挖掘并依托巴蜀文化的深厚底蕴。改造过程中，明确了差异化的功能定位：宽巷子定位为"闲生活"，窄巷子定位为"慢生活"，而井巷子定位为"新生活"，从单一居住区向"院落式情景消费街区"转变。改造完成后，宽窄巷子以"成都生活精神"为核心线索，汇聚了丰富多彩的业态形式，不仅极大地提升了区域的文化内涵与附加值，还显著提高了文化品位，成为国内历史文化街区改造的经典模式。

（5）以市场需求为导向

市场需求是衡量文旅融合项目成功与否的核心标准。在规划文旅融合项目时，整体定位必须紧密围绕市场需求与未来发展趋势，这一原则不仅适用于项目的总体布局，还需细致考量各个子项目功能模块的目标客群定位。当前，市场上备受欢迎的文旅融合项目主要呈现两大特征：一是深耕本土化，展现原生态风貌，倡导回归自然与质朴生活的理念，如国内广泛兴起的山居度假项目；二是融合高科技与人工创意，以科技、梦幻、超现实为卖点，打造超凡脱俗、沉浸式的体验，如当前热门的各类数字元宇宙文旅融合项目。

面对新的市场环境，传统经典的文旅融合项目也需与时俱进，进行重新定位。以黄山市为例，为顺应从观光型旅游向休闲度假型旅游消费模式的转变，黄山市积极调整发展战略，确立了新的发展方向，致力于培育和发展一系列创新文旅项目与产品，旨在更好地满足国内外游客的需求，城市由游客集散地转变为综合性旅游目的地。

（二）文旅融合项目的功能定位

1. 文旅融合项目功能定位概念

文旅融合项目的功能定位指的是在文旅消费市场定位的基础之上，依据潜在的目标消费者需求，并结合文旅项目的特点，对文旅融合项目及其产品所具备的功能予以规定的过程。功能定位要明确该文旅融合项目应具备哪些功能，其中主导功能、支撑功能和辅助功能分别是什么。由于文旅融合项目具有跨界产品的特性，其功能往往具有综合性、多元性和复杂性的特征（见表3-3）。

表3-3 新型文旅融合项目功能多元性典型案例

项目名称	文旅产品及功能定位
大连熊洞街	《北北大秀》《北风女神幻影秀》核心演艺、美食街、夜间娱乐等
黄平野洞河峡洞瀑布漂流	趣味漂流、度假娱乐、美食、户外赛事、星空音乐节等
大运河杭钢工业旧址综保项目	水上活动观赛、水上运动体验、亲水码头等
"食尚年华"田园综合体	智慧农业种植参观体验区、主题农庄休闲、食尚里美食体验、二十四节气主题田园观光和农事体验、萌宠乐园、滨水民宿、农场盲盒等
"越野中国"探享之旅	汽车文化体验、户外运动、社交、观光、度假等
"正佳星球"	极地海洋世界、空中雨林馆、超龙歌莉亚化石展、天文馆、室内大瀑布、非洲动物大迁徙标本展、自然科学博物馆、天眼图书馆、观星空间、穹顶巨幕投影等研学、夜游夜宿体验；空中舞台观剧；广正街休闲购物娱乐、科普网红厕所等体验；万豪酒店商务和度假住宿等
《丝路之声》	融合音乐、舞蹈、操偶、杂技、武术、魔术等多种艺术形式，集穿越、沉浸、认同、体验、感知五位一体的全新音乐剧
竞鹅酒店	展现丰富数字内容的线下场景、一站式电竞娱乐新消费体验地
"青岛上街里·光影中山路"	结合5G技术、数字人、NFT、AI智能技术，实现线上与线下相结合，打造中国首个"城市历史街区元宇宙"
风过耳美术馆酒店	集住宿、餐饮、咖啡馆、泳池、美术馆于一体，度假和艺术双目标

2. 文旅融合项目的功能定位

第一，观光功能。观光服务是绝大多数文旅融合项目需具备的最基础的功能。观光是指文旅消费者通过观赏文旅项目区的自然风光、都市风貌、文物古迹、民俗风情、人造景观等，获取美的享受、获得愉悦和休闲的一种体验形式。对于各种类型的景区来说，观光型游客仍是文旅消费者的最主要动机之一。具备观光价值的文旅融合项目是当前门票经济的主体。

第二，休闲功能。休闲是指以在紧张工作之后的身心松弛为目的，在非工作时间开展的一系列旨在使身心感到轻松愉快的活动，包括观光度假、康体娱乐、阅读书籍等。相较于旅游，休闲是一个更为宽泛的概念，涵盖了多种活动。它已成为调节人们生活节奏不可或缺的环节。许多都市文旅融合项目，如博物馆、剧院、休闲街区、主题餐饮地、文创园区等场所，成为本地居民和外来游客的休闲之地。

第三，娱乐功能。娱乐是以娱乐、消遣为目的从而达到精神放松、身心愉悦、享受临时变换环境的休闲旅游形式。娱乐已成为现代社会中大多数人的选择，身心疲惫的上班族、追求新鲜刺激的年轻人等人群常常参与娱乐活动。当下，大众对娱乐活动的喜爱也催生了众多的文旅融合项目，成为一些文旅融合项目的主导功能，如近几年风靡各地的"剧本杀"，一些都市的经典剧目吸引外地游客专程前来，成为都市旅游的特色产品。部分旅游项目也植入剧本杀项目，成为吸引 Z 世代"潮人"的文旅融合目的地（见表 3-4）。

表3-4　"剧本杀"与旅游融合的典型案例

剧本杀旅游	典型案例
剧本杀+交通	"长江游轮剧本杀""房车剧本杀"
剧本杀+住宿	《夏》《杏》《黑夜传说》《娘娘千岁》《大疫》
剧本杀+古镇	《九门探案》《青天鉴》《纱灯秘境》《下一站江湖之望尘客栈》《青染·双江》《新·七里山塘》《拯救异世界》
剧本杀+景区	《盛唐城·醉长安》《延安精神》《舍离》《风起洛阳》《香山秘境》《宴游飞阁》《武夷山上有仙灵》

第四，康养功能。文旅融合项目依托特色文化和相关设施，通过文化滋养、情感沟通、美食、瑜伽、冥想等体验项目，使游客释放压力，调整心态，促进身心健康。

第五，度假功能。类似迪士尼乐园、北京环球影城、欢乐谷等大中型的文旅融合项目，融合了食、住、行、游、购、娱、养等多种要素，能够容纳游客停留较长时间进行多元体验，成为独具特色的文化旅游度假空间。

3. 文旅融合项目的功能定位模式

文旅融合项目的功能定位是一个系统，包含一个以上的核心板块、N个高盈利性的板块、M个基础性的功能板块。各种功能板块之间相互关联、相互作用，价值相互激发和放大，可称为"1+N+M"功能定位模式。

（1）把握强吸引力的核心模块

一个文旅融合项目必须拥有一个以上极具吸引力的核心模块作为超级引擎来激发市场消费。例如，西安终南山楼观台声名远扬，近些年又新增了现代农业板块。终南山楼观台景区目前具备三大核心模块：道教的祖庭——楼观台景区、财神故里——财神庙景区、现代农业示范园。项目借助道教祖庭这一核心模块，配合财神主题板块、现代农业主题板块来推动项目发展，打造多功能型文化旅游项目。

（2）配置多元化的盈利板块

通过施行功能复合策略，项目能够在主要功能的基础上，深度挖掘各类资源，拓展文旅产业线，并引入多种盈利模式，进而增强消费者的参与感，延长其体验时间，并加深体验深度。例如，众多文旅小镇集餐饮、住宿、文化体验、会议等多种功能于一体，通过这种丰富化策略，有效吸引并保持了文旅消费者的兴趣。此外，提高项目的产业融合度也是文旅融合项目拓展利润空间常见的操作方式，如一些大型的文旅融合项目涵盖游览和会展业、休闲地产、体育运动产业、现代农业、动漫产业、影视产业、商贸业等，吸引不同兴趣的消费人群，使项目获得多个盈利点支撑。

（3）构建差异化的功能体系

文旅融合项目的功能组合是一个复杂且全面的体系，旨在为游客提供全方位的体验与享受。这个体系，一方面需要涵盖一些基础性的板块，如"吃、住、行、游、购、娱"六个方面，保障项目的顺利运作，满足游客在休闲旅游活动中的基本需求。另一方面，需要配备一系列延伸性功能，如深度文化体验、创新科技应用、艺术表演类娱乐活动等多种细化功能，满足游客的个性化需求，增强项目的吸引力，形成差异化经营，从而构建区域产品的竞争优势。

4.文旅融合项目的功能定位策略

（1）设置引擎性功能模块

超级核心引擎既是极具吸引力的核心功能模块，也是文旅融合项目形象的标志性存在。常用的引擎模块设置方式有以下三类。第一，核心人文资源引擎，古民居、古镇、古城、古村落、陵寝遗址、传统民俗风情等都属于此类，如故宫、秦始皇陵。传统人文资源能够通过文旅融合创新开发，融入时代元素。第二，人工营造超级引擎，如主题公园、度假区、风景区、文旅小镇的核心体验项目等，这类引擎项目突出的特点是现代科技感、娱乐性或美学艺术。第三，主导型业态或产品引擎，以超大规模、超高品质、独具特色的业态作为主导项目。此类项目吸引力强，体现了文旅融合项目的核心竞争力。例如，迪拜的超豪华酒店群和购物中心群。又如，部分文旅融合项目通过推出低空旅游、离岛免税游、大型旅游演艺、帆船游艇产业等旅游拳头产品吸引人流。

（2）设置高盈利功能模块

高盈利功能模块是文旅融合项目的生命线，故而需要高度关注高盈利板块的选择和定位。倘若长期依赖门票经济、项目功能单一、功能模块之间客群不能共通共享、未进行长产业链和泛产业链的打造，那么项目很可能不具备吸引游客重复性消费的能力。一个文旅项目的盈利既能够通过文化产业和旅游产业自身的核心环节来达成，也能够通过产业体系和其他关联环节的各种消费来实现。

（3）设置多元功能模块体系

文旅融合项目的功能定位体系是一个有机整体，它不仅需要一个或多个极具吸引力的核心模块作为超级引擎，还需要一系列基础性的功能板块作为支撑和补充。这样的体系能够确保项目在提供多元化、互补化旅游产品的同时，保持稳定且可持续地发展。

文旅融合项目围绕一个大主题展开，其中包含的多个子主题相互补充，共同构建起项目的核心内容。在子主题之下，还有更具体的细分子主题作为支撑，共同形成一个完整且丰富的旅游体验体系。东部华侨城国家级度假区项目是一个典型的文旅融合项目，以"让都市人回归自然"为宗旨，通过云海谷、茶溪谷和大峡谷三大主题园独特的自然景观和文化特色，共同构成完整的旅游体验。项目中的多元化旅游产品，如两个山地高尔夫球场、三座主题小镇、四家主题酒店、四台主题演艺等，不仅丰富了游客的选择，也增加了项目的盈利点。东部华侨城在文旅产品创新方面实现了战略性突破，通过整合生态、文化和娱乐资源，创造了全新的旅游体验，为游客提供了与众不同的休闲度假方式。

一个大型的文旅融合项目除了具备必要的基础性功能之外，其内部功能也要形成复合的、有机的细分功能模块组合。因此，一个旅游项目应该是一个大的有机系统包含着小的有机系统。例如，长白山国际度假区坐落于长白山脉腹地，总占地面积为21平方公里。项目南区为国际度假区，由滑雪场、度假小镇、冬季雪上赛场、星级度假酒店群、公寓等组成。北区将建设"松抚一体化"新城的行政中心及会议中心、文化中心、商业中心，同时涵盖学校、医院、示范住宅区等，其中，度假区的会议中心是"中国民营企业家发展论坛"的永久会址。

（三）文旅融合项目的营销定位

文旅融合项目的营销定位指的是文旅融合项目在消费市场中占据一个有价值的认知位置，以实现项目品牌或产品的差异化。营销定位重新界定品牌与消费者之间的联系，不仅能够确定项目的目标市场群，使文旅融合项目与有竞争替代关系的项目形成明确区分，还能够让顾客清晰地感知这种区别，在顾客心目中树立独特的品牌形象。

1. 文旅融合项目营销定位的内容

文旅融合项目营销定位的内容是指项目在营销过程中所传递的核心信息和价值主张，这些内容通常围绕企业定位、竞争定位、客群定位等展开。

（1）企业定位

文旅企业通过建设文旅融合项目，开发文旅产品并打造品牌，向文旅消费者传递企业独特的个性、文化和良好形象。典型代表如全球知名的迪士尼集团，在百余年的发展历程中，一直秉持着创意、优质、交流、叙事、欢乐、赞赏的品牌核心理念，形成了娱乐节目制作、主题公园、玩具、图书、电子游戏和传媒网络等文旅产业链，成为具有迪士尼特色的全球品牌娱乐公司。

（2）竞争定位

竞争定位是识别并强调自身产品与竞争对手产品之间的差异，并通过差异确立在市场中的独特地位。在文旅融合项目中，差异化是竞争定位的关键，因为只有通过差异化，企业才能在消费者心中树立起独特的品牌形象和价值主张。定位是需要根据具体情况进行调整的，当环境发生变化时，品牌可能需要重新定位。例如，麦当劳不断变革，针对当前品牌年轻化的趋势，采用了更加简洁明亮的图案，代表"年轻、欢乐、干净、效率"，暗示其与其他快餐的不同，体现了自身针对年轻人这一主体市场的品牌形象。

（3）客群定位

客群定位是文旅企业依据消费者的年龄、性别、消费水平、职业、兴趣等因素，对潜在消费群体进行细分和选择的过程。这种定位有助于企业更精准地满足特定群体的需求，从而提高市场渗透率和顾客满意度。例如，年龄定位可分为儿童市场、青少年市场、青年市场、成年市场、中年市场、老年市场；性别定位可分为男性市场和女性市场；消费水平定位可分为高端市场、中端市场、低端市场；职业定位可分为企业管理群体、教师学术人员、艺术家群体、学生等；从游伴关系上分，有亲子、朋友、新婚等市场；从旅游目的上分，有康养、娱乐、研学、公务、观光、度假等市场。客群定位的目的是理解消费者的行为和决策过程，从而能够提供更加个性化且符合他们期望的产品和服务。

2. 文旅融合项目营销定位的原则

文旅市场定位在于凸显文旅产业的差异化。只有当差异化具有价值和意义时，才能够成为游客选择购买的理由。企业在实现差异化的过程中，需要权衡增加的成本与游客的利益，以确保差异化策略能够带来积极的回报。

（1）根据文旅融合项目的特点定位

根据产品的独特属性，文旅企业需明确其在市场中的定位，并着重宣扬产品的独特之处或优于同行的性能，从而在众多竞争产品中崭露头角。在定位时，企业可根据产品内在的多方面特征，如品质、等级、价格等，来界定其市场地位。例如，迪士尼乐园可以宣称自己是世界上规模最大的主题乐园，这种以"大"为特色的定位暗示着游客能够在此获得无与伦比的娱乐体验。

（2）根据特定的用途定位

探索文旅项目的全新模式和用途，是项目创新市场定位的有力举措。比如，在线旅游服务平台在游客的旅行中发挥着越来越关键的作用，提供包括酒店、机票和餐饮在内的全方位预订服务。同城旅游网近期与多个地方旅游局合作，共同塑造了旅游新媒体的合作模式，全面推广旅游品牌，成为智慧旅游的杰出代表。

（3）根据顾客的需求定位

随着文旅市场的持续演变，项目需要不断更新以满足新的消费需求。例如，辛巴达旅行针对日益增长的定制旅行需求，开发了一套智能系统，为家庭游客提供个性化的行程规划服务，并整合了多种旅游资源，如机票、酒店、门票等，允许用户在线自定义行程或通过智能匹配选择最佳方案。此外，针对近年的"剧本杀热"，部分旅游地通过植入剧本杀项目来满足游客需求，使景区重新获得市场关注。例如，成都崇州市街子古镇味江景区通过推出沉浸式实景剧本杀《九门探案》，转型为集"文旅小镇+IP+剧本杀+影视化剧场"于一体的综合娱乐场所。又如，襄阳盛世唐城景区则推出了以唐朝科举为背景的剧本杀《盛唐城·醉长安》，通过设置不同级别的考试活动，让游客亲身体验唐朝文化。

（4）根据消费者的类型定位

文旅企业能够针对特定客群设计产品，并据此确定恰当的市场定位。游客作为文旅产品的终端使用者，其需求直接影响产品的市场表现。为了吸引这些特定游客，文旅企业需开展定向营销活动，旨在塑造产品在游客心中的独特形象，从而激发游客的购买欲望。我国露营营地市场规模从2014年的77.1亿元增长至2021年的299亿元，2021年同比增长77.98%，类似露营的短途旅游迅速发展。春秋集团开始针对都市休闲人群的露营需求开发"春野秋梦"营地项目，2022年6月北京春秋的第一家"春野秋梦"精致露营正式开营，位于北京市通州区小海字村，距离市中心不远，同时兼具乡村野趣，十一假期举行了面向家庭的各项亲子活动。第二家营地则主打城市露营概念，以露营为主题的餐厅，位于通州一家文创园的楼顶，地处市区繁华地段，由于没有工作日和周末的高峰低谷期，消费更为高频，发展速度超过了郊外露营。

（5）根据竞争者进行定位

通过与市场中知名度较高的同行企业进行对比，文旅企业能够更清晰地明确自己的市场定位，以及自身与竞争对手相比的优势和特点。这种策略能够让游客在短时间内对企业形成认知，同时借助竞争者的品牌效应，提高自身品牌的知名度和可信度。文旅企业通过宣传自身与竞争对手之间相似或不同的特点，使游客能够直接理解项目定位。企业通过剖析竞争者的产品特点、品牌形象、市场定位以及目标客户群体，来确定自己的市场定位，并根据自身发展的需要和目标客户群体的需求，来调整和优化自己的市场定位，塑造独特的品牌形象，提升自身的市场地位，让企业在竞争中脱颖而出。例如，拈花湾文旅以中国创意文旅集成商为核心定位，提供策划、规划、设计、建设、运营等全产业链服务的大型文化旅游项目，国内不少企业在介绍自身地方文化小镇项目时，常使用"类似于拈花湾"这类表述，借助拈花湾项目来帮助游客快速理解。

在当前的市场环境中，大多数文旅企业在进行市场定位时会采用多个原则，因为要体现文旅企业及其产品的形象，市场定位必须是多侧面、多维度的。随着消费者对文旅产品需求的日益多样化和个性化，企业要为游客提供符合个人喜好和需求的产品和服务，理解并满足消费者的期望。企业在进行市场定位时，需要充分考量自身的长处和短处，以便在市场上实现精准定位，发挥自身的优势，弥补劣势。通过市场定位，企业明确自己的竞争优势，制定相应的市场策略，通过突出自身的产品特性、服务质量、品牌故事等优势，在消费者心中建立清晰且独特的品牌形象，吸引消费者的关注，提升市场份额。此外，旅行社工作人员走南闯北，见多识广，对国际上的时尚元素和创意的把握也较为准确，可以融入新开发的文旅融合项目中，凸显自身竞争优势。

3. 文旅融合项目营销定位的形式

文旅融合项目的营销定位是指通过市场调研与分析，明确项目在市场中的独特地位和价值，从而吸引目标客户群体。营销定位的形式包括产品差异化、服务差异化、人员差异化、形象差异化等。

（1）产品差异化

产品差异化是文旅企业营销战略中的关键要素。产品差异化要求产品或服务具备某些独特之处，如物理特征、功能特征、品牌形象、服务质量等。差异化不仅体现在产品本身，更是企业通过差异化向消费者传递特定的价值观念和生活方式。这种差异化需要持续地维护和更新，以维持其独特性和吸引力。产品差异化能够通过多种方式达成，如设计、技术、服务、营销等，企业可以依据自身情况选取合适的差异化途径。企业可以通过创新产品设计，使产品在外观、结构或功能上与竞争对手的产品形成差异；可以采用先进的技术，提供独特的产品功能或性能；可以塑造独特的品牌形象和故事，传递企业的核心价值观和品牌理念等。通过这些具体举措，企业能够实现产品差异化，提升产品的市场竞争力，满足消费者对个性化、独特性的需求。不过，市场定位除了要与已有的文旅融合项目建立区分度，个别文旅融合项目或许会刻意通过市场定位，与市场上已有明确定位的品牌项目建立联系，如"东方威尼斯""中国版的迪士尼"等定位，以帮助消费者快速形成市场形象。

（2）服务差异化

服务差异化是文旅企业为在市场竞争中占据优势，为目标市场提供与竞争对手不同的优质服务，从而吸引并留住客户的战略。随着游客对旅游体验的要求日益增长，对文旅产品的选择标准持续提升，致使产品差异化越发困难。因此，文旅企业必须加大对服务质量的投入，使其成为竞争的关键要素。越来越多的文旅企业正在采取服务差异化的市场定位策略，这种策略被视作获取竞争优势的有效途径。通过提供个性化服务、专业的旅游指导、定制化的旅游路线等，企业能够满足游客对独特体验的追求，进而提升其在市场中的竞争力。

（3）人员差异化

人员差异化是文旅企业寻找或培养与企业文化或产业服务特色相关的具

有特定专业技能的员工,这种人力资源的独特性和不可复制性,是企业竞争优势的重要来源。人员差异化要求员工具备丰富的专业知识、良好的沟通能力、贴心舒适的服务技能、新颖的服务理念和方法等专业技能,增强游客的深度体验感,提升游客的满意度,与游客建立长期稳定的关系,提高游客的忠诚度和复购率。

(4)形象差异化

形象差异化的核心在于构建一个能与目标市场产生共鸣的、独特的项目形象,这一形象超越了项目的物理特征,包含了项目的核心价值观、文化背景和情感联想。为实现这一目标,形象差异化需要具备以下关键特点:建立与消费者的情感联系,使项目成为他们情感体验的一部分;确保项目形象的独特性,避免被竞争对手轻易效仿;保持形象在不同市场和接触点的一致性。达成形象差异化需要长期的投入和培育。文旅企业可以通过独特的视觉识别元素、有力的口号和广告语,以及项目故事强化品牌形象。通过形象差异化的运用,文旅融合项目能够在市场中树立独特的形象,吸引目标消费者,实现项目的可持续发展。

4. 文旅融合项目营销定位的步骤

市场定位的核心任务在于让企业产品在市场上与竞争对手的产品形成区别。文旅市场定位则聚焦于文旅企业的独特优势,以使其在众多竞争者中脱颖而出。市场定位是企业识别潜在优势、选择相对优势以及展示独特优势的过程。文旅融合项目的营销定位包含以下具体步骤。

(1)识别潜在优势

市场定位的基础在于企业能够为顾客创造的价值,这一理念由美国学者迈克尔·波特(Michael E.Porter)在其著作《竞争优势》一书中提出。波特指出,竞争优势源于企业创造的价值超过创造这些价值所需的成本。企业的竞争优势主要体现在成本优势和产品差异化优势两个方面。成本优势使企业能够在保证产品质量的前提下以更低的价格销售产品,或者以相同的价格提供更高品质的产品。这种优势通常通过规模经济、高效运营、低成本供应链管理等方式实现。产品差异化优势是指企业产品在功能、利益、质量、设计、品牌等方面与竞争对手的产品相比具有独特性和优越性，能够更好地满足消费者的特定需求。这种优势可以通过技术创新、品牌建设、独特的设计和服务等方式达成。

文旅企业的竞争力主要源于其在产品设计与经营管理方面的成本效益，以及其产品的创新设计和吸引力。为达成这一目标，企业必须开展标准化的市场调研，切实理解目标市场的需求特征及其满足状况。文旅企业能否在了解消费者方面超越竞争对手，做到更深入、更全面，这是获取竞争优势和实现产品差异化的关键。同时，企业还需要剖析主要竞争对手的优势和不足，只有深入了解自身和对手，才能在竞争中屡战屡胜。

（2）选择相对优势

文旅企业在市场定位过程中选择相对优势至关重要，这些优势是企业能够在竞争中脱颖而出的关键能力。文旅企业的相对竞争优势，通常是在综合考量服务质量、服务设施、管理水平、产品特色、产品质量和价格成本等因素的基础上形成的。在评估这些因素时，文旅企业可能会发现自身在某些方面已领先于竞争对手，而在其他方面则存在改进的空间。例如，企业可能在服务质量上具有优势，但在产品特色上则需要进一步创新。通过识别这些优势和劣势，文旅企业可以制定策略来强化现有优势，同时开发和提升那些具备发展潜力的领域。这种相对竞争优势的选择和培养，不仅需要企业对自身能力的准确评估，还需要对市场和竞争对手的深入了解。通过这种方式，文旅企业能够在激烈的市场竞争中占据有利地位，吸引并留住目标客户群体。

（3）展示独特优势

独特的竞争优势指的是企业相比其主要竞争对手在产品开发、服务质量、销售渠道、品牌知名度等方面所存在的显著差异，进而在市场上获得显著的利益。这种优势能够使企业在游客心中形成独特且具有吸引力的形象，从而在文旅市场中占据有利地位。

第一，文旅企业需构建与市场定位相契合的形象。这意味着企业需要保证其所有的市场沟通和营销活动都清晰地传递其市场定位，以便让文旅消费者了解和熟悉企业的市场定位，并接受和认可相关的市场定位信息。市场定位的意义在于，它助力企业与目标市场建立有效的联系，并通过这种方式引发游客的兴趣和关注。为达成这一目标，文旅企业必须积极主动地与目标市场进行沟通，并采取各类措施来吸引游客的注意。这包括通过广告、社交媒体、口碑营销等方式，让目标市场的游客知晓旅游区或文旅企业的市场定位，并逐渐对其市场定位产生认同、喜欢和偏爱。通过这种方式，企业能够有效地传达其独特的价值主张，并建立与目标市场之间的紧密关联。

第二，文旅企业需强化与市场定位相符的形象。首先，企业需增强对目标市场的影响力。游客对文旅企业市场定位和形象的理解是一个不断深化、逐步递进的过程，历经不同的阶段。其次，企业需维持游客对自身的认知。游客对旅游区或文旅企业产品的看法并非一成不变，因此企业需要灵活应对，保持与市场环境的动态平衡。在这个过程中，即便市场定位不变，其相对优势的内容和形式也可能发生变化。企业必须确保游客的认知与这些变化同步，以保持对企业及其市场定位的持续理解，从而巩固形象。最后，企业需持续向目标市场的游客提供新信息，稳定他们对文旅市场的态度，防止其态度出现波动或转变。

第三，文旅企业需纠正与市场定位不符的错误形象。在市场定位的过程中，文旅企业可能会遭遇定位偏差，如定位过低、过高或定位模糊不清。这些偏差会致使游客无法准确理解企业的竞争优势。因此，文旅企业必须采取举措来纠正这些与市场定位不一致的形象。

显然，这些竞争优势的获取与企业营销管理流程紧密相关。因此，企业在识别其核心竞争优势时，需要对其所有的营销活动进行细致分类，并对这些主要环节在成本和运营方面与竞争对手进行深入的比较分析。通过这一过程，企业能够最终确定并建立起其核心竞争优势。

【案例分析】

案例3.1　古镇夜间旅游意象要素感知与营造——以乌镇西栅夜游为例

本案例采用 Python 语言挖掘分析网络点评数据，旨在全面了解乌镇西栅景区的旅游目的地意象。先根据各个旅游网站的具体特征，对比分析了景区的服务内容和在线评论，以此确定数据获取源。在携程网和去哪儿网，通过搜索"西栅夜游"关键词，抓取了 2557 条和 2875 条文本点评数据。为了提高研究的可靠性，主要筛选了 2015 年 12 月 31 日至 2020 年 12 月 31 日间的点评数据，最终得到 5236 条评论，共计 343659 字。

在数据预处理阶段，先筛选了网络评论，包括删除拟声词、数字、表情符号以及与文本无关的信息，对文字语言进行了规范，去除繁体字、英文和网络用语，同时处理了重复评论、空白内容和格式问题。对使用 Python 工具获取的文本内容中存在的无关字符、乱码等干扰情况进行了处理，以确保评论的准确性。

建立了自定义词典，包括景区专用词和当地特色词汇，如"乌篷船""戏剧节"等，以便在使用 ROST CM 6.0 软件进行词频分析时能更精准地反映景区特色。经过分析处理后，评论字数缩减至 340882 字，并保存为 txt 格式的文档以备进一步分析。利用 ROST CM 6.0 软件对文档进行了分词处理，并通过 Tagul 文字云在线工具分析了点评文本，生成了文字云图。

根据表 3-5 和图 3-1 的数据，深入分析网友对乌镇西栅的评价。从高频词来看，"西栅"和"夜景"的高频出现，表明游客对乌镇西栅的夜景给予了极高的评价和关注。"乌镇"和"晚上"被频繁提及，说明乌镇作为旅游目的地以及夜游活动都深受游客喜爱。"景区""东栅"和"很美"等词语也出现在高频词列表中，进一步表明景区的整体环境和东栅区域同样获得了游客的好评。"值得"和"景色"等词语反映出游客认为乌镇西栅的夜游体验物有所值，景色优美。

表3-5 乌镇西栅景区夜游网络评论文本前二十个高频词

编号	高频词	频次	编号	高频词	频次
1	西栅	4108	11	里面	759
2	夜景	2734	12	白天	758
3	乌镇	2356	13	小桥流水	754
4	晚上	2256	14	江南	727
5	景区	1448	15	漂亮	711
6	不错	1020	16	水乡	711
7	东栅	1003	17	古镇	700
8	很美	966	18	灯光	638
9	值得	835	19	夜游	550
10	景色	800	20	特别	512

图3-1 乌镇西栅夜游意象要素文字云图

综上所述，网友对乌镇西栅的夜游评价整体上是积极的，但也存在一些有待改进的问题。景区管理者可以根据这些评价反馈，进一步提升服务质量和游客体验，以满足游客的期望和需求。[①]

---

① 万思思:《古镇夜间旅游意象要素感知与营造》，硕士学位论文，江西财经大学，2021。

案例3.2　国内首列高端旅游列车"呼伦贝尔号"开启预售模式

"呼伦贝尔号"草原森林旅游列车是由呼伦贝尔文化旅游投资（集团）有限责任公司联合凯撒旅游推出的高端旅游度假列车。这趟列车以其豪华设施和独特设计为特点，提供了全新的旅行体验，将旅游观光、餐饮住宿、私人定制和线上线下互动融为一体。

"呼伦贝尔号"草原森林旅游列车推出了A、B两款六天五晚的精品旅游路线，穿草原、越林海、观湿地、赏湖泊、跨河流、品民俗等，让游客深入体验呼伦贝尔的自然美景和文化特色。此外，列车还配备了商务车、高级商务车、高级软座车、儿童主题车、多功能车、普通软卧车、休闲娱乐车、米其林风味餐车、康养车和文化沙龙车等共16节车厢，10种车型，每节车厢的设计和配置都体现了对舒适、安全和便捷的重视。

为了方便旅客购票，呼伦贝尔文化旅游投资（集团）有限责任公司与凯撒旅游、途牛旅游、北京华强国际旅行社等签署了合作协议。旅客可以通过"呼伦贝尔号"微信小程序、凯撒旅游官网、中国铁路官方App、携程App等多种渠道方便快捷地购买车票。"呼伦贝尔号"草原森林旅游列车的推出，不仅为游客提供了一种全新的旅行方式，也填补了国内高端旅游市场的空白，为呼伦贝尔地区的旅游发展注入了新的活力。[①]

案例3.3　沉浸式美食互动剧，开启全新感官体验！

Gingerline首创的沉浸式美食互动剧，是一种结合了美食与综合表演艺术的现场娱乐新形式。在这个体验中，观众在剧情的引导下，不仅能够品尝美食，还能参与互动，享受前所未有的娱乐体验。

2021年11月9日，源自英国的沉浸式美食互动剧《玩味探险家》（*The*

[①] 人民资讯：《国内首列高端旅游列车"呼伦贝尔号"开启预售模式》，https://baijiahao.baidu.com/s?id=1702819028388709299&wfr=spider&for=pc，访问日期：2024年7月27日。

Grand Expedition）在上海开启了第二轮演出。这场90分钟的"戏剧+餐饮"互动体验，为大众带来了全新的餐饮娱乐印象。这是一个融合了空间环境、戏剧表演和餐饮体验的互动项目。在90分钟的体验中，参与者将化身为环球美食探索的"探险家"，沉浸在多媒体艺术、舞蹈、肢体戏剧、默剧、即兴互动和创意美食的环绕之中，享受一场前所未有的沉浸式体验。参与者将乘坐"热气球"，从伦敦出发，穿越五大洲，开启一场全方位的沉浸之旅。穿上飞行员的装备，抛开日常的束缚，在戏剧与叙事的浪漫氛围中，品尝各地美食，与演员和同行者互动，体验故事中的高潮迭起，尽享美食之旅。

《玩味探险家》的创作团队是来自英国最具商业价值的沉浸式戏剧餐饮品牌Gingerline。这个"赏味环境剧"领头者，拥有11年的制作经验，创作了近20部戏剧餐饮剧本。前卫的概念和精心的设计为他们的作品吸引来大批好奇的观众。例如，在充满未来感的"星际宇宙（Planet Gingerline）"主题餐厅中，身着太空服的演员和炫酷的场景布置，让人仿佛一秒穿越到星际迷航的科幻太空之旅。

【思考题】

1. 简述在文旅融合项目策划中平衡商业利益和文化价值保护的原则。
2. 结合国内文旅融合项目简析其策划步骤。
3. 简述文旅融合项目提升其项目知名度的方法。
4. 围绕某个主题讨论文旅融合项目产品该如何创新。

第四章　文旅融合项目场景策划

【学习目标】

知识目标：理解文旅融合场景的概念与分类；掌握各文旅融合场景的策划原则与模式；熟悉文旅融合场景策划的经典案例。

能力目标：能够分析文旅融合场景的不同类别；独立策划不同的文旅融合场景；有效评价已有文旅融合场景策划案例的优缺点。

素养目标：具备文旅融合场景策划与打造中的综合思维意识和美学意识。

【导读】

泉州市"源和1916创意产业园区"，源自历史悠久的"源和堂"蜜饯厂区，经过转型升级，于2015年荣获国家4A级旅游景区称号。泉州，这座兼具历史韵味与现代气息的城市，不仅珍视其深厚的历史底蕴，更积极拥抱未来。作为泉州老工业遗存最为完整的园区之一，这里保留了中侨集团所属的86栋20世纪五六十年代的老厂房，其中包括源和堂蜜饯厂、面粉厂、麻纺厂等的重要工业历史建筑，如厂房车间、仓库、食堂、烟囱、大麦仓及腌制池等。自2013年起，旧面粉厂的钢结构大厅率先开放，特别是以其标志性的"大麦仓"为中心，吸引了大批文创企业入驻，形成了集聚效应。截至目前，园区内已汇聚超过200家文创企业，业务涵盖动漫、建筑设计、创意设计、广告传媒、艺术创作及传统文化教育等多个领域。游客和市民可以在此购物、观展、听讲座、做手工、享受咖啡和美食。源和1916创意产业园区正逐步发展成为集创意产业集群、现代创意服务集群及创意生活商业集群于一身的现代化文化创意产业园区，旨在让文化与艺术深入日常生活，打造独具特色的文旅融合场景，融合文化、休闲与旅游的多重体验。[①]

第一节　文旅融合项目场景策划的概念与类型

一、文旅融合场景的概念

场景理论（Scene Theory）起源于20世纪80年代，其首创者是以特里·克拉克（Terry Clark）和丹尼尔·西尔（Daniel Silver）为首的新芝加哥学派，主要研究对象为后工业化城市。场景理论认为，城市是生活的基本单位，因此更强调社区层面的场景概念。场景，即城市，是由软硬件要素构成的：不仅包括物理空间和建筑物等硬件要素，而且包括社会、文化和经济活动背后所体现的审美趣味、价值观、生活方式和体验等软件要素。

场景理论的五大核心要素为：社区、建筑、人群、文化活动和公共空间。这一理论在国内外城市研究中得到了广泛应用，常被用于阐释城市文化多样性、社会分层及经济增长等复杂现象。

借鉴场景理论的研究成果，结合当前文旅融合发展的现状与未来趋势，可以将文旅融合场景理解为：文旅融合场景是一种新型的文化创意设计，它以文化为内核，以游客体验为中心，通过构建独特的生活方式场景，提供富含情感与美感的体验。文旅融合场景不仅是超越了单纯的空间范畴，更是一种价值观念的体现，旨在展现地域特色文化、满足多元化需求、激发文化消费潜力。

具体而言，文旅融合场景由七个要素构成，分别是社区（地理空间）、

[①] 此导读案例由编者根据泉州源和1916创意产业园旅游相关资料整理而成。

生活文化设施（实体建筑）、多样性人群（社会属性）、文化活动（活力表现）、价值观（象征意义）、公共性和政治政策。

二、文旅融合项目的场景类型

近些年来，我国文化街区、文化遗产、博物馆、创意街区等旅游空间场景逐渐建立起来。根据我国人文旅游资源的分类方法，文旅融合场景可以分为以下六种类型。

（一）历史遗迹类文旅融合场景

历史遗迹是人类发展过程中留下的遗迹、遗物以及考古发掘出的遗址，通常包括古人类遗址、作坊遗址、古战场遗址、村落遗址、摩崖石刻遗迹、名人遗迹、近现代重要史迹等。浙江良渚古城遗址是文旅融合场景建设的成功案例之一，该遗址利用现代技术，打造游客体验场景，让游客体验"活生生"的良渚文化。

（二）聚落类文旅融合场景

聚落是人们适应和利用自然的产物，体现了人类文明。地理环境、生活方式、宗教信仰、社会结构等因素深刻影响聚落的形态和类型，同时反映了区域内的经济发展和风土民情。具有特色的古代和现代聚落对游客具有极大吸引力，成为重要的旅游空间。古代聚落包括古城、古镇、古街区、古村落等。现代聚落包括城市商业街、城市文旅综合体、城市创意街区、社区、现代美丽乡村等。例如，我国著名的四大古城——丽江古城、平遥古城、徽州古城和阆中古城，以及婺源、周庄、乌镇等，都是著名的聚落旅游资源。

（三）建筑、设施类文旅融合场景

建筑涵盖工业、农业、宗教、园林、乡土等多个领域。设施指为生产生活所需的设备工程。建筑、设施类文旅资源可分为古代和现代两大类。宫殿、祭祀建筑、伟大工程、古陵墓等属于古代类。公共文体设施、城市地标建筑、现代工程设施等属于现代类。长城是我国古代重要的军事防御设施，也是中华民族的象征，具有深厚的文化积淀。在长城景区建立博物馆是文旅融合的一种展示方法。通过长城遗址和博物馆的联动，可以更全面、深入地展现长城文化的精髓，为游客提供现场无法看到的历史情景，加深对长城文化的认识。

（四）园林类文旅融合场景

园林是在特定地域通过工程技术和艺术手段创造的美的自然环境和游憩空间，具有很高的观赏价值和旅游资源价值。苏州园林享有盛誉，部分已列入世界文化遗产，如留园、拙政园。苏州古典园林积极探索文旅融合项目，围绕"苏州园林滋润美好生活"的主题，挖掘园林文化内涵，推出文旅融合项目。"拙政问雅"利用多媒体技术创新园林景观，对园林历史文化进行再创作。通过对园内建筑的雅趣重构，使游览浓缩四季景观，静止建筑演绎动态场景，沉默园林讲述历史脉络。这是古典园林艺术与现代科技的完美结合，突破时空局限，开启园林夜间美学空间展演新时代。

（五）非物质文化遗产文旅融合场景

非物质文化遗产（非遗）包括社会实践、观念表述、表现形式、知识、技能及相关工具、实物、手工艺品和文化场所等。非遗承载丰富的历史、文化和民俗信息，是重要的旅游资源。旅游作为活态传承和生产性保护的方式，对非遗的保护和传承至关重要。旅游使更多人了解非遗，提高公众对其价值的认识。同时，旅游为非遗带来经济机会，促进产业发展，提供物质支持。非遗与旅游相互促进、相互依存。非遗为旅游提供展示平台，旅游为非遗提供吸引力和文化价值。非遗因无形性在过去旅游开发中易被忽视，但随着对传统文化的重视，非遗得到更多关注。围绕非遗创造新的消费场景，如"吃非遗""玩非遗""赏非遗""学非遗""购非遗"等，成为文化旅游的重要内容。例如，2022年福州上下杭历史文化街区举办的福建文创市集，以数字赋能、创意赋能和互动体验为特点，结合时尚元素，向游客展现"活"起来的福建非遗文化和"动"起来的非遗文创产品。

（六）线上文旅融合场景

线上文旅融合场景，是文化与旅游两大产业通过线上平台实现有机整合的新兴产物。它运用AR、VR、AI等现代科技手段，为游客提供便捷且个性化的旅游服务，旨在推动产业升级与价值提升。此融合模式突破了传统地域限制，使游客能随时随地沉浸在各地的文化与风景之中。具体来说，它涵盖多个方面：通过VR技术构建虚拟旅游场景，让游客在线即可游览名胜古迹与自然风光；将传统文化元素融入线上互动游戏与动画之中，使游客在娱乐之余领略文化魅力；利用直播平台在线展现传统演艺与音乐会，为游客带来莫大的艺术享受；借助AI技术提供智能导览服务，以满足游客的个性化信息需求；打造线上文旅社交平台，供游客分享旅行经历、进行互动交流，从而增强其归属感并吸引更多潜在游客。

第二节　历史遗迹类文旅融合场景策划

历史遗迹是人类历史发展过程中留下的重要痕迹，它们是过去人类社会活动的直接证据，承载着丰富的历史、文化、科技和艺术价值。历史遗迹包括各种类型的遗址和遗物，既可以是具体的物质文化遗产，如建筑、工具、艺术品等，也可以是抽象的文化现象，如传统、习俗、语言等。例如，古人类遗址揭示了早期人类的生活方式、技术水平和文明程度；古战场遗址与重要的历史战争和军事事件相关；古道路反映了古代的交通网络，串联不同的文化和社会；古代大型工程遗址展现了古代人类的智慧和工程技术；名人故居保存了历史上重要文学家、政治家、科学家等的生活和工作痕迹；废弃矿坑反映了过去的采矿活动。作为人文景观的重要组成部分，历史遗迹不仅为旅游提供了丰富的内容，也为学术研究、文化教育和社会记忆提供了宝贵的资源。通过对历史遗迹的保护和合理利用，不仅能够保存历史记忆，还能够促进文化遗产的传承和旅游业的发展。

一、历史遗迹类文旅融合场景策划原则

在策划将历史文化与自然景观相结合的旅游融合项目时，应充分利用历史遗址的资源特点，将保护工作放在首位，统一规划这些珍贵的历史遗产，合理地安排资源分布，并进行全面的开发。具体的策划原则包括可持续发展原则、原真性原则、突出主题原则、深度体验原则和整体性原则等。

（一）可持续发展原则

历史遗迹与其所处的生态环境紧密相连，且是不可再生资源。因此，在策划历史遗迹类文旅融合场景时，需要遵循可持续发展原则，坚持人与自然的和谐统一，促进经济和社会的长远发展。这包括保障历史遗迹承载的丰富的历史、文化和教育价值，促进旅游资源的长期利用，实现遗迹文化保护、生态保护与旅游开发的有机统一，满足未来的需求。

（二）原真性原则

在文化遗产保护领域，原真性指在保护历史遗迹、文化财产时必须尊重其历史原貌和文化价值。基于科学的研究和严谨的考古发掘，最大限度地保

留历史信息和物质原貌。1964年,《威尼斯宪章》首次提出原真性的概念,强调在保护历史遗迹的过程中,应尊重其历史原真性,避免任何形式的篡改和虚假表现。保护历史遗迹资源的原真性不仅是保护物质实体,也是认识和尊重文化、社会、精神价值的基础。因此,要保护好历史遗迹的整体性和真实性,尊重其不可再生的独特历史性,避免一味追求创新而破坏其原真性。

(三)突出主题原则

明确而富有特色的主题是旅游地的灵魂,能有效吸引游客,激发对旅游目的地的兴趣。深度挖掘遗迹的文化特色,开发设计具有主题特色的场景体验,使其成为独一无二、不可替代的旅游目的地,从而有效提升游客的旅游意向,促发其旅游行为。

(四)深度体验原则

旅游体验指旅游者在旅游过程中所获得的感知和感受,包括对旅游活动过程中的观赏、交往、模仿和消费等活动形式的体验。旅游体验过程是连续、系统的,由有特色和专门意义的情境串联组合而成,构成一个有别于人们日常生活的另类行为环境。随着传统观光旅游向体验参与式旅游的转变,游客对体验感与参与度的需求增加。综合文化特色和市场需求,为游客设计更具文化性、参与性、娱乐性的体验项目,提升文旅融合场景的深度体验,有效吸引游客参与。

(五)整体性原则

1964年,《威尼斯宪章》指出,历史遗迹的保护不仅包括历史建筑物和相关区域,还包括与之有关的历史事件和传统文化的形成和发展过程。在文旅融合场景策划中,不仅要重视对历史遗迹的保护,也要重视对景观等周边环境的保护,实现整体性保护。

二、历史遗迹类文旅融合场景策划模式

随着历史遗迹的文化价值和旅游开发价值逐渐受到人们的重视，多种历史遗迹类文旅融合场景策划模式应运而生，主要包括建造遗址公园、打造遗产廊道、创建遗址博物馆、展示遗址原貌以及综合开发等。

（一）遗址公园

遗址公园模式是一种将遗址保护与公园设计相结合的综合场景策划模式。它不仅关注通过保护、修复等专业技术对遗址的本体进行保护、重新整合与再生，还注重遗产的文化价值展示和环境的绿化美化，完整保存公园内已发掘或未发掘的遗址。在利用历史遗迹、环境进行景观更新、遗迹修复与再造时，遗址公园模式还可以融入现代文化元素，打造更具适应性的文旅融合场景，是一种较好的遗址保护、发掘、研究、展示的模式。例如，圆明园遗址公园、唐大明宫遗址公园、意大利庞贝遗址公园、日本平城京遗址公园以及上海松江广富林遗址公园等。

（二）遗产廊道

遗产廊道是指一系列线性遗迹，如河流峡谷、运河、道路及铁路，它们将独立的遗产地标连接起来，形成一条富有历史价值的线性景观。这些景观通常包含城镇、村庄、建筑物、闸门、码头、驿站和桥梁等文化元素，以及山脉、陆地、河流和植被等自然特征。遗产廊道的概念体现了将零散的点状遗迹整合成区域化面状景观的转变。该模式旨在保护线性遗迹及其生态环境，同时激活原本孤立的文化遗址，为当地居民和游客打造一个融合文化体验、休闲娱乐和游憩功能的现代化生态文化区域。例如，景德镇陶瓷遗产廊道、明长城遗产廊道、京杭大运河遗产廊道等。

（三）博物馆

博物馆是旅游资源的重要组成部分，具有收集、保存、研究和陈列文物的文化教育功能。"博物馆+旅游"是一种常见的文旅融合场景策划模式。部分博物馆还通过创意和科技赋能，实现对遗迹资源的有效保护和创造性展示，实现较好的文化传播。例如，陕西秦始皇帝陵博物院推出了《秦》这样一场史诗大秀，运用多媒体手段和"介质投影"技术，展现了艺术与科技、艺术与文物、艺术与人的关系。通过演员传神的表演、杂技和武术，不仅给观众带来强烈的感官刺激以及丰富多元的视听体验，而且在宏大壮阔的光影之中重现了大秦雄风，再现了大秦帝国的辉煌。

（四）遗址原貌展示

遗址原貌展示注重对遗址遗迹的形式、材料、精神等各方面因素的原真性保护。历史遗迹类资源的文化内涵主要体现在现存遗址遗迹的本体上，只有对原貌进行科学、合理的有效保护，才能实现历史遗迹类资源的文化价值和旅游价值。一些具有记载重要史实、具有重要历史意义、保存比较完好的建筑可以采用此种模式进行开发。例如，福建省昙石山遗址博物馆就采取了遗址原貌展示的方式，充分利用图片、文字资料、仿真场景、光影技术等表现形式，多方位、生动地再现了五千年前昙石山人生产、生活的场景。

（五）综合开发

综合开发模式是指在原有历史遗迹的基础上进行集参观、游览、购物、休闲、游憩等于一体的综合性开发。这种综合性既指在特定场景下文旅融合手段的综合性，又指场景空间功能的综合性。例如，良渚史前遗址的文旅场景中包含良渚遗址公园、良渚文化博物院和良渚文化产业园，是一个采用多种文旅融合场景策划模式的综合性开发场景。又如，巴黎铸币博物馆建造于

1864年的法国铸币厂内，蕴藏着关于法国钱币制造最完整的历史。再如，上海自然博物馆的"非洲大草原"是步入式场景，展现出生机勃勃的大草原；通过"逃出白垩纪"等五个剧场打造沉浸式场景，向游客再现演化史上的大事件；还有四维影院，全方位给游客提供身临其境的感官体验等。

三、历史遗迹类文旅融合场景策划案例

（一）古人类遗址文旅融合场景：上海松江广富林遗址公园

广富林文化遗址是上海最早的古文化遗址之一，坐落于松江区广富林村北侧，占地约850亩，充分展现了黄河流域和长江流域文化的交融碰撞。该遗址以保护和展示史前遗存为主要目标，同时融入现代城市建设理念，成功打造了一个集生态、文化、展览、休闲、旅游为一体的特色区域。广富林文化遗址的核心区域包括广富林考古遗址保护区、陈子龙纪念馆、广富林旧村等，并配有多个展示馆和商业休闲区。

在场景策划上，广富林文化遗址主要凸显了以下特点：

第一，原真性与创新性并重。广富林文化遗址在规划设计时严格依据考古成果和真实史料进行布局，力求还原原汁原味的农耕生态风貌。同时，在展示内容上也注重创新，如"时空之旅"和"大型户外沉浸式实景解谜游戏《富林密码》"等场景设计，巧妙融合了时尚元素。

第二，地标式场景打造。广富林文化遗址拥有骨针广场、知也禅寺、三元宫等地标式景观构筑物，这些独特的建筑不仅给游客留下深刻的印象，还有效提升了文化宣传力度和游客参与度。近年来，新增的朵云书院、广富林博物馆、广富林考古遗址展示馆等也独具风格，进一步丰富了地标式场景。

第三，深度体验场景营造。广富林文化遗址除了提供传统的参观展览外，还开设了多种互动式活动，如博物馆奇妙夜、皮影戏非遗课堂、陶艺制作等。这些活动不仅增强了游客与文化的互动感和参与感，也让游客能够更深入地了解和体验广富林文化。

（二）历史事件发生地文旅融合场景：大运河杭州段

京杭大运河作为世界上最壮观、历史最悠久的运河之一，与长城、坎儿井并称为中国古代三大工程。它全长约1794公里（部分资料记载为1797公里或1800公里），起点位于浙江省杭州市，终点在北京市，贯穿了浙江、江苏、山东、河北四省及天津、北京两市。大运河连接了海河、黄河、淮河、长江和钱塘江五大水系，极大地促进了古代中国的经济文化交流。

杭州作为京杭大运河上的重要城市，在保护和利用运河遗产方面走在全国前列，其文旅融合场景策划的做法对文旅融合项目开发具有重要的启示价值。

1. 坚持真实性和完整性

杭州市在保护京杭大运河时，遵循"优先保护、全面保护"的原则，秉持"真实性、完整性、连续性、可辨识性"的理念，推进运河的全面保护工作。在运河两岸，重点维护了古桥、古街、古塔和古建筑等历史文化遗迹，并成功恢复了三个历史街区，同时对众多历史建筑进行了修复。此外，还通过立法手段加强了对运河遗产的法律保护。

2. 生态优先，还河于民

针对工业化和城市化对大运河杭州段水质造成的严重污染问题，杭州市以"还河于民"为理念，坚持"保护第一，生态优先"的原则，进行"八位一体"的综合治理。在提升和增强生态功能的同时，也增加了文化旅游等功能。经过十余年的努力，"水净河清"成为现实，"休闲长廊"成为特色。

3. 整合资源，促进文旅融合

大运河杭州段以城市文脉为背景，在充分整合地域特色资源的基础上进行场景策划。目前，大运河杭州段已经发展成为一个以自然生态景观为核心，沿着历史街区等关键地点聚集了文化园区和博物馆群等多元文化休闲体验的走廊，同时也成了一条水上旅游的黄金线路。此外，通过公共自行车和运河巴士服务网络将各个景点连接起来，以社区活动等形式促进遗产旅游的发展。

（三）废弃生产地文旅融合场景：南京汤山矿坑公园

汤山矿坑公园是一个从废弃采石场转变而成的地质公园，位于南京市汤山温泉旅游度假区北部，紧邻汤山山体。它曾是南京市首个"城市双修"试点项目，通过生态修复和功能置换等手段，将原本的矿区废弃地改造成了集休闲、游憩、体验、环境教育等多功能于一体的矿坑公园。其文旅融合场景策划主要包括以下特点。

1. 恢复矿坑生态活力

汤山矿坑公园采用了一系列方法对整体空间进行了生态修复，包括建立完善的水处理系统、提高植物适应性、优先选择适生的乡土树种、对采石废料进行重复利用和功能置换等。在园区的生态水系规划中，增加了径流路径，并通过雨水花园、水坝、生态湿地、置水湖等方式来引导降水路径，既降低了洪涝灾害风险，又实现了雨水净化。目前，汤山矿坑公园不仅恢复了破败的生态环境，更打造了可持续、多肌理的别样生态。

2. 营造丰富的景观体验

汤山矿坑公园根据现场地形和水文条件，将原有的废弃矿坑打造成丰富的景观体验区，并根据场地地貌、植被和生态条件，完成了道路、建筑以及各个功能性场地的设计布局。例如，在四处主要的采石宕口中，分别设置了温泉酒店、攒子瀑、天空走廊、伴山营地/大型音乐会场等不同景观功能的特色场所；在两处主要的碎石渣堆场中，分别改造成了阡陌花海和儿童乐园；在原有池塘中，通过生态改善策略和周边环境景观营造，打造为可参与性景观——三叠湖；在原有废弃构筑物或场地中布置了游客服务中心、餐厅茶室和博物馆等配套服务设施。

3. 打通文旅融合空间

汤山矿坑公园的设计理念围绕"水""山""崖""矿"四大元素，构建了整体的游览体验路径。公园利用悬崖、斜坡、山谷、湖泊、平台等地貌特征，打造了以废弃矿坑为核心的独特景观，并创建了艺术创意、探险文化展示、自然山水观光、旅游休闲等多种体验区域。为吸引游客，公园举办了家庭嘉年华、音乐会、IP 主题等活动，并通过环境修复教育研究等活动增强游客的参与感。此外，公园还利用新媒体技术推出了夜间游览表演互动项目，进一步丰富了汤山地区的文化旅游夜间经济。未来，它还将建设崖壁温泉、酒店、商业街等，打造文旅融合的"主客共享"城市空间。

第三节　聚落类文旅融合场景策划

聚落，作为人类长时间在一个地方进行生产劳作、生活的社会场所，孕育了房屋建筑群、完善了农业生产技术，并形成了具有当地特色的农业生态景观。它是人类以各种形式聚居的总称。

根据聚落的形态、组成形式以及经济职能，可以将聚落分为古聚落类和现代聚落类。古聚落包括古城、古镇、古街区、古村落等，它们承载着历史的厚重；而现代聚落，如城市商业街、城市文旅综合体、城市创意街区与社区、现代美丽乡村等，则展现了现代文明的风采。这两种聚落，在不同程度上都反映了自然条件的影响以及经济发展的制约。

中国，作为农业古国，其聚落呈现出分布广、多样化、复合型等显著特点。最初的聚落形态，是以农耕为主体的，大约在新石器时代就已形成。历代古书中都记载着我国聚落地理位置的变迁与农耕文明的发展变化。从原始部落到小型村寨聚落，从原始生产生活到有技术的生产生活，聚落不仅是人类适应自然、利用自然的产物，更是历史的见证者、参与者和传承者。

一、古聚落类文旅融合场景策划

古聚落类文旅融合场景，是指将古老的村落或聚落与文化旅游相结合，创造出的新型旅游体验场景。这类场景在注重保护和利用古聚落的历史文化遗产的同时，也结合现代旅游需求，打造出具有文化深度和现代体验的旅游目的地。

（一）古聚落类文旅融合场景策划原则

1. 择优开发原则

中国古聚落地理分布多样，主要集中在偏远山区和水乡泽园，且在社会结构、宗教信仰、风俗习惯等方面具有鲜明的文化地域性。尽管开发这些古村落的文化旅游资源面临诸多挑战，但鉴于其独特的文化价值和旅游潜力，仍需采取"量力而行，稳步推进，优先开发"的策略进行开发。

2. 市场导向性原则

旅游业的可持续发展需要深入了解市场的实际需求和期望，并以游客的需求为中心。因此，中国古聚落文旅融合场景策划需要为游客提供更精准和个性化的旅游产品和服务，以确保游客在旅游过程中获得良好的体验，并提高游客的满意度和黏性需求。

3. 因地制宜原则

中国幅员辽阔，自然地理环境丰富多变，造就了形态各异的古聚落。这些聚落反映了当地不同的文化传统、风俗习惯和生活水平。因此，开发中国古聚落的文化旅游资源时，必须强调其独特的地方特色和民族风格，并遵循因地制宜的原则进行文旅融合项目的规划和发展。

4. 古聚落文化旅游与经济协调发展的原则

推动古聚落文旅融合场景策略，不仅可以为当地旅游部门增加盈利和创汇，而且可以通过合理规划提升当地居民的福祉、增加居民收入、改善生活条件。因此，需要遵循文化旅游与经济协调发展原则，以促进当地文化的传承和创新，使传统文化在现代社会中焕发新的活力，并保持古聚落的独特性和吸引力。

5. 保护与利用相结合原则

古聚落作为珍贵的历史文化遗产，一旦损毁就无法复原。因此，在开发古聚落文旅融合项目时，必须坚持保护与利用并重的原则。在利用中保护好、发展好当地的文化旅游资源，以确保古聚落的独特性和历史价值得到传承和发扬。

（二）古聚落类文旅融合场景策划模式

1. 景点式

景点式模式是将古聚落转变为旅游景区，通常涉及让当地居民搬离，以便增设旅游设施，并将每个古建筑打造为旅游产品。例如乌镇西栅，其古建筑已被改造为酒店、饭店等商业民宿，而原古镇居民则居住在外部的安置房中。古镇由开发公司统一管理，当地居民参与服务工作。这种模式在旅游发展方面成效显著，但可能破坏了古镇原有的生活方式。

2. 原生态式

原生态式模式旨在尽量保持古聚落的原始面貌和生活习惯。这种保护和发展方式多见于偏远落后的古聚落，因它们远离城市，交通不便，未受现代化和商业化影响。西塘是一个成功的例子，它在开发过程中保存得非常完整，被誉为"活着的千年古镇"。这得益于西塘在20世纪80年代中期进行的科学合理的规划建设。为了让居民继续在古镇中过原生态的生活，西塘在外部开辟了新镇，并规划了政府、企业、商场、医院、学校等大型建筑。新镇与古镇互不干扰，从而保证了古镇的原生态。

3. 景观式

景观式模式是为了维持古聚落的原始风貌特征，在修复老建筑的同时，也按照传统样式建造新建筑，使整个古聚落看起来一致且美观。例如，婺源，那里的老建筑分布广泛但稀少，在黄色和绿色的油菜花中显得格外美丽，并与自然风景融为一体。地方政府利用这一特色，在维护老建筑时遵循"修旧如旧"的方针，在新建住宅时则坚持创新传承的原则，并规定所有新建筑必须采用徽派建筑风格。这种做法有效控制了建筑风格和空间布局，延续了徽派建筑文化和景观特色。尽管婺源采用的景观式保护模式成功保留了古村落的风貌，但在文化保护和旅游发展方面仍有提升空间。

4. 分区式

分区式模式是在古聚落外部再造一个新区域，用于安置居民并建设旅游服务设施。例如，西递、宏村、芙蓉村和苍坡村等都在周围建造了新村。这种模式之所以被广泛采用，是因为老建筑过于密集或珍贵而无法迁动，且在原地开发不便。同时，古村落通常距离市区较远，因此只能在附近寻找空地建造新村。这种模式的好处在于既保护了古村落，又没有让当地居民全部搬走，从而在一定程度上保持了古村落原有的生活方式和传统文化。同时，通过新村建设为游客提供了高品质的旅游服务。

（三）古聚落类文旅融合场景策划案例

古聚落类文旅融合场景策划的案例丰富多样，涵盖了文化保护和创新、业态融合、沉浸式体验等多个方面。以下将结合古城、古镇、古街区文旅融合场景策划的具体案例进行分析。

1. 云南丽江古城文旅融合场景策划

为了保护丽江古城的原真性，为游客呈现古朴自然的古镇形象，采取了以下措施进行开发：根据不同的保护级别，建立了房屋维修审批管理制度，确保了建筑的真实性；利用多种资金来源，对市政基础设施进行了现代化升级，使居民能够享受现代文明的便利和舒适；通过征收维护费用，增加了对古城保护的投入，让居民能够通过参与旅游服务来增加收入，促进社区发展，培养对古城的热爱；对重要民居进行登记并发放补助，同时开展名城和遗产意识的宣传教育活动；成立了保护管理委员会，制定了一系列可执行的保护管理办法，加强了古城的研究与交流，全面维护和管理古城；系统地整理、传承和保护纳西族的语言、服饰、民俗、节庆、手工艺、民间艺术、东巴文化、音乐舞蹈、文物等传统文化；保护居民的居住权益，控制和规范商业活动，合理控制游客数量，并将与古城氛围不相符的商业行为迁出。

2. 浙江乌镇文旅融合场景策划

乌镇旅游风景区是一个历史悠久、风景如画的水乡古镇。它以传统文化和现代艺术相结合的方式打造了独特的文化旅游场景，吸引了众多游客和创意人士。乌镇旅游风景区的发展逻辑可以从以下五个方面来分析。

第一，景观想象。乌镇保留了原汁原味的江南水乡风貌，河道纵横、亭台水榭、老街古巷，让游客感受到浓郁的历史气息和诗意美感。

第二，社区认同。乌镇利用本地居民的参与和服务，营造了一种水乡人家的生活氛围。游客可以与居民互动，体验江南美食、渔民船夫、手工艺等民俗文化。

第三，节事活动。乌镇举办了各种各样的节事活动，如戏剧节、灯光节、互联网大会等，为游客提供了丰富多彩的文化体验，并形成了不同类型和层次的产品线。

第四，多元群体。乌镇吸引了来自不同领域和背景的创意人士，在这里展示他们的作品和想法。乌镇也为他们提供了一个自由、包容、交流的平台，并支持他们在艺术领域的创新和发展。

第五，诗性符号。乌镇以其独特的诗性文化和艺术气质赢得了广泛赞誉。它将传统与现代、民族与国际、共时与历时相融合，在水乡古镇中展现出浪漫主义诗性之美。

3. 福建三坊七巷古街区文旅融合场景策划

三坊七巷是福州市中心的古城区，拥有千年的历史文化。这里有10条古老的坊巷，分别是三坊和七巷。坊巷里有很多明清时期的古建筑，总共有200多座，其中9座是国家级文物保护单位，因此被称为"明清建筑博物馆"。

三坊七巷进行了一系列的文化建设和发展：不仅恢复了沈葆桢、严复、冰心、林觉民等人的故居，并对外开放，还挖掘和利用了具有地方特色的民居和民俗文化，如水榭戏台、二梅书屋、刘家大院、林氏民居、瑞来春堂药馆等。同时，引入了旅游服务、书法美术、古董收藏、文化用品等文旅企业，增强了街区的文化气息，并且建立了一系列历史博物馆，如林则徐博物馆、三坊七巷社区博物馆、福建省非物质文化博览苑、福州三坊七巷美术馆、严复书院等。南后主街上发展了地方特色餐饮、休闲酒吧、咖啡馆等文化旅游商店，此外还有寿山石雕、脱胎漆器等非遗文化展示。三坊七巷还会根据节日主题举办戏剧文化、茶馆文化、书市文化等相关活动，让游客能够更深入地体验当地的历史和文化。

二、现代聚落类文旅融合场景策划

（一）现代聚落类文旅融合场景策划原则

在现代社会，聚落与文旅的融合已成为推动区域经济发展和文化传承的重要途径。如何科学、有效地策划现代聚落类文旅融合场景，使其既保留传统特色，又适应现代旅游需求，是当前亟待探讨的问题。

1. 创新性原则

创新理论主张，通过创新手段推动文化产业与旅游产业的深度融合，具体策略包括观念、项目、技术和管理等层面，从而探索现代聚落的文旅融合场景设计。现代聚落在开发和利用文化资源时，应遵循创新性原则，打破传统的思维模式，防止旅游项目千篇一律，增强市场竞争优势，建立真正具有地方特色的品牌。

2. 体验性原则

根据体验经济理论，在文旅融合发展中要重视体验性原则。具体表现在：从现代聚落的旅游产品设计方面，应基于游客的民意调查，整合游客的情感、行动、感官、关联、思考五个方面，重新定义旅游产品开发原则，量身定制体验式旅游产品；从市场营销方面，注重体验式营销，增加消费者在消费前、消费时、消费后的体验，为游客创造更有价值的体验。

3. 生态性原则

生态性原则是任何旅游地开发都应遵循的重要原则之一。就生态因素而言，一方面，良好的生态质量是吸引游客的重要因素；另一方面，过度的开发建设如果超过了旅游地的生态承载力，就容易造成一系列负面连锁反应，给当地居民的生活造成不良影响。从现代聚落的长远发展来看，遵循生态性原则，满足生态安全需要，是可持续性发展的必然选择。应坚持在保护中开发，重点保护历史建筑和传统村落的风貌格局，保护区域内的山体自然地形环境与水体环境，保护生物多样性等。

（二）现代聚落类文旅融合场景策划模式

两种最具代表性的现代聚落类文旅融合场景策划模式是城市商业街、商业综合体以及现代城市文创园。

1. 城市商业街、商业综合体

为了吸引文旅消费者，现代城市的商业区通常建造了时尚的新建筑，提供了各种文旅业态，打造了文旅融合的消费体验。这些商业区还引进了国内外高端品牌，彰显了文旅消费的品位，并利用艺术创意、科技，创造了适合年轻人群的夜晚和假日经济。这样的商业区成为城市的时尚标志和文旅消费中心。例如，在北京市朝阳区，CBD国际购物商圈、三里屯时尚购物街区、坝河文化购物商圈等都是具有国际影响力的地标性商圈。朝阳区还支持三里屯、蓝色港湾、国贸等建设智慧商圈；推广望京小街建设经验，打造一批"城市时尚会客厅"，成为潮流时尚文旅消费新高地；培育认定一批富含文化元素、旅游气息、商业特色的特色消费街区，形成文旅消费综合体，并发展成为北京国际消费中心城市"微中心"。

2. 现代城市文创园

众多城市文创园由近现代老厂房、老建筑改造而来，通过引入艺术家，打造艺术家部落，同时结合整体外观和街区的艺术化改造，实现业态内涵和场景外观的一致。随着都市人群文旅消费需求的发展，这些文创园已成为具有文艺情结的度假或休闲地。部分文创园主要重塑国风，营造怀旧情结，也有部分主要体现艺术的时尚与前卫。城市的创意街区作为国内与国外、传统与现代的交汇点，通过创意场景的构建，让游客设身处地地感受旅游城市的精神内蕴，沉浸式地享受到文化的洗礼与休闲的双重愉悦。例如，源和1916创意产业园位于泉州鲤城，原为百年老字号"源和堂"蜜饯厂，是海内外知名的老厂房，也是泉州重要的工业遗产。如今的源和已经是一个集合创意空间、艺术广场、时尚街区、商务办公、休闲娱乐等功能的创意园区，同时是国家4A级景区。

（三）现代聚落类文旅融合场景策划案例

1. 武汉楚河汉街

武汉的楚河汉街，凭借其国际一流的配置和独特的楚汉文化魅力，已成为世界级的文化旅游商业区。汉街东部和西部各设有世界级的表演秀场和全球独一无二的室内文化公园，而汉街中央则坐落着中国最大的电影城。高科技的休闲设施让这里成为游客流连忘返之地，汉街的五座名人广场则让游客能够欣赏到楚河对岸的美景。街上同时还设有传统的大戏台，上演中国的传统戏曲节目，为游客带来最现代科技与最传统文化交融的双重体验。

楚河汉街不仅凭借文化与商业资源吸引了大批游客，其地理和环境优势也同样重要。汉街光彩夺目的夜景与四座跨河大桥相映生辉，而夜晚上演的灯光秀更是吸引了超高人流量。这些高科技的灯光布置不仅与周围环境和谐共融，还以绚丽的方式展现了传统特色文化的内容，如红色文化雕塑秀。在人流量最大的位置，还设有规模宏大的文化书城，成为文化地标，向游客传递着荆楚书香的文化名片。游客在商业休闲之余，可以在书城中自由体验阅读，购买当地特色的文化产品留作纪念。楚河汉街作为文化商业街的典范，将文化特色融入商业环境中，通过开发不同创意的文化活动与策略，让游客全方位地感受到武汉传统文化的魅力。

2. 正佳广场

正佳广场是一座超大型购物中心，位于"华南第一商圈"的核心地带。它不仅是家庭时尚体验中心，也是城市中心的文化旅游地，是一个文商旅学综合体验平台。广场内部设有科学主题体验馆，如科学馆、天文馆、自然科学博物馆等，也有娱乐体验主题的夏威夷水上乐园等多元科学探索空间。正佳广场积极践行"人与自然和谐共生"的理念，探索商业空间对城市的意义。"正佳星球"以万物相连、众生相依的宇宙观为基础，给游客提供真实体验和趣味互动，唤醒体验者全方面感觉，与商户用户一起构建多元互动的空间和网状链接，实现线上线下紧密联合的新生态。

3. 北京798艺术园区、北京77文化创意产业园

城市创意街区为城市文旅融合带来了新的发展灵感，一个个新潮的文化创意街区让游客时刻体验到文化的浸润。北京的798艺术园区就是一个以文化创意为亮点的旅游胜地。园区充分利用老旧的电子工业厂区的场所，融合当代的艺术文化，成功转型为卓越的艺术聚落社区。这里吸引了大批的艺术家进驻，并在此开办了多场优质的画展、艺术表演等，因此游客可以在这里充分感受传统艺术和国外艺术的魅力。除了游览参观，游客还可以在街区内的文创店购买新潮有趣的产品。精神欢愉和物质享受让游客在街区内拥有深刻的体验和美好的记忆。而北京的77文化创意产业园，则通过构建传统的"老北京"场景，让游客仿佛置身于过去的时间。这种创意场景的构建吸引了不少希望了解传统文化的游客。在古朴的胡同中，他们可以参观艺术展览，也能在此远眺现代的中国美术馆等建筑，在现代与传统的交融中感受文化创意的趣味。

第四节　建筑、设施类文旅融合场景策划

建筑涵盖工业建筑、农业建筑、宗教建筑、园林建筑、乡土建筑等多种类型。设施是指为生产生活所需而建的各种设备和工程。按年代划分，建筑、设施类资源可分为古代和现代两种类型。

一、古代建筑、设施类文旅融合场景策划

古建筑是历史文化遗存中珍贵的人文资源，青苔石砖、雕梁画栋，它们都是历史变迁的真实见证者，承载着中华文明数千年的文化记忆。从文旅融合的角度来看，合理开放利用古建筑与发展文旅产业具有天然的关联。在文旅融合发展过程中，加强古建筑的合理开放利用，不仅能促进文旅融合发展进程，还能带来良好的经济效益和社会效益。

（一）古代建筑、设施类文旅融合场景策划原则

1. 保持原真性、完整性原则

古建筑在文旅融合中应保持其原真性，即在开发利用古建筑资源的同时，尊重其历史文化价值和风貌特征，避免破坏或改变其原有的结构、材料、色彩、装饰等要素。为此，需要采取一系列严谨、科学的措施：制定科学合理的规划和标准，坚持"原真性、完整性"的保护原则；开展修缮复建工程，恢复古建筑的历史面貌和功能；挖掘古建筑的文化内涵和故事，打造具有鲜明主题的文旅融合 IP；注重与当地社区和居民的互动，保持古建筑的生活气息和人文情感。

2. 保护优先、适度开发原则

每一件历经岁月沧桑而得以保存至今的文物建筑都是人类文明的见证，

具有独一无二的地位。在推动文化传播的过程中，虽然需要考虑大众的需求，但其内在意义与价值更应受到重视。文旅融合不仅是为了满足公众的体验，更是一种深入灵魂的共鸣，不应让炫目的技术遮蔽了文化的光芒。

3.坚持创新性转化原则

创新性转化指在保护传统建筑的基础上，根据现代社会的需求和审美，对建筑材料、功能、形式和文化内涵进行创新，使古建筑既能展现历史风貌，又能适应现代生活。例如徽派古建，它是中国传统建筑的一种独特风格，具有徽州山水和民俗文化的特色。为了传承和发展徽派古建，部分地方在保留其粉墙黛瓦、马头墙、花格窗等标志性元素的同时，也融入了现代设计理念和技术手段，使其既能体现中华文化的魅力，又能满足当代人的居住、休闲、商业等多样化需求。

（二）古代建筑、设施类文旅融合场景策划模式

1.深度挖掘建筑文化内涵，助力文旅深度融合

古建筑作为一种稀缺且不可复制的旅游资源，其独特价值在于每一座都承载着一段历史，蕴含着丰富的人文内涵。为了吸引更大的访客群，激发多方位的兴趣点，并延长访客的停留时间，需要对古建筑资源进行深化和升华，挖掘出其真正"有意思"的人文内核，从而避免同质化竞争，促进古建筑类主题旅游市场的日益成熟。

建筑微旅行项目作为"建筑可阅读"主题活动的延伸，于2019年上海旅游节期间正式启动。该项目通过专业编辑团队编写的导览词，让市民游客能够扫码听、看、读，深入了解历史建筑背后的文化历史故事。同时，根据不同人群的需求，项目还打造了针对性的微旅行活动。2019年，上海市六个城区为1300余处老建筑设置了二维码介绍，其中开放建筑达到1088处，并推出了87条建筑微旅行线路，初步实现了让游客"能读""能听""能看""能游"古建筑的目标。在1月至10月期间，该项目共接待游客1358万人次，深受市民游客的喜爱和欢迎，成为游客认识上海历史文化的优秀指

南。2020年3月，"足不出户逛杭州"系列专栏在杭州历史建筑微信公众平台上线，每一期以不同的专题串联起杭州市具有代表性的历史建筑，让游客以全景漫游模式游览历史建筑，并配以语音介绍，使游客在家里就能轻松游遍杭州城里的历史建筑，进一步领略城市的历史文化魅力。

2. 数字化展示丰富参观体验

文化旅游的发展得益于数字化技术的进步。其中，VR、AR等技术的广泛应用增强了公众与文化遗产之间的互动性。这些数字化技术手段将文化遗产内涵的精神生动而准确地展现出来，实现了文化遗产的全景式、立体式、智慧化、活态化展示，使公众能更好地读懂、理解、热爱文化遗产，"身临其境"地体验"活"的历史。过去，古建筑的陈列展览多以静态的展品为主，有限的说明牌无法承载更多的历史背景信息，单一的图文介绍形式也无法提起公众的兴趣，更无法拉近公众与展品间的距离。而通过数字化展陈手段，可以突破灯光、实物、图文和展柜的限制，以场景化、动感化、交互式、沉浸式的展陈形式重新激发公众的好奇心和求知欲。

3. 打造文化遗产研学旅游基地

建立文化遗产研学旅游基地，旨在提升学生群体对文化遗产的了解，这成为古建筑文旅融合发展的新方向。作为全国中小学生的研学实践教育基地，古建筑应重视其社会教育作用，利用教育资源精心规划研学活动，开发教育课程，扩大其社会影响力。例如，可以定期举办以"古建匠心""创意营造""亲近自然"等为主题的研学旅游季、探索研习营等社会教育活动，积极把握文旅融合的机遇，致力于打造一个面向全球的"东方古建筑文化遗产圣地"。

4. 增强旅游宣传力度

通过影视营销、会展营销等手段进行宣传，或利用短视频平台等新媒体推广区域特色文旅产品，可以提升宣传效果，吸引国内外游客。此外，建立旅游论坛、微博互动平台等，可以及时更新旅游信息，为游客提供旅游指南。在旅游目的地的推广策略中，需要避免只重视专业资质而忽视文化理解的思维方式。建筑风貌应体现历史、文化和风俗，保持古风古韵，以提升品位。同时，旅游产业的宣传推广应将传统媒体与新媒体相结合，扩大宣传对象，增加影响力。

（三）古代建筑、设施类文旅融合场景策划案例

1. 宫殿建筑：北京故宫文旅融合

北京故宫，作为中国明清两代的皇家宫殿典范，是世界上现存规模最大、保存最完整的木质结构古建筑之一。近年来，故宫博物院积极顺应人民群众对高质量精神文化的需求，其职能不再仅局限于收藏、展览、研究和教育，而是开始不断探寻新的发展方向，注重自身品牌打造，并结合故宫各种文化元素进行文化创意产品的开发，其发展成效在我国处于领先地位。

2008年，故宫博物院在淘宝网站上开设了"故宫淘宝 来自故宫的礼物 故宫博物院网店"，将含有故宫元素的文创产品进行分类归纳。这些产品包括精美的宫廷服饰、华丽珠宝以及带有故宫元素样式的生活实用品，有效带动了其文旅产业的消费。同时，"故宫淘宝"在北京故宫博物院内设有线下实体店铺，使游客能够近距离体验故宫的文化历史，增强游客的文化认同感和中华民族文化自豪感。2014年，故宫博物院开通官方微博"微故宫"，并开设多个与故宫主题相关的微信公众号，及时发布并宣传故宫最新动态。现阶段，在微信小程序搜索栏中以"故宫"进行搜索，会发现有将近40种与故宫相关的互动小程序，针对不同的受众定位，开设不同的公众内容，运用强大的互联网平台挖掘潜在游客。故宫博物院为了更好地宣传故宫的历史文化和馆藏文物，聘请了专业的运营团队，吸引社会各界专业力量参与合作，塑造故宫文化品牌，并不断加强对其产品设计研发、生产创造和宣传等各个环节的把控，让故宫沉睡中的文化遗产资源焕发新生。

2. 祭祀建筑：南京夫子庙文旅融合

南京夫子庙，作为祭拜孔子的圣地，是中国最早的国家级学府和四大文庙之一，也是中国古代文化的中心地带以及金陵（南京）历史文化的集中展示地。在促进文化旅游融合方面，南京夫子庙已经进行了诸多创新尝试。

（1）拓展文旅共融链条

夫子庙秦淮风光带拥有众多文化旅游资源和深厚的文化底蕴。为了打造独特的文化旅游体验，发展了秦淮文化主题餐饮、特色民宿、夜游船观光和实景演出等一系列文旅项目。同时，夫子庙利用文化博物馆、创意咖啡厅和文化特色园区等载体，促进夜间经济的发展，吸引游客延长停留时间，增加旅游消费。此外，通过上下游企业拓展文旅产业链，打造具有特色的文化旅游品牌，提升整体格调和品质，确保文旅融合在各个环节得到有效实施。

（2）开发主题旅游市场

在美食旅游市场方面，夫子庙拥有众多历史悠久、享誉盛名的老字号品牌，如状元及第酒店、咸亨酒店等，以及莲湖糕团店、鸡鸣汤包、蒋有记、毛记鸭血粉丝汤等知名小吃。为了提升游客的美食体验，对它们进行分类质量管理，打造"秦淮八绝"美食品牌，并在秦淮小吃博物馆展示其制作工艺，同时提供体验活动。针对"银发旅游"市场，为老年游客提供地方文化专题讲解，举办秦淮河怀旧照片展览等活动，以满足他们的怀旧需求。针对研学旅游市场，举办科举文化展示活动，模拟科举考试和状元巡游，传承国学经典，并开展古代游艺、雕版印刷、线装书装订、传统文化和礼仪学习等活动，增强游客的文化体验。

（3）注入特色节事活动

举办成功的节庆活动对引导和调节旅游流量具有重要意义。在打造夫子庙灯会这一品牌节庆活动时，除了在现场活动内容和创新花灯产品上下功夫外，还增强了线上线下的互动，例如，与手机游戏合作设计仙侠元宵节场景、利用VR技术进行灯会全景直播、通过短视频平台实时直播灯谜竞猜等活动，以提升其吸引力和趣味性。

3. 伟大工程文旅融合

（1）长城文旅融合

长城，作为我国古代最伟大的军事防御工事，拥有极高的历史和文化价值，已成为重要的文化旅游资源。为了实现文旅融合，长城景区通过建立博物馆、文化演艺、文创产品等多样化的方式吸引游客。目前，已经形成了四种主要的开发模式：保护区＋景区、保护区＋社区服务（小镇）、保护区＋公共服务设施，以及保护区＋度假区。

山海关和金山岭景区采用保护区＋景区的开发模式，通过集群化发展实现了文化遗产与旅游要素的全链条融合。保护区＋社区服务（小镇）模式在板厂峪和乌龙沟得到体现，主要提供住宿、餐饮及基础服务设施，打造出旅游小镇的环境和服务功能。保护区＋公共服务设施模式着重于完善旅游公路等基础设施，促进了旅游绿道系统和观景平台的融合发展。而保护区＋度假区模式则在崇礼地区得到应用，该模式结合了政府和市场的双驱动力量，通过发展滑雪度假区与长城文化资源的整合，实现了共赢发展。这些模式不仅促进了长城文化旅游的融合发展，还创新了文化业态，形成了文旅融合的新业态，为游客提供了更加丰富和多元的旅游体验。

（2）都江堰文旅融合

都江堰，作为我国古代杰出的水利工程，拥有极高的历史和文化价值，是我国宝贵的旅游资源。在探索文旅融合的过程中，都江堰市主要依靠其丰富的文化积淀，重点打造了"道"文化、水利文化、熊猫文化这三个具有国际影响力的品牌，并推出了一系列游客参与性强、体验丰富、富有乐趣的旅游产品。其中包括《道解都江堰》和《都江堰·时空之旅》等精彩的表演秀，以及都江堰市清明放水节、国际漂流节、道教文化节等著名的节庆活动。

4. 古陵墓：明十三陵文旅融合

中国拥有众多的陵墓文化遗产，向公众展示时大多采取静态博物馆的形式，这种方式吸引的游客量相对有限。因此，对于这类遗址的活化利用、文化内涵的深入挖掘以及文化意象的塑造显得尤为关键。明十三陵作为我国重要的皇家陵寝群，拥有极为丰富的文化资源。陵墓旅游地要实现文旅融合，需要充分挖掘和展示其历史、文化与艺术价值，同时注重保护和尊重陵墓的神圣性和庄严性。明十三陵与北京大学等高校建立合作关系，利用明十三陵的历史文化资源，开展爱国主义教育、民族精神教育、中华优秀传统文化教育等。通过改造游客中心等旅游服务建筑，提升景区的接待能力和服务水平，同时增加数字化、智能化、人性化的元素，打造舒适便捷的旅游环境。通过举办各类文化活动和论坛，如明文化论坛、明十三陵音乐节、明十三陵灯会等，展示明代政治、经济、社会、文化等方面的成就和特色，增强景区的文化氛围和影响力。

二、现代建筑、设施类文旅融合场景策划

现代建筑、设施类文旅融合场景策划旨在将现代建筑设施与文化旅游相结合，创造出兼具现代感和文化深度的旅游体验场景。这种策划方式不仅注重利用现代建筑和设施的特色与功能，还强调文化元素的融合以及创新体验的创造。

（一）现代建筑、设施类文旅融合场景策划原则

在文旅融合的过程中，应遵循适度融合原则。中国的现代建筑和设施种类繁多，每种都有其独特的性质和服务对象，因此在组织结构和服务方式上各不相同。文旅融合不能一刀切，应根据各自的特性和服务特点，有针对性地进行。目前，现代建筑和设施的文旅融合并无统一的标准模式或现成的解决方案，因此，各类建筑和设施不应盲目跟风，简单复制其他成功案例，更不应急于求成。相反，它们应基于自身的实际情况，进行深入的分析和研究，有选择性地借鉴成功经验，坚持适度融合，确保在文旅融合中既保持自身的本源特色，又勇于创新，展现各自的独特魅力。

（二）现代建筑、设施类文旅融合场景策划模式

1. 现代建筑、设施类在设计中要融入文化

文化地标性的现代建筑、设施能够激发游客的参观兴趣。在当今社会，人们更加追求个性化、独特化的体验，而非千篇一律的建筑风格。因此，在现代建筑的旧址改造和新建筑建设中，设计者应充分挖掘和展现场地的特色

文化元素，使建筑外观设计与当地文化内涵高度契合。例如，天津滨海文化中心各场馆的建筑设计以特色文化元素为主题，将现代与历史融合，吸引了公众的目光和客流。又如，法国蓬皮杜文化艺术中心的建筑外观，从最初引起公众争议到如今成为热门景点，也说明了建筑外观对文化旅游吸引力的重要作用。因此，公共现代建筑的设计建设应在审美和城市文化特色上下功夫，打造其自身的文化特色。

2. 推出富含文化内涵的文创产品

文创产品不仅具有经济价值，更重要的是它可以传递建筑设施的重要形象标识，是当地城市文化特色的象征。具有良好发展潜质的建筑设施通常会注重文化资源的开发创造，这是公共文化、文旅产业深度融合的具体表现。文创产品形式多样，可以是珍贵典藏品、现代体验品或传统与现代相结合的实用品。各公共建筑设施应结合自身资源，开发一系列游客参与度高、体验感强的文创产品，提升游客的文化旅游消费水平。比如，故宫博物院利用馆藏和国家文化元素，在线上线下两种方式开发了各种各样有趣又实用、有纪念意义的产品，既创造了经济效益，也传播了文化。

3. 创新各具特色的服务方式

公共建筑设施要营造良好舒适的旅游环境，就要提高建筑设施内外的综合服务水平。文旅融合后的公共建筑设施不仅要提供公共文化服务，也要提供公共旅游服务，主要包括为旅客提供公共资源和信息、安全保障和交通服务、惠民便民服务等。比如，大英图书馆官网的旅游板块为游客定制场馆旅游路线，提供导览服务，让游客在陌生的公共建筑设施中感受到归属感。

4. 多元化的展示方式

在现代建筑和设施中，应采用多样化的展示手段，如结合静态与动态展示，运用文字、图片等静态资料展示和视频播放，同时结合传承人或团体的现场动态展示，以营造良好的展览氛围。传统体育、游艺、杂技、民间文学、传统音乐、舞蹈、戏剧和曲艺等项目都适合采用这种展示方式。通过互动体验，让观众沉浸在文化氛围中，获得美的享受。观众不仅可以在现场体验，还可以通过参与活动将文化创意产品带回家，深入理解文化，感受文化之美。展馆不仅要把观众吸引进来，还应该利用博物馆日、文化遗产日、春节等重要节日，主动走出展馆，进入社区、学校。这是对传统展馆模式的拓展。通过将戏剧带入校园、传统技艺体验带入社区等活动，激发公众的文化情感，这也是最受欢迎的展示方式之一。

（三）现代建筑、设施类文旅融合场景策划案例

1. 公共文体设施文旅融合场景

主题文化园、展馆、艺术馆、体育馆、博物馆等各类文化展览设施应运用科技和创意设计，遵循"智慧+"的理念，打造具有文化氛围、沉浸式体验、融合新科技和产业化的活态场馆体系，以实现产业化运营，增强文旅融合产品的生命力和传播力。此外，可以开发博物馆、文化馆、科技馆等场所的 VR 场景体验产品，以提升这些场所的吸引力和知名度。

随着信息技术的高速发展，信息社会的质量显著提升，信息技术也成为推动生产力发展的重要力量。文博系统需要创新公共服务的文旅融合方式，构建"互联网+"模式，利用多种媒介手段，在建设官方网站的过程中，强化线上线下的宣传协同，以吸引更多的本地和外地游客以及博物馆的访问者，从而增进对本地文博旅游资源的了解和利用。应发挥网络直播和网络聚集的平台优势，通过数字化博物馆、云观博物馆、抖音、微信、网站等多种方式进行宣传推广，与时代同步，吸引更多观众到访。在电子信息化方面，应形成云文旅融合模式，通过超级链接增加文博旅游的热度；利用科技支持让陈列的文物更加生动；通过深度体验让游客更加兴奋，从而不断提升文博旅游资源的影响力和吸引力。选好主题，设计好陈列精品，并挖掘出文物的深刻内涵，这样才能更好地启发人们，并推动文博系统公共服务创新。

（1）清明上河园

清明上河园旨在通过实施"文化清园""欢乐清园""品质清园"和"梦

幻清园"战略，推进综合发展。其中，"文化清园"战略着重于传承和弘扬宋朝及中国传统文明，推动文化与旅游的深度结合。园内不仅展示了丰富的文化遗产，还通过引入非物质文化遗产如木版年画、吹糖人等互动环节，促进了这些艺术形式的商业化传承与创新。此外，清明上河园还设立多个专题博物馆和展馆，如陶瓷、古灯、钱币博物馆，以及木偶奇遇馆和《清明上河图》展馆，以丰富游客的文化体验。

（2）山西戏曲博物馆

在建设山西戏曲博物馆的过程中，应坚持馆藏的丰富性、地方文化的特色性、技术的先进性以及创新与保护相结合的原则。依托文化旅游融合的大背景，山西戏曲博物馆充分利用山西丰富的戏曲文化资源，统一规划旅游项目，深度整合戏曲文化的展示和旅游体验。从实体博物馆的建设到虚拟博物馆的打造，山西戏曲博物馆完善线上线下相结合的综合功能和管理系统，推动实体建设向虚拟空间的拓展，致力于将山西戏曲博物馆塑造成为地方戏曲文化与文旅产业融合发展的标杆。

2.城市地标类文旅融合场景

（1）北京天安门

北京天安门具有深厚的历史文化底蕴，也是中国社会主义红色政权的象征，是中华人民共和国国徽上的唯一建筑标志。中华人民共和国成立后，天安门广场举行了若干次阅兵仪式和民众游行活动。北京天安门利用 VR 全景智慧文旅地图，让游客可以在线上体验天安门广场的历史和风貌，增强游客的参与感和沉浸感。推进数字孪生景区建设，利用数字技术对天安门广场进行实时监测、分析和管理，提高景区的运营效率和服务质量。开展网红打卡地榜单推荐，利用社交媒体平台传播天安门广场的特色活动和文化元素，如升国旗仪式、国庆阅兵仪式、红色主题灯光秀等，提高景区的知名度和影响力。另外，在北京天安门设立爱国主义教育基地，播放天安门相关的纪录片，如毛主席庄严宣告新中国成立等，进一步营造天安门的国家象征的肃穆氛围。同时，设计创作与天安门形象相关的文创产品，如天安门等比例缩小的模型等。

（2）上海东方明珠

创造地标品牌形象。上海东方明珠既是上海的标志性建筑，也是上海的文化符号。它见证了上海的变迁，也是上海向世界展示自己的窗口。品牌形象的创造能让观光城市有独特的魅力，旅游纪念品也更有特色，让游客不只关心产品的外观、价格，更关心产品的意义和价值。比如，设计一瓶与上海东方明珠等比例缩小、带有形象设计的同品牌矿泉水，就能吸引很多消费者。

东方明珠广播电视塔内的上海市历史发展陈列馆，收集了千余件文物和展品，运用"以物为景"的场景化展示方式，结合高科技的技术手段，将文物、道具、模型、多媒体、声光电融为一体，是具有创新思维的陈列。

在观光过程中，除了望远镜和虚拟技术的应用，在游览路线的设计上还设置了展示城市美景的科技多媒体通道，让游客在沉浸式的场景中身临其境地感受城市和建筑的发展之美。安全性高、新颖性强、刺激性大的高空行走项目成为目前最受欢迎的活动项目，不仅能吸引观光游客挑战自我，还能吸引极限爱好者和团队。工作人员在游客观光过程中为游客拍摄照片，在结束时提供给游客购买照片的选择，成为游客观光体验中难忘的环节。

第五节　园林类文旅融合场景策划

园林类文旅融合场景的策划主要分为两类：一类是古典园林类文旅融合场景，如苏州耦园，其依托自身与其他苏州园林不同的文化内涵，成功打造"耦园追梦"主题品牌，并基于此主题设计了一系列因地制宜的文旅融合场景；另一类是现代主题公园类文旅融合场景，目前沿海发达城市均已形成一定的主题公园项目群，其中深圳华侨城集团打造的"锦绣中华"是中国第一个主题公园，是现代主题公园类文旅融合场景的典范。

一、古典园林类文旅融合场景策划

古典园林类文旅融合场景是指将传统的古典园林与现代文化旅游相结合，创作出新型的旅游体验。这类场景通常依托于古典园林的历史、艺术、文化和自然景观，通过策划和设计，为游客提供独特的旅游体验。

（一）古典园林类文旅融合场景策划原则

在尊重古典园林所承载的历史文化价值的同时，需维护其原有的风格与特点，避免损害其艺术与审美的完整性。中国古典园林设计往往以山和水为核心，路径曲折，植被自然生长，人工结构也力求与自然和谐，达到虽为人造却宛如自然的效果。

理解园林的自然特性，包括模仿自然界的造园技巧、空间的自然分隔、建筑的顺应自然以及植物树木的自然表现。同时，要领悟园林所追求的艺术境界，并注重中国的传统美学观念。场景营造需具有诗情画意般的意境，能引发参观游览者的共情。

结合当地的自然环境、人文风情、社会需求等因素，创造出具有特色和吸引力的文旅产品和服务。注重沉浸式体验，利用现代科技手段，打造出富有故事性、互动性、趣味性的文化场景。例如，《苏州博物馆·夜苏州》以苏州博物馆为主舞台，结合苏州园林、运河等元素，打造出一个集音乐、灯光、投影等多媒体手段于一体的夜间演艺秀。培育和打造具有影响力和持续发展能力的文旅品牌形象，促进品牌效应和口碑传播。实现文旅产业链的延伸和拓展，开发出多元化的衍生产品，提高项目的经济效益和社会效益。

（二）古典园林类文旅融合场景策划案例：苏州耦园

1. 耦园概况

耦园，坐落于苏州市东北隅，地址位于小新桥巷6号，其周边环绕着环古城步道、相门城墙、护城河以及平江路历史街区等风景名胜。耦园占地面积达7800平方米，布局规整，东西两侧各设一座花园，中间则为住宅区域。2000年，耦园被联合国教科文组织荣列《世界遗产名录》；2001年，更是被确立为全国重点文物保护单位。

2. 旅游资源优势

（1）独特的造园手法

耦园打破了苏州园林传统的"前宅后园"模式，创新地在住宅两侧各设一座花园，并在北面构建了贯穿三部分建筑群的走马楼，这在苏州园林中独树一帜。此外，耦园三面临水、一面临街，完美地展现了苏州水城的历史风貌。

（2）对偶成双的格局

耦园巧妙地运用了"耦"这一主题，在东西花园中体现了阴阳互生、对偶成双的易学原理。这种布局不仅美观，更暗示了园主人夫妻之间深厚的爱情和风雅情趣。

（3）优秀的历史建筑

东花园的双照楼是观赏日月光照和接待友人雅集的理想之地。这里三面临窗，寓意深远，象征着园主夫妇隐居学道、明心见道的生活追求。自2017年起，双照楼和听橹楼作为茶室向公众开放，并定期举办诗词吟诵、品茗闻香等文化活动。

3. 耦园的文旅融合场景策划

近年来，耦园以爱情主题为核心，深入挖掘其丰富的历史文化内涵，推出了多项全域文旅融合项目，旨在为游客提供独特的感官与文化体验。

（1）利用园事节事活动，展示爱情主题品牌

2015年国庆节期间，"耦园追梦"品牌首次亮相。该品牌以耦园独特的爱情主题园林为背景，融合了中国古代的婚礼文化，为游客重现了清代文人婚礼的盛况。利用耦园三面环水的独特地形，以水乡特色的摇橹船作为交通工具，吸引了众多游客参与其中，观看并体验这一文化盛会。经过多年的持续宣传与举办，"耦园追梦"品牌已在市场上稳固扎根，成为耦园全年活动

的重要组成部分，并衍生出了"耦园中式婚礼""耦园明制婚礼""耦园青年联谊会"等丰富的体验产品和二级消费产品。

（2）结合历史文化内涵，打造实景文旅融合项目

耦园作为中国独一无二的爱情主题园林，其命名"佳偶天成"以及园内布局"双对成偶"均展现了园主退出官场、隐逸山林的文人情怀，同时也深刻诠释了园主沈秉成与严永华夫妇相敬如宾、和谐美好的爱情理念和生活情趣。2020年端午节期间，耦园上演了《耦园梦忆》——一部时长30分钟的全实景昆曲微型剧。该剧以1895年为背景，生动描绘了沈秉成在生命终结之际回顾往事的感人故事。剧中巧妙利用水池、弯曲的回廊、亭台楼阁、山水植被等自然景观作为舞台，营造出一种似近实远的"VR"体验，为观众带来了独特而深远的生命感悟。

（3）传承传统文化，吟唱耦园诗乐

2019年春季，耦园首次推出了耦园诗乐吟唱活动，用中国传统乐器伴奏，在耦园演绎《诗经》中的名篇如《关雎》《子衿》《蒹葭》，以悠扬的歌声展现古典之美。暑期时，耦园为青少年群体打造了诗乐吟唱研学体验项目，让孩子们在诵、吃、吟中学习传统文化，既有趣又有益。此外，《佳偶天成》是一首原创的耦园诗歌吟唱曲，它将耦园主人所作的多首诗篇与耦园的园林文化完美融合，赋予文化遗产新的生命，并让游客在歌声中领略耦园的文化和景观之美。

二、现代主题公园类文旅融合场景策划

（一）现代主题公园类文旅融合场景策划原则

第一，在考虑区域经济和消费水平的基础上，充分发挥市场环境和区位优势。需要深入了解当地人群的消费心理、需求和特征，同时确保有完善的基础设施和便利的交通条件。此外，还需依赖良好的投资氛围、政策扶持、人才储备和信息资源等方面的支持。

第二，增强创新意识，打造项目创意的独特性与吸引力。需根据市场需求不断创新、更新或重组现有的文旅产品，设计新的活动内容，重点建设具有强大市场竞争力、主题突出的娱乐性参与项目，丰富文旅产品的文化内涵。同时，要摆脱古城、历史建筑等传统形式的束缚，用更现代化的方式和形式融合文化与旅游产业，注重项目的体验性和创造力。

第三，塑造特色主题形象，加强品牌运作以提升竞争力。这是当前众多主题公园类文旅融合项目采用的重要方式。应围绕品牌形象进行相关活动策划，并通过各种营销手段进行宣传推广，以提高主题项目及相关景区的吸引力。

（二）现代主题公园类文旅融合场景策划模式

1. 打造 IP 主题与品牌

中国本土的主题公园在主题选取上应以中华文化为核心，更多地关注中国历史民俗，以引发国人内心的情感共鸣，并借此吸引国外游客前来参观。历史类、民俗类的主题公园将成为热门选题。应打造中国本土主题公园自己的 IP，推出相应的衍生品与系列活动，加强品牌形象，推进主题公园的宣传与推广。

2. 策划演艺活动

主题公园内的演艺活动是吸引游客的重要方式，其表现形式主要包括巡游式表演、光影秀、夜场主题演出、项目实景演出、大型室内主题剧场演出等。

3. 注重文旅产业链的融合发展

将主题公园作为一个整体与其他产业联动发展，形成创意产业、旅游、商业、房地产等多核复合式发展的商业圈发展模式。

4. 拓展主题公园的功能

在主题公园中置入不同功能与服务，综合游乐、体验、民俗、博物馆等各类业态，以提高游客的旅游体验质量。

（三）现代主题公园类文旅融合场景案例：闽越水镇

1. 项目概况

闽越水镇是福建省重点建设项目，也是福州文旅"双龙头"项目之一，坐落于福州"八闽首邑"闽侯竹岐新区，项目总占地近3000亩。闽越水镇以"乡愁"为核心内涵，以"海丝·闽越"为文化主题，以"福"文化为旅游线索，借鉴老福州的城市格局，通过一系列的主题文化体验来展示福州的历史文化故事，再现古时古镇的美好景象。同时，结合国际化的旅游配套和服务，以旅游、文化、产业、教育相结合的方式，打造一个集吃住行游购娱、文修展养康研于一体的一站式休闲度假目的地。

2. 文旅融合场景策划

闽越水镇参考"三山一水，一楼双塔"的城市形态，规划了"十街、廿馆、百态、千房"四大旅游系统，引入闽江与麦浦河之水，打造约2公里的水岸街区，重现福州百年水乡风貌，展现"百货随潮船入市，千家沽酒户垂帘"的繁荣景象。项目融合诸多创新元素，创造了多个与科技、文化、艺术、娱乐相结合的旅游产品，用全新视野展现千年榕城的古韵与新生。

围绕闽史文化、闽商文化、闽学文化、闽居文化、闽食文化、闽器文化、海洋文化等七大核心文化资源，打造从设计到集成、研发、创意、制造及销售等全过程体验场景，全面系统地营造闽都水乡文化场景。利用"闽越文化"的古王城、闽浙总督府等闽都历史场景和人物故事，建立起实物三维或模型数据库。以闽剧表演为主要形式，运用"文化＋演艺"的方式，展现福建由古至今的侨乡文化精神。依托现有的民间工艺资源、文化遗产资源和现代农业资源，建设青少年国学教育实践基地、户外素拓基地、文创基地等。以特色建筑为载体，规划水乡民宿和合院式客栈，开展闽都水乡人居体验与传统民俗生活体验。以传统闽菜为基础，打造闽食文化的魅力，并深入挖掘特色饮品，形成全产业链的体验。凭借丰富的根雕、脱胎漆器工艺品产业资源，建设闽器艺术展馆、闽器发展历史长廊，定期举办闽器文化艺术节，打造成全国独一无二的闽器产业孵化基地。运用全息特效演艺等手段，展示海洋文化、船政文化和海丝文化，同时设计并销售以海洋文化为主题的文化创意纪念品，通过 IP 打造、文化演艺、美食体验、娱乐互动、文创销售等构建全方面的文旅消费场景。（见表 4-1）

表4-1　闽越水镇业态及重要场景

产业分类	核心资源	文旅产品示例
文化、文旅产业	闽史文化类产业	城门楼、开元塔、闽越历史长廊、总督府
		研学旅行基地、文化交流中心
	闽商文化类产业	闽商会馆
		先锋艺术馆、先锋主题商业街
		研学旅行基地（含闽商文化交流功能）
	闽学文化类产业	梅音书院、致用书院
		研学旅行基地
		创客空间、文创馆
	闽居文化类产业	水乡客栈及酒店
		古建筑模型展览馆
	闽食文化类产业	青红酒坊、青红集市、茉莉茶坊、橄榄研究院
	福建特色闽器相关产业	三宝艺术馆、根艺馆、漆器馆、软木画苑
		寿山塔
		先锋艺术馆（复合功能）
	海洋、海丝文化类产业	福船工坊、总督府、海丝魔幻剧场、榕月湖、海丝文化馆
高新文创体验产业	融合旅游的高新文创体验产业	影视产业、舞美设计
		电竞产业
		数码动漫
休闲地产	度假别墅、民宿等	民宿业、度假房产物业等

第六节　非物质文化遗产文旅融合场景策划

依据联合国教科文组织制定的《保护非物质文化遗产公约》，"非物质文化遗产"指被各社区、群体，有时是个人，视为其文化遗产组成部分的各种社会实践、观念表述、表现形式、知识、技能以及相关的工具、实物、手工艺品和文化场所。而根据《中华人民共和国非物质文化遗产法》的相关规定，非物质文化遗产是指各族人民世代相传，并视为其文化遗产组成部分的各种传统文化表现形式，以及与传统文化表现形式相关的实物和场所。非物质文化遗产不仅是国家和民族历史文化成就的重要标志，也是优秀传统文化的重要组成部分。它集合了各种非物质形态的传统文化习俗，是中国文化的宝藏，包含了民俗、民风、民情、民间技艺等丰富的传统文化元素。作为一种稀缺的资源，非物质文化遗产为文旅产业注入了巨大的活力。挖掘并结合文化创意，对促进文旅融合具有深远的意义。

一、非物质文化遗产文旅融合的类型

目前，非物质文化遗产文旅融合场景策划主要分为三种类型：节庆活动类、风物特产类、特色文化类。

（一）节庆活动类

节庆活动，尤其是地方传统节庆，具有深厚的文化底蕴，是地方文化最突出的表现形式之一。在策划文旅融合的节庆活动时，必须坚守文化原则，以鲜明的文化主题和浓郁的文化色彩为基础。节庆活动是文化旅游的重要组成部分，也是近年来促进文旅融合的关键手段。开发节庆旅游时，应注重其连续性，塑造地方文化品牌，以持久地吸引游客。将传统节庆活动与现代文化理念相结合，既能弘扬传统节庆文化，又能通过创新的节庆活动吸引游客，提高游客的参与度，并融合当地特色文化习俗，让游客在不同节庆日里体验到独特的文化氛围。

例如，海南的棋子湾开元度假村在中秋佳节期间，将传统的中秋赏月文化与主题公园相结合，设置观景台供游客观赏日落和赏月，同时举办汉服秀活动，既弘扬了传统汉服文化，又迎合了当代年轻人的时尚潮流。度假村还开展了亲手制作月饼的活动，让游客品尝到亲手制作的中秋味道。这些活动不仅保留了中秋节的节日氛围，还通过创意活动提高了游客的参与度。在端午节期间，温州以"艾香飘千里，文明进万家"为主题，举办了包括非遗节目表演在内的端午习俗活动。游客和当地居民共同参与包粽子、编织蛋袋和制作香囊等活动，并有机会观赏剪纸、米塑和木雕等非遗艺术作品。

（二）风物特产类

风物特产也是非物质文化遗产的一部分。许多旅游目的地尝试将风物特产与文化旅游相结合，最常见的做法是打造传统风物特色产品，将文旅产业和特色产品产业结合，形成经济链。风物特产是地域性的土特产品，结合文化创意可以打造出丰富多彩的文化旅游产品。这些产品能让游客在各个感官层面体验到当地的风土人情，同时也能带来旅游的经济效益，有助于打造城市特色的文化品牌，推动旅游的宣传营销。

风物特产的吸引力在于其地方性，地方风格越强烈越具有吸引力。因此，应利用风物特产打造具有地方特色的旅游产品，使其成为游客可以在异地旅游时带回的商品或纪念品。创意开发是提升风物特产附加值的重要途径之一。赋予风物特产文化内涵、进行创意设计、塑造良好的品牌形象等都是风物特产文旅融合开发的有效手段。在地方旅游开发中，风物特产往往处于比较边缘的位置，容易被忽略。因此，活化风物特产，让游客有更多的机会参与到风物特产的生产、采摘、表演等相关活动中去，是风物特产文旅融合发展的重要方向。

例如，苗族的各种风物特产商品丰富多彩，如苗族刺绣、苗族服饰、苗族美食特产等都是旅游商品创作的文化来源。湖南成立了华强农特消费扶贫基地，包含旅游示范购物中心、民族文化传播中心、民族文化展览中心等几大板块。在旅游购物中心板块展示了苗族的纯天然产品以及印有苗族传统图案的各种周边产品，这些是当前游客购买的主要产品。此外，还有专门让游客自己参与制作苗族油茶的环节，让游客从视觉等多个感官完全沉浸到苗乡文化中，提高了游客的体验感和参与度。众多旅游城市通过举办文化创意比赛的方式，将文化资源转变为具有市场价值的文创产品。例如，河北承德举办的"河北省文创和旅游商品创意设计大赛"催生了一系列如"满族饽饽"食品系列、吉祥八宝书签、避暑山庄莲系列饰品等文创衍生品，成功地展现了承德的本地资源特色。

（三）特色文化类

特色文化是旅游城市打造旅游品牌和传递旅游文化的核心。以特色文化演绎的文旅融合需要对当地文化进行深度挖掘，应具有代表性的价值意义。作为旅游城市整体文化形象的浓缩与典范，特色文化能让外来游客在短期的体验中感受到旅游城市的独特之处。特色文化的背后是地域特色和社会背景渊源，由此形成了传统民俗和民间文化。

特色文化活动是游客深入了解并体验旅游目的地文化、增进与当地居民互动的重要契机，有助于打破旅游中常见的主体与客体之间的文化隔阂与疏离感。此类特色文化活动通常是基于自然地理环境、文化背景和社会背景产生的群体性活动，具有很强烈的"地方性"。例如，泰国的泼水节不仅承载着清除邪恶、祈求美好愿景的深刻文化内涵，还融合了花车游行、艺术表演和特色小吃等多种形式的活动，极大地吸引了游客的目光，也带动了泰国旅游业经济的飞速发展。

在推动文旅融合的过程中，文化蕴含着丰富的历史文化特征，为打造具有独特魅力的民俗文化场景提供坚实基础。通过策划富有创意的文化活动主题，可以使游客快速体验到城市深厚的历史底蕴和民俗文化。2019年，山西省举办了第一届"山西文化旅游中国年"。活动期间，山西运城精心打造了民俗活动、美食活动等一系列具有鲜明文化特色的旅游产品。其中最具亮点的是舜帝公园的庙会、灯展和文化表演，不仅使用了全息投影技术的裸眼水幕灯光秀，还融入了传统的民间绝技"打铁花"，无数的铁花如同烟花一样散落在打铁花匠人的四周，宛如火树银花的奇景，惊艳刺激的视觉效果吸引了众多外地游客。此外，44个不同主题的灯展将传统的文化主题和现代理念相结合，充分满足了游客的多元文化需求。

西安通过举办一系列特色鲜明的文化主题活动，成功塑造了其独特的旅游形象。在"西安年·最中国"系列活动中，2023年春节，曲江新区在核心区域、城墙、大明宫、临潼、楼观、浐灞湖等地策划了十大主题单元、超过30场的文化活动。特别值得一提的是，大唐不夜城举办的"现代唐人街"新春系列文化活动，以西安的美食、地方文化、传统艺术和陕西非物质文化遗产为依托，全方位展示了西安的美食、景观、民风和民俗，充分体现了西安传统文化的"根"和"魂"。山西省和陕西省的城市在打造这些特色活动时都分别利用了自身城市的文化资源和地理优势，通过文旅融合将自身的文化优势转化成经济效益。

二、非物质文化遗产文旅融合场景策划模式

（一）展馆模式

展馆模式，即博物馆模式，旨在通过展示和陈列，引导游客深入了解展示内容的来龙去脉，进而实现文化的广泛传播与普及。该模式注重整理非物质文化遗产的内容，结合现代化科技，以多样化的形式呈现给游客。游客通过参观博物馆并进行互动，能够更加系统地了解旅游中的文化内涵和特色。

2012年5月16日，西安非遗博物馆以活态方式展演了各个非遗项目的工艺和文化。非遗馆秉持真实、完整、活态的策展理念，以西安市为主的关

中非遗为展陈内容，按照非遗名录的类别设置展厅，并涵盖了关中特色的非遗项目组群。福建省非遗博览苑则以多元的形式展现了福建的传统技艺和传统美术类非遗精品。游客在这里可以看到寿山石雕、木雕、脱胎漆器、建窑建盏、畲族银器、松溪版画、惠安木雕、剪纸等实物展示，还能通过项目介绍、技艺展演、分享会、品鉴活动和视频播放等多种方式，沉浸式体验福建非遗之美。

（二）园区模式

园区模式包括主题公园、文化景区与商业园区三大类别，通过在旅游的热点场所开发具有不同文化特色的活动，达到快速吸引大量游客并传播当地特色文化的目的。

2022年10月，上海首个"非遗主题公园"正式落地，这个主题公园由古猗园与上海工艺美术职业学院携手共创。古猗园至今已有500多年的历史（1522—2024年），是上海著名的江南古典园林。游客可以在园林中赏景、游玩、品味、阅读，找到情感归属和文化根基。北京的咏园则是全国首个非遗主题文创园，其原址为"大宝天天见"三露厂。咏园邀请了多位非遗传承人入驻，展示传统技艺，并探索非遗文化和现代生活的融合。咏园将不同的非遗空间创意地结合在一起，如曾经举办过非遗狼人杀的"梨园一梦"空间。这些空间为本地居民和外地游客提供了高品质的文化体验和休闲场所。

第七节　线上文旅融合场景策划

线上文旅，即在线旅游（Online Travel，OT），是旅游业电子商务领域的一个专有名词。它涉及消费者通过网络向旅游服务供应商预订产品或服务，并通过网络支付或线下结算来完成交易，以此来体验网络产品或进行市场营销。线上文旅融合项目主要分为两种类型：一类是线上电商平台，即线上旅行社（Online Travel Agency，OTA），这种模式将传统旅行社的销售方式转移到网络平台，从而拓宽了旅游信息的分发渠道。互联网的使用不仅实现了信息的广泛和大规模传播，还促进了旅游消费者与文旅企业、机构之间的在线互动交流。另一类为线上文旅体验项目（又称云上旅游、云旅游），它利用现代科技构建数字化孪生场景，让游客足不出户就能获得独特的线上沉浸式体验。

一、线上文旅融合场景策划原则

（一）内容优先

在文旅策划的过程中，必须高度重视内容的品质，将优质的内容和科技数字化相结合，让观众沉浸在场景和故事中。内容是文旅的核心，优秀的文旅策划项目应将优质的底层内容与科技数字化表现形式巧妙融合，共同为观众带来全新的沉浸式游玩体验。过于强调新技术新手段的运用而忽视内容的灵魂作用，会造成形式与内容脱节、名不副实、华丽浮夸的现象。因此，在进行线上文旅策划时，应加强内容管理，秉持内容优先的原则。

（二）生态构建

数字化文旅建设是一项系统工程，包括数字服务、数字产品、数字运营、数字管理四大模块，应以集群化的思维去推进文旅数字化。培养产品体系，增加新产品的提供，打造出系列化、多元化的"产品体系"和"产品集群"。同时，塑造产业 IP 的独特形象，形成品牌竞争力，主动与其他品牌进行跨界合作，开发出高品质的文创产品和周边商品，通过线上电商平台和线下销售渠道将流量转化为实际收益。

（三）品质保障

智慧文旅新基建的加速应用与普及，使旅游景区的产品、服务、运营能力得到了不同程度的进化。但在文旅数字化的浪潮之下，一些景区景点由于对线上文旅的认识和应用不足，未能充分结合具体场景进行策划与建设，导致前期投入巨大资源而没有发挥出实际价值。鉴于此，针对线上文旅策划工作，应以切实高效为原则，以满足战略及业务发展需要为目的。数字化转型规划应有足够的广度和深度，同时规划成果应具备良好的可实施性、可操作性。

二、线上文旅融合场景策划模式

（一）构建一站式出行服务闭环

随着我国居民收入及生活水平的提高，旅游需求也从过去的"有的玩"转变到"玩得好"，消费者不再满足于走马观花式的旅行。因此，数字化文旅产品借助大数据、5G、AI等新技术来洞察消费者的出游需求，通过洞察用户旅行链路中存在的服务痛点，用数字化的手段加以解决和优化。

目前，比较成熟的线上文旅产品可以根据游客的兴趣偏好、出行人数、目的地的交通和天气状况等信息，动态地规划相应的游玩路线，并推荐符合用户偏好的景点活动。同时，针对旅途中不同的场景，提供景区服务、旅游资讯查询、交通查询、特产纪念品购买等一站式旅游服务，形成闭环。

（二）基于数字孪生的云上旅游

随着数字化技术的发展，旅游运营方另辟蹊径，依托数字孪生技术打造数字景点，推广云上游的新模式。云上景点是对旅游景点物理世界的数字复刻，借助先进的数字三维引擎，游客可以进行多视角交互式的游览参观。它打破了时空地域的限制，让网友足不出户即可体验身临其境的游览乐趣。大部分的游客在游览线下景点时，因为各种客观条件的限制，更多只是停留在"看"的阶段。而在数字孪生的虚拟景区里，可以通过策略设计的思维对游客的游览方式进行创意规划，通过主题探索、多人互动、任务闯关等形式，调动游客的游玩积极性，让游客不只是拍照打卡后的一走了之，而是多方位地感知景点的历史文化价值，形成深刻的记忆。

（三）线上+线下合力打造科技人文新景区

我国的旅游经济已经从观光型旅游发展到体验式旅游，打造独具地方特色的IP是提升旅游附加值的关键。而线上文旅应用恰好可以成为文旅IP体系化运作的一个重要触点和平台媒介。通过策划开发文化旅游活动，并与其他优质内容供应商合作，以大数据技术为依托，在线上+线下平台进行投放营销，实现平台聚合的优势与效益。

三、线上文旅融合场景策划案例

（一）数字故宫

故宫博物院携手新华社、腾讯，共同推出了"数字故宫"小程序，为公众提供了丰富优质的数字文化内容。该小程序将故宫的在线服务整合于一体，使游客无须在多个数字平台间跳转，即可轻松访问海量的故宫数字资源。其中，"全景故宫"功能尤为引人注目，它覆盖了故宫的开放区域以及未开放区域的外部和内部空间，如养心殿、重华宫等，并提供VR全景观赏，为网民带来了全新的体验。

（二）云南新文旅IP战略合作计划

云南省与腾讯携手推进"云南新文旅IP战略合作计划"。该计划基于腾讯的"一部手机游云南"平台，秉承"新文创"理念，融合腾讯的游戏、动漫、影视、音乐等多元化内容。通过QQ、小程序等数字工具，致力于实现云南文旅发展的"五个计划"：塑造"云南云"IP、推广大滇西旅游环线、建设丽江数字小镇、孵化网红旅游目的地以及共建新文创文旅品牌。此次合作旨在发挥腾讯"新文创"与云南文旅的协同效应，激发云南省地方与民族文化的活力，助力云南文化的创新，催生新的文化形态与创意内容，打造旅游行业的"云南模式"，为中国文化旅游的高质量发展开辟新路径。

（三）武汉文旅码

武汉体育集团与腾讯公司合作开发的"武汉文旅码"线上平台，使游客能够提前预约武汉的景区、文博场馆、游乐场所。通过智能测温、无接触扫码入园等功能，该平台保障了游客的安全游玩体验。作为一款网络产品，武汉文旅码通过数字化的场景设置，实现了"即点即看、即想即玩"的即时体验。它使游客能够提前领略、深度体验并参与互动，从而获得更丰富的文旅体验和服务。其中，"长江灯光秀""夜游黄鹤楼"等融合文旅项目也被纳入其中。武汉文旅码采用小程序作为平台，为游客提供了覆盖"吃、住、行、游、购、娱"全方位的智慧服务矩阵。这包括精准的文旅信息推送、智能化的旅游产品推荐以及智慧化的交通出行服务。武汉文旅码实现了围绕游客全程需求的精细化数字化闭环服务，不仅吸引了广泛的关注，还通过线上的进一步传播，迅速成为武汉的新城市名片。

【思考题】

1. 简述历史遗迹类资源在文旅融合场景中的分类，并选择国内外某个古人类遗址，对其文旅融合策划进行评价。

2. 简述古代设施类资源在实现文旅融合场景策划时应遵循的原则，并分析都江堰在文旅融合策划方面的探索工作。

3. 简述现代聚落类资源在实现文旅融合时应遵循的原则，选取国内一个代表性城市商业综合体，分析其文旅融合策划的独到之处。

4.简述现代主题公园在文旅融合场景中的模式类型，并选择其中一个典型代表，分析其创新之处。

5.简述非物质文化遗产文旅融合的类型，结合地方代表性非物质文化遗产进行文旅融合策划。

第五章　文旅融合项目投资与资产运营

【学习目标】

知识目标：掌握文旅融合项目投资的可行性研究、投资与融资模式、投资决策方法、投资风险评估及控制风险的方法。

能力目标：具备文旅融合项目投融资分析与决策的能力；掌握文旅融合项目投融资风险评估与控制的方法。

素养目标：培养文旅融合项目投融资的理性分析和缜密思维意识，以及风险评价和管控意识。

【导读】

近三年，随着文旅消费的迭代升级，各地的新型文化旅游项目如雨后春笋般迅速建设和开放。同时，运营模式也不断升级，例如，夜游活动、灯光科技、休闲度假和康养项目等新兴产业和新兴项目层出不穷。乌镇、古北水镇、华侨城、华强方特、宋城等文旅项目，在探索文化和旅游融合方面取得了显著成就，不仅带来了巨大的经济效益，而且产生了深远的社会影响。然而，文旅项目的投资与运营管理并非易事，需要深入思考以下几个问题：如何确立文旅融合项目的投资可行性？如何选择合适的投融资模式？如何从单一的门票营收转变为深挖消费者需求实现多样化收益？如何实现旅游项目运营管理的标准化、人性化、制度化，使项目快速走向专业和成熟？[①]

---

① 魏永涛：《文旅项目开发运营模式及盈利的建议》，《产城（上半月）》2021年第7期。

第一节　文旅融合项目投资可行性研究

一、基本概念

投资因具有不确定性、风险性和复杂性，故需进行科学严谨的可行性分析，以规避风险并有效提高投资效益。投资可行性研究的核心在于深度剖析市场趋势和发展潜力，全面评估拟议项目的经济效益，从而判断其在技术、施工和经济层面的可行性。

在项目建议书获批后，需对文旅融合项目的投资可行性进行细致、深入和全面的分析论证。这包括从技术和经济角度调查和分析项目建设的关键问题，如自然和政治环境、文化背景、目标客户市场、交通状况、生态环境影响、项目规模、持续的资金来源等。同时，通过预测和评价项目建成后的预期效益，进一步确定项目的合理性和可行性。

二、文旅融合项目投资可行性分析的基本原则

第一，目的性原则。文旅投资项目各具特色，投资目标也各有差异。因此，可行性研究并不遵循统一的模式。在实际执行过程中，可行性研究团队需要根据市场的发展趋势、投资者的利润目标和需求，分析项目的投资规模、内容、地理位置选择等方面的可行性。

第二，科学性原则。进行文旅融合项目投资可行性分析时，必须遵循科学的方法和原则。这包括采用合适的分析工具和技术，如市场调研、数据挖掘、财务分析等，以确保分析结果的准确性和可靠性。同时，需要结合定性和定量分析，深入剖析项目的各个方面，从而得出科学的结论。

第三，客观性原则。分析文旅融合项目投资可行性时，应保持客观、公正的态度，避免主观臆断和偏见的干扰。基于实际数据和事实，为投资者、开发者、经营者以及相关部门的决策提供全面、真实、客观的参考依据。

第四，动态性原则。随着时间的推移和外部市场环境、文化背景的变化，文旅融合项目的可行性也需要不断更新和调整。因此，在文化和旅游项目投资时，需要及时关注和评估这些变化对项目的影响。

第五，可比性原则。在文旅融合项目投资可行性分析中，应通过对比分析，确保所选择的方案是多维度的最优解。在项目策划初期，可以设计多个可能方案进行对比和评估，或者分析其他相似的文旅融合项目的投资决策方案，为当前项目投资提供宝贵的参考信息。通过分析研究这些项目的成功经验和失败教训，可以更好地预测当前项目的潜在风险和收益，从而作出更加合理的投资决策。值得注意的是，项目的可行性分析是一个反复迭代、不断优化的过程。在实施项目的不同阶段，都应该根据新的信息和数据，对项目方案进行重新评估和调整，以确保方案的持续可行性和最优性。

第六，一致性原则。文旅融合项目投资可行性分析的一致性原则，要求项目在评估过程中保持内部和外部的一致性。具体来说，项目应符合国家及地方的相关法律法规、文化和旅游政策，确保与政府的宏观经济政策、产业政策和文化发展战略相一致，以保障项目的合法性。同时，项目的目标应与投资者的长期战略和愿景相契合，并与其他目标如满足市场需求、提升文化价值、促进地方经济发展等相协调。在评估项目的经济、社会和环境效益时，应使用一致的标准和指标，包括财务指标、市场分析指标、社会影响评估指标等，以确保评估结果的公正性和可比性。项目评估的过程应遵循一致的程序和方法，包括市场调研、财务分析、风险评估等各个步骤，都应按照既定的流程进行，以保证评估的严谨性和科学性。此外，在项目评估中使用的所有数据和信息应保持一致性，数据来源应可靠，数据收集和处理的方法应标准化，以确保分析结果的准确性和可信度。项目的实施应充分考虑所有利益相关者的需求和期望，包括政府、投资者、游客、当地社区等，确保项目能够平衡各方利益，获得广泛的支持和认可。通过遵循一致性原则，文旅融合项目的投资可行性分析将更加全面、系统和准确，有助于投资者和决策者作出明智的决策，进而促进项目的成功实施和可持续发展。

三、文旅融合项目投资的可行性研究框架

第一，项目总论。主要包括项目名称、出资单位及负责人；研究的主要依据、范围和要求；项目建设的背景、拟建地址、投资的必要性和意义；项目可能存在的问题与解决措施；主要技术经济指标；主要结论概要等。

第二，项目背景和发展概况。主要阐述项目的发起过程、拟建理由、前期工作过程、投资目的，以及项目建设的必要性等工作基础。具体包括：国家与行业发展背景或形势、项目发起人及其发起缘由、已获得的前期研究成果、选址初期工作情况、项目建议书的编制及审批过程，以及预期的经济效益、社会效益和环境效益等。

第三，资源评价。主要评价文化资源的开发价值，特别是文化和旅游融合开发的可行性，以及可能取得的乘数效应等。评价指标包括资源的丰度、品级、特色，以及产业化开发的可行性等。

第四，市场分析和建设规模。详细阐明市场需求和未来发展前景，并据此确定建设规模。主要内容包括：消费群体特征、国内外市场需求和趋势分析，进而确定拟建文旅融合项目的建设规模，并对产品方案和发展方向进行技术经济论证和比较，预估文旅投资项目投入后的收益等。

第五，项目选址。对文旅投资项目的拟建地点的社会经济条件、自然环境及周边社区的各种情况进行评价，确定文旅投资项目的微观选址。同时，对区间交通运输、当地基础设施等各种市政公用设施的支撑条件进行分析，以确保文旅投资项目自身投资的可行性。

第六，环境保护与安全。主要清查文旅融合项目建设地区的环境状况，分析拟建文旅项目产生的"三废"（废气、废水、固体废弃物）的种类、成

分和数量，并预测其环境影响，提出治理、净化和回收处理方案。同时，还需对项目日常运营的安全管理、人流高峰期应急处理、自然灾害应对、文物保护，以及自然资源保护等提出相应的措施。

第七，主要燃料及动力供应。主要估算文旅投资项目建成后，有关动力、燃料及低值易耗品的供应渠道、供应价格、使用情况和维修条件、相关成本等情况。特别对于类似迪士尼、欢乐谷等拥有高空器械类、海洋世界类高耗能的文旅融合项目，需要考虑如何开展低碳化运营。

第八，项目建设安排。主要确定文旅产品或服务所需要依托的物理空间和设施设备，研究文旅投资项目的建设内容和工程量、工期时序安排、建设标准、建设目标，以及主要设施、主要设备的选型等。

第九，企业组织和人力资源安排。主要研究文旅投资项目建设完成后的组织形式、机构设置，以及人力资源的总数、来源、培训计划等，以确保文旅融合项目建成后运营管理不受影响。一般而言，基层员工主要来自当地社区，但与一般的旅游项目相比，文旅融合项目更需要跨界管理人才、创意人才、创新型人才。

第十，投资估算及资金筹措。主要研究文旅投资项目所必需的投资总额、资金的阶段性需求、固定资产和流动资金的需要量、资金结构、筹资方式等。并在此基础上，编制投资使用与资金筹措表。投资估算与资金筹措需听取投资方的筹资意愿，并开展合理性分析。

第十一，效益分析评价。文旅融合项目投资收益包含财务收益和综合效益。财务收益分析主要包括财务基础数据的估算和财务评价指标的计算。综合效益主要从经济、社会和环境效益三个方面研究文旅融合项目的投资回报，以及对周围社区所带来的影响和作用等。要预测可能产生的不良影响，并提出相应的应对措施。基于文旅融合项目的特殊性，与一般的投资项目相比，部分公益性文旅融合项目可能将社会效益作为首要考量指标，如图书馆、博物馆类项目。

第十二，结论与建议。可结合投资方的大致意向，推荐一个以上的可行性方案，供其决策参考。此外，还需要指出项目存在的问题、给出结论、提出改进建议等。

另外，对于文旅融合项目投资而言，需要特别重视品牌资产这一无形资产，如连锁品牌客栈、主题连锁酒店、度假胜地、人造景区等投资项目。这需要进行比一般性投资潜力评估更详细的可行性分析。

四、文旅融合项目可行性评估的工作程序

第一，收集资料。在文旅融合项目投资决策中，必须广泛收集相关资料，为投资决策提供坚实的信息支撑。这些资料涵盖文旅客源市场、同类竞争性项目的经营状况等多个方面，其中文旅客源市场和同类竞争性项目的经营状况等信息是需要重点关注的。

第二，确定项目目标。在投资决策中，明确文旅融合项目所要达到的预定目标是至关重要的任务，通常是以投资方的组织战略规划为出发点来确定投资目标。在确定了总体目标后，还需要根据文旅项目所包含的业务板块来进一步细化和确定子目标体系。

第三，确定项目产出物。为确保文旅融合项目目标的实现，需要具体界定项目预期产出的成果。这些成果既包括实体成果（如建筑物、设施等），也包括无形成果（如文艺演出、文化活动等），它们共同构成了项目产出的完整体系。

第四，拟订项目备选方案。在明确了项目目标和项目产出物的基础上，需要制定多样化的项目备选方案。在拟订方案的过程中，应充分考虑各备选方案之间的互替性和比较性，以便于后续的方案论证、评估和优选工作。例如，在演艺类项目中，备选方案可能包括不同风格和类型的表演节目。

第五，分析和评估各备选方案的可行性。对每个备选方案进行全面、深入的分析和评估，包括考察其收益和成本、所需资源和条件、潜在风险和问题等多个方面。这涉及技术、经济、运营条件以及环境影响的可行性评估，

同时还需要对项目的不确定性和敏感性风险因素进行预测和分析。鉴于文旅融合项目对市场变化的敏感性，特别需要深入研究和分析项目的不确定性，并最终为投资方提供每个备选方案的评价性结论和相关信息，作为决策的重要参考。

第六，作出最终决策。在完成文旅融合项目备选方案的可行性分析后，首先排除那些不可行的方案，然后从剩余的可行性方案中择优选择，作出最终决策。在择优过程中，应优先确定那些能够使项目各相关利益主体（如投资股东、地方政府、社区居民等）都满意的项目备选方案。

第二节　文旅融合项目投资与融资

一、文旅融合项目投融资概述

投资，从广义上讲，是指在一定的时期内，针对某种项目或事业投入资金，以期获得超过初始投资金额的利润（即正回报）。文旅融合项目的投资，特指在一段时间内，向文旅标的物投入足量的资金货币或货币实体等价物的经济行为。而融资，则是指运用各种方式向金融机构或相关企业筹集资金的行为与过程，它涉及货币资金的持有者和文旅行业需求者之间直接或间接进行资金融通的活动。

多数文旅融合项目，从前期规划以及文化资源的开发、保护、利用，到旅游基础设施的配置，再到后期的运营投资，不仅资金需求规模大，而且持续周期长，前期投资回报相对较慢。这类项目往往需要长期运营才能实现盈利。例如，高星级酒店，尽管在传统经营上盈利较少，但通过长期运营加资产运作，可以实现资产增值。

除硬件投资较大外，文旅融合项目中无形资产和软件的投资比例也较大。这意味着，如果市场和社会形势发生变化，或运营效率低下，投资与资产沉没的风险将更大。因此，投融资的有效搭配常常是确保文旅产业可持续发展的必要条件。

二、文旅融合项目投资模式

（一）母子基金投资

母子基金投资，也称为"母基金—子基金"结构，是投资基金领域常见的一种投资策略。在这种结构中，母基金是一个主要的投资基金，负责管理和分配资金，通常会设立多个子基金。每个子基金专注于特定类型的投资、市场或策略，如风险投资、私募股权、房地产、债券或其他资产类别。

在文旅融合产业中，母基金通过投资文化旅游、文化创意产业、旅游目的地开发等领域，实现文旅融合行业的广泛布局，从而分散风险。同时，母基金可以根据市场环境和投资策略的变化，灵活调整子基金的投资组合，以实现最佳的投资效果。这种投资模式为投资者提供了进入不同市场和资产类别的机会，同时通过运作专业管理团队，提高了投资效率和潜在回报。

（二）直接股权投资

直接股权投资是指投资者直接购买目标公司的股权，成为该公司的股东，并享有相应的股权权益，如分红、决策权等。这种投资方式允许投资者对目标公司拥有直接的股权权益，参与公司的运营决策，并分享公司的盈利。

在文旅融合项目中，直接股权投资可以为企业提供资金支持，帮助企业扩大规模、提升竞争力，从而推动项目的顺利实施。作为公司的股东，投资者不仅有权参与公司的重大决策，而且与公司共同承担经营风险。这种投资方式为投资者提供了参与项目运营、分享项目收益的机会，有助于推动文旅融合项目的顺利实施和行业的发展。

（三）重组并购投资

重组并购投资不仅包括专项资产并购整合，如参与连锁酒店、主题乐园的并购整合，还包括参与上市公司并购等。文旅产业投资基金往往通过重组并购的方式参与文旅融合项目的升级、改造和提升行动，从而获得股权及相应的收益权。这种方式有助于优化资源配置，提高文旅融合项目的整体效益和竞争力。

三、文旅融合项目融资模式

随着文旅融合项目的不断深入和创新，如何有效解决融资问题成为项目成功的关键因素。下文将探讨多种融资模式，这些模式不仅能够为文旅融合项目提供稳定的资金支持，而且能够促进项目的可持续发展，为文旅融合项目的繁荣发展搭建坚实的财务基础。

（一）BOT 融资模式（Build-Operate-Transfer）

BOT 融资模式，即"建设—运营—转让"模式，作为一种针对大型项目融资的模式，通常是以公私合作伙伴关系的形式开发基础设施项目。该模式是指公共实体（通常情况下为地方政府）向私营公司授予特许权，以资助、建设和运营一个为期 20~30 年的项目。公司在运营项目期间，旨在收回投资资金，当项目运营期满后，将项目的控制权归还政府。文旅融合项目可通过 BOT 模式进行融资，将大量的社会资本引入文旅融合项目建设，有效改善政府投资渠道单一、资金不足等问题。

（二）TOT 融资模式（Transfer-Operate-Transfer）

TOT 融资模式，即"移交—经营—移交"模式，适用于现已建成的设施，无须承担建设任务。该模式被广泛用于公司伙伴关系的商业框架，特指政府将现有公共服务转变为与社会资本合作的项目。如果 TOT 项目由私人企业全额投资和运营，那么在特许经营期间内，该项目的预期收入完全属于私人企业。但是，如果政府参与项目投资，在特许经营期内的预期项目收益需要在政府和私人企业之间合理分配。在特许经营期满后，投资者需把该文旅项目的运营权无偿移交给政府管理。

（三）PPP 融资模式（Public Private Partnership）

PPP 融资模式是指政府与社会资本主体建立伙伴型合作关系，用于资助、建设和运营项目，例如公共交通网络、公园和会议中心。通过 PPP 融资模式为项目提供资金，可以加速项目的完成进度。PPP 融资模式的合同期限通常为 20～30 年，或者更长的时间。资金部分来自私营部门，但公共部门和/或用户在项目生命周期内的付款也是其重要的资金来源。PPP 模式主要涉及 19 个一级行业，其中文化、旅游均作为一级行业位列其中，涵盖文化场馆、文化旅游、文物保护以及古城保护、旅游配套设施等数个二级行业。

（四）PFI 融资模式（Private Finance Initiative）

PFI 融资模式是通过私营部门为公共部门项目融资的一种方式，它减轻了政府和纳税人为这些项目筹集资金的直接负担。PFI 融资模式用于资助重大的具有社会福利性质的公共工程，包括高速公路、铁路、机场、桥梁和隧道等有利于公共的运输项目，以及供水和污水处理设施、监狱、公立学校、竞技场和体育设施等基础设施项目。在此模式下，私营公司聘请私人公司资助、管理和完成这些项目，通常通过政府的长期还款或项目产生的收入来收回资金。根据项目类型以及差异，PFI 合同通常持续运行 20～30 年。在这种融资模式下，政府不必为一个重大项目投资大量的资金，从而在改变财政资金投入方式的同时，为文旅融合项目中的硬件设施建设带来创新式改变。

（五）ABS 融资模式（Asset-Backed Security）

ABS 融资模式，即资产支持证券化融资，允许发行人筹集现金，将其用于贷款或其他投资目的。ABS 的标的资产通常缺乏流动性，不能自行出售，因此将资产汇集在一起，并从中创建一种金融工具（即证券化）。这一过程不仅使非流动性资产具备市场流通性，供投资者进行交易，而且允许投资人从账面上获得不稳定的资产，从而减轻他们的信用风险。这些资金池的基础资产包括房屋净值贷款、汽车贷款、信用卡应收账款、学生贷款或其他预期现金流。ABS 发行人可以发挥创意，如建立在电影收入、版税支付、飞机着陆时段、收费公路和太阳能光伏发电的现金流上的 ABS 产品。通过对文旅融合项目的资产证券化融资方式，可以把项目资产或者公司资产转化成可以投资的资金，用来投资更有价值的项目，实现迭代投资。

（六）众筹模式（Crowd Funding/Crowd Financing）

众筹即大众筹资，允许个人或组织绕过传统的资金来源，如银行、风险投资家和天使投资人，直接接触广大受众，为他们的项目提供资金支持。众筹活动根据不同的目的，包括推出新产品、制作电影或电脑游戏，或资助慈善项目。众筹模式由三个要素组成：项目开发人员，即在文旅融合行业中创业但是没有资金支持的人；支持者，对筹资者项目或商业创意有资金支持意愿和能力的人；平台，即开展众筹的互联网平台。众筹使项目开发人员接触到大量潜在的支持者，从而从多种渠道为他们的项目筹集捐款。因此，企业家、小微企业和非营利组织可以通过众筹获得难以从银行或风险投资公司等机构的传统形式的融资，而且项目开发商无须担心支付股息或偿还贷款。此外，众筹允许项目开发人员在完全启动项目之前测试市场并验证他们的项目想法。项目开发人员可以从潜在客户那里获得早期反馈并降低项目失败的风险。同时，通过围绕他们的项目建立一个支持者社群，项目开发人员可以从成功的活动中获得营销经验。众筹也可以为项目的支持者带来利益，为他们提供了支持他们热衷的项目的机会，而无须作出任何重大的财务承诺。同时，作为他们贡献和支持的交换，支持者可以获得相应的特权奖励。例如，如果支持众筹的电脑游戏，可以提前体验游戏版本。

四、文旅融合项目资金来源

文旅融合项目的推进需要充足的资金作为支撑，因此，资金的筹措成为项目成功与否的核心环节。筹集资金的途径和方法将直接决定项目的实施成效及其最终命运。

（一）项目资本金的来源渠道和筹措方式

项目资本金，是指投资者在建设项目总投资中所承诺的出资额，这部分资金在建设项目中属于非债务性资金，即项目法人不需要对这部分资金支付任何形式的利息或承担债务责任。投资者可以按照其出资比例，依法享有相应的所有者权益，也可以将其出资及相应的权益进行转让，但是不允许以任何形式抽回资金。其来源渠道和筹措方式有以下三类。

1. 股东直接投资

股东直接投资指的是投资者直接向企业注入资金，以换取企业股份的所有权。这种投资方式包括国家资本金、企业股资、社会团体和个人股资以及基本投资公司的股资。在具体的项目融资中，股东直接投资的表现形式有两种：第一，针对既有法人融资项目，股东直接投资体现为现有股东对项目的增资，即原有股东增资扩股，以及吸收新的股东投资，从而为项目提供更多的资本金；第二，针对新设法人融资项目，股东直接投资是新成立的企业或项目的初始资金来源。在合资经营公司中，股东通常按照约定的比例认缴资金，而在合作经营公司中，股东则根据合作的具体方式投入资金。

2. 股票融资

股票融资作为一种直接融资方式，涉及资金的直接流动，不经过金融中介，而是通过发行股票的方式，将资金从充足部门转移到资金需求较大的部门。在这个过程中，提供资金的个人或机构成为公司的股东，从而享有一定的企业所有权和控制权。这种融资方式的目的是拓宽投资者的投资渠道，其优势在于筹资过程中的风险较低。

股票的融资方式有两种：公募和私募。公募，即公开发行，是指企业通过证券交易所或场外市场面向广大公众投资者发行股票。进行公募的企业通常需要具备较高的信用等级，并遵守证券监管机构制定的发行规则和流程。公开发行可以大幅提高公司的知名度，同时吸引更多的投资者，扩大股东基础。私募，即非公开发行或内部发行，是指企业不通过公开市场，而是直接将股票出售给特定的投资者，如机构投资者、高净值个人投资者等。私募发行通常不需要像公募那样严格规范信息披露和审批的流程，但是参与者数量有限，且可能有一定的投资门槛。

3. 政府投资基金

政府投资基金是由各级政府通过预算安排，单独或与社会资本共同出资设立的，采用股权投资等市场化手段，旨在引导社会各类资本投向经济社会发展的关键领域和短板，支持相关产业和领域发展的资金。政府出资渠道包括一般公共预算、政府性基金预算、国有资本经营预算等。这种基金的主要目的是提高财政资金的使用效益和杠杆效应，通过财政资金的引导，促使资金、资源和要素向满足经济发展需求的领域和项目集中。在项目评价中，需根据资金投入的不同情况对政府投资进行差异化处理。政府全额直接投资的项目，一般为非经营性项目，主要为引导项目或公益项目；当政府以资本金形式进行投资时，应将这些资金视作权益资金；政府通过投资补贴、贷款贴息等方式提供的资金，应被视为现金流入；政府通过转贷方式提供的投资资金，如统一借入的外国借款，应将其分类为债务资金。

（二）项目债务资金的来源渠道和筹措方式

1. 商业银行贷款

有偿债能力的文旅建设项目可采用短期、中长期商业银行贷款，这也是目前商业性文旅融合项目采取的主要筹资方式之一。

2. 政策性银行贷款

目前，我国拥有中国进出口银行、中国农业发展银行两大政策性银行。政策性银行贷款是为了配合国家产业政策等的实施，对有关的政策性项目提供的贷款，具有贷款期限较长、利率较低的特点。

3. 企业债券

文旅企业依照《中华人民共和国证券法》《中华人民共和国公司法》等法律法规规定的条件和程序发行的、约定在一定期限内还本付息的债券。企业债券的发行往往以企业自身的财务状况和信用条件为基础。

4. 融资租赁

融资租赁作为一种融资方式，是指在特定期限内，资产所有者将资产出租给承租方使用，承租方则按照分期的方式支付租赁费用。这种租赁方式的特点是将租赁资产的所有权和使用权分开。在文旅融合项目实施过程中，融资租赁通常是由出租方先购买或建设资产，然后按照租赁合同将其出租给承租方。出租方通过收取租金来获得收益，而承租方则通过支付租金来租用设施或场地进行商业运营。为突出整个文旅项目的主题特色，文旅融合项目的租赁协议需要对内部各商铺场所的承租人经营内容进行约定，尤其需要事先明确承租人的租赁和经营行为不得破坏生态环境、自然景观和文化遗产。

(三）既有法人内部融资的渠道和方式

1. 货币资金

货币资金可用于项目建设的部分，涵盖了既有法人目前的现金资金以及未来营运活动预计产生的过剩现金。第一，当前的现金资金包括现有的现金库存和银行存款，在扣除维持日常业务运作所必需的资金后，剩余的现金资金可用于项目建设。第二，未来营运活动预计产生的过剩现金，可以从中提取一部分用于项目建设。鉴于文旅融合项目通常涉及分阶段施工和持续地改进升级，因此经常需要将营业现金再投资于项目的进一步建设。

2. 资产变现的资金

资产变现的资金是指既有法人通过流动资产、长期投资和固定资产变现所获得的资金。企业可以通过加强财务管理，减少存货和应收账款等流动资产占用情况，从而提高现金获取率；也可以出让有价证券以取得现金。企业的长期投资可以通过转让来变现，如企业闲置的固定资产。

3. 非现金资产

既有法人的非现金资产（包括品牌影响力、实物资产、土地使用权等），如适用于拟建项目，经资产评估后可直接用于项目建设。

（四）准股本资金的融资渠道和方式

1. 优先股股票

优先股股票是一种特殊的有价证券，它既具有资本金的特性，也具有债务资金的特点。普通股股东和债权人对优先股的看法不同：前者将其视为一种债务形式，而后者则认为优先股更接近资本金的本质。优先股的分红具有固定的金额和比率，这个比率往往超过了银行贷款的利率，并且优先股股东有权优先获得分红。优先股通常不参与公司的利润分配，股东也无权参与公司的日常管理。在债务清偿的优先级上，优先股位于其他债务融资之前，其分红是在税后利润中支付的。因此，在进行项目评估时，优先股应纳入资本金的考量范畴。

2. 可转换债券

可转换债券作为一种特殊的企业债券，结合了债券和股票的特点，允许在满足特定条件并在规定时间内转换为普通股股票。在项目评估过程中，可转换债券应当被视为项目的债务资金，并具备以下三个主要特征：债权性，即债券持有人可以按照规定的利率和期限收取本金和利息；股权性，即当可转换债券的持有人选择行使转换权时，他们可以将债券转换为普通股股票，从而从债权人转变为公司的股东，参与公司的经营决策并享受公司分配的红利；可转换性，即债券持有人按照既定的转换条款和条件，拥有将债券转换为发行公司的普通股的权益。如果债券持有人决定不执行转换权，他们可以继续保持债券的所有权，并按照债券的条款收到定期的利息支付，直至债券到期。在债券到期时，持有人可以要求偿还债券的本金，或者在开放的二级市场上出售债券以实现其投资价值。这种灵活性是可转换债券吸引投资者的一个重要特点，因为它提供了债务投资的安全性和潜在股权投资的成长性之间的平衡。

第三节 文旅融合项目投资决策

一、文旅融合项目投资决策类型

文旅投资决策是一个旨在达成特定投资目标的过程，它涉及对多种文化旅游融合项目的资金方案进行比较、筛选，并最终确定最优方案。根据投资目的的不同，文旅投资决策可划分为以下三种主要类型。

第一，追求经济和财务收益的文旅投资决策。此类投资决策主要聚焦于通过投资建设文旅小镇、文旅休闲综合体等项目，以期获得超过投资成本的丰厚利润，并致力于最大化这些经济回报。这类投资往往由企业主导，其核心目标是实现经济盈利。

第二，追求经济效益与社会综合效益并重的文旅投资决策。此类投资决策涵盖了建设兼具休闲功能的图书馆、将历史文化街区转型为休闲旅游景区、开发国家文化公园等项目。这些项目的核心目的不仅在于保护文化资源、推动当地文化事业的发展，还致力于在提升社会效益、经济效益及环境效益的同时，促进文化旅游经济的全面繁荣。这类投资决策通常由地方政府或国家层面主导。

第三，追求特定经济或非经济效果的文旅投资决策。这类投资旨在通过多样化的方式实现特定目标，如建设休闲综合体中的免税商场和购物中心以赚取外汇，或是建立院校和培训设施以培养和训练文旅行业人才。其目标既包括增加外汇收入等经济目标，也涵盖提升人才素质、增强行业能力等非经济目标。这类投资决策同样多由地方政府或国家层面负责决策。

二、文旅融合项目投资决策方法

根据文旅投资决策的环境条件，可将投资决策分类为确定型投资决策、不确定型投资决策和风险型投资决策。对于不同类型的文旅投资，应采取不同的决策策略和方法。

（一）确定型决策的方法

确定型决策是在所有相关参数和数据都已知，且决策环境确定的情境下进行的决策。在这种决策中，决策者拥有一个清晰和具体的目标，如最大化利润或最小化成本。由于决策环境和变量都是确定的，每种决策选择的结果都是可以预见的，不存在随机因素或未知变量，因此决策风险较低。确定型决策通常遵循一定的数学或统计分析规则，如成本效益分析、折现现金流分析等，这些规则帮助决策者找到最佳或最优的解决方案。此外，决策结果可以用具体的数值来衡量，如货币价值、产量、时间等。在相同条件下，确定型决策可以重复进行，每次都会得到相同的结果。然而，在现实世界中，完全的确定型决策是罕见的，因为未来总是存在可能的变化和不确定性。因此，决策者通常需要在一定程度上处理不确定性和风险。

（二）不确定型决策的方法

不确定型决策是在关键信息缺失或未来情况不明确时作出的决策。这种决策的特点包括：决策时缺乏完整信息，如市场需求、成本和价格等关键参数未知；决策后果无法准确预见，存在多种可能的结果；决策者可能需要依赖直觉、经验或个人判断来作出选择，导致决策结果具有较强的主观性；决策风险较高，存在未知因素和可能的变化，这些变化可能会影响决策的结果；不确定型决策通常涉及多个备选方案，每个方案都有不同的风险和潜在回报；决策者往往采用决策树来分析和比较不同方案在不同情况下的可能结果；由于未来情况的不确定性，决策者需要制定灵活的策略，以便根据实际情况调整决策；不确定型决策是一个动态过程，决策者需要从结果中学习，并根据新的信息和经验不断调整策略；不确定型决策要求决策者能够在信息不完全和未来不确定的情况下作出合理的决策，并准备好应对可能出现的变化和挑战；鉴于不可预知不确定型决策中存在的不同的自然状态的发生概率，决策者在评估不同方案的经济效益时，其个人偏好对决策结果产生显著影响。处理这类决策的步骤一般为确定方案和自然状态、评估最大和/或最小损益值、选择最优方案等，常见的方法有以下四种。

1. 大中取大决策法

大中取大决策法，也称为乐观决策法或最大最大决策法（Maximax），是一种在不确定条件下作出决策的方法。其核心理念在于，即使面临不确定性和风险，决策者也选择在最乐观情况下能够带来最大收益的方案。具体的操作流程为：首先，列出所有可能的决策方案以及可能出现的自然状态（市场状况、经济环境等）；其次，对于每个方案，评估它在所有自然状态下的可能损益值，并确定每个方案的最大损益值；最后，比较所有方案的最大损益值,选择那个具有最高最大损益值的方案作为最终决策。

大中取大决策法适合那些敢于承担风险、追求最大化收益的决策者。此方法不考虑各自然状态发生的概率,也不顾及最坏情况下的损失,因此展现出一种极端的乐观态度。然而,这种策略可能因忽视风险和不利因素,导致在实际遭遇不利情况时遭受重大损失。

2. 小中取大决策法

小中取大决策法,也称为悲观决策法或最大最小决策法(Maximin),是一种在不确定条件下作出决策的方法。在这种方法中,决策者采取一种保守的策略,假设将会出现最不利于自己的情况,并选择那个在最悲观情况下能够带来最大收益或最小损失的方案。具体的操作流程为:首先,列出所有可能的决策方案以及可能出现的自然状态(市场状况、经济环境等);其次,对于每个方案,评估它在所有自然状态下的可能损益值,并确定每个方案的最小损益值;最后,比较所有方案的最小损益值,选择那个具有最高最小损益值的方案作为最终决策。

小中取大决策法适合风险厌恶型决策者,他们更重视在极端不利条件下的安全保障而非最大化收益。此方法同样不考虑自然状态的具体发生概率及最佳情况下的收益,表现出一种较为悲观的态度。然而,正是由于其强调风险规避,确保了即便在最糟糕的情况下也能获得一个可接受的结果。

3. 折中决策法

折中决策法(Hurwicz Decision Criterion),又称 Hurwicz 准则,是一种在不确定条件下作出决策的方法,它结合了乐观和悲观两种决策方式的元素。在这种方法中,决策者通过一个折中系数(α)来平衡最大最小决策法(Maximin,悲观)和最大最大决策法(Maximax,乐观)。具体操作流程如下:首先,列出所有可能的决策方案以及可能出现的自然状态(市场状况、经济环境等)。其次,对于每个方案,评估它在所有自然状态下的可能损益值,并确定每个方案的最大损益值和最小损益值。再次,决策者选择一个折中系数 α($0 \leqslant \alpha \leqslant 1$),该系数反映了决策者对乐观和悲观态度的倾向。

α越高，决策越倾向于乐观；α越低，决策越倾向于悲观。从次，对于每个方案，计算其折中损益值，即最大损益值的α倍与最小损益值的（1-α）倍之和。最后，比较所有方案的折中损益值，选择那个具有最高折中损益值的方案作为最终决策。

折中决策法适用于那些既不愿过度承担风险，也不希望采取过于保守策略的决策者。此方法允许决策者根据个人风险偏好调整折中系数，从而在乐观与悲观之间找到一个合适的平衡点。

4.最大最小后悔值决策法

最大最小后悔值决策法（Minimax Regret Decision Rule），也称为最小后悔决策法，是一种在不确定条件下作出决策的方法。这种方法的核心思想是减少决策者可能面临的后悔感。后悔感是指决策者选择了某个方案后，发现另一个方案的结果更好时所感到的遗憾。具体操作流程如下：首先，列出所有可能的决策方案以及可能出现的自然状态（市场状况、经济环境等）；其次，对于每个方案，在所有自然状态下的可能损益值进行评估；再次，对于每种自然状态，找出所有方案中的最大损益值，然后对于每个方案，计算其在该自然状态下的损益值与最大损益值之间的差值，这些差值即为后悔值；从次，对于每个方案，找出所有自然状态中最大的后悔值；最后，比较所有方案的最大后悔值，选择那个具有最小最大后悔值的方案作为最终决策。

最大最小后悔值决策法适用于那些希望尽可能减少未来遗憾感的决策者。此方法不直接评估方案的预期收益，而是聚焦于如何降低因选择不同方案而可能产生的最大后悔程度。通过选择最大后悔值最小的方案，决策者试图找到一种即使在事后发现其他方案更好，也不会感到过分后悔的决策。

（三）风险型决策的方法

风险型决策是在全面掌握各种可能结果及其概率的情况下作出的决策。在此决策过程中，决策者可以计算出每种可能结果的期望值，并选择期望值最高的方案。风险型决策的特点包括：决策者知道所有可能的结果及其发生的概率，这使决策者可以计算出每种结果的期望值；通过将每种结果的值乘以其发生的概率，决策者可以计算出每种结果的期望值，期望值最高的方案即为最佳选择；由于存在不确定性，决策者需要承担一定的风险，但概率已知，决策者可以计算出每种结果的期望值，从而在一定程度上减少风险；决策者需要尽可能准确地估计各种结果发生的概率，以确保计算出的期望值能够反映实际情况；在某些情况下，可能存在多种可能的结果和对应的概率，这使决策过程变得更加复杂；决策者通常追求期望值最高的方案，以实现最佳的投资回报或目标。

风险型决策适用于那些决策者能够获取足够信息并计算出期望值的情况。然而，由于现实世界的复杂性和不确定性，完全符合风险型决策条件的情况较为罕见。因此，在文旅融合项目的风险型决策中，决策者需要在一定程度上处理不确定性和风险，结合实际情况和专业判断，以作出更明智和可行的决策。

1. 期望值法

期望值法，又称为损益表法或表上作业法，是一种计算每种可能结果的期望值的方法，用每种结果的值乘以其发生的概率，其中期望值最高的方案为最佳选择。期望损益值的计算公式如下：

$$E(A_i) = \sum_{i=1}^{m} V_{ij} P_j \quad (5.1)$$

在式（5.1）中：

A_i——第 i 种方案；

$E(A_i)$——第 i 种方案的总期望损益值；

V_{ij}——第 i 种方案在第 j 种自然状态下的损益值；

P_j——第 j 种自然状态出现的概率；

m——自然状态的种数。

在计算每个方案的期望损益值后，若决策目标是追求最大收益，则应选择期望损益值最高的投资方案；若决策目标是实现最低成本，则应选择期望损益值最低的投资方案。

例1：某文化旅游开发公司计划投资建设一个农文旅融合项目，并提出了A和B两种开发方案。A方案需要一次性投资4550万元，B方案则需要一次性投资2800万元。假设这两个投资方案的建设经营期限均为6年，根据市场预测，支撑客源市场的需求量较高和较低的概率分别为0.7和0.3，年平均经营收益如表5-1所示。在这种情况下，该公司应如何作出决策？

表5-1 收益期望值计算表

自然状态		需求量较高	需求量较低	收益期望值（万元）
概率		0.7	0.3	
投资方案	A方案（万元）	1500	−200	1390
	B方案（万元）	800	100	740

表中收益期望值计算如下：

$E_A = 1500 \times 0.7 \times 6 + (-200) \times 0.3 \times 6 - 4550 = 1390$（万元）

$E_B = 800 \times 0.7 \times 6 + 100 \times 0.3 \times 6 - 2800 = 740$（万元）

故应选择A开发投资方案为最优方案。

2.决策树法

决策树法，又称"图上作业法"，是一种将各种可供选择的投资方案、可能出现的自然状态、可能性的大小以及产生的后果简明地绘制在决策树（见图5-1）上，以便进行研究和分析的方法。这种决策方法不仅适用于解决单级决策问题，还能有效解决采用期望值法难以解决的多级决策问题。

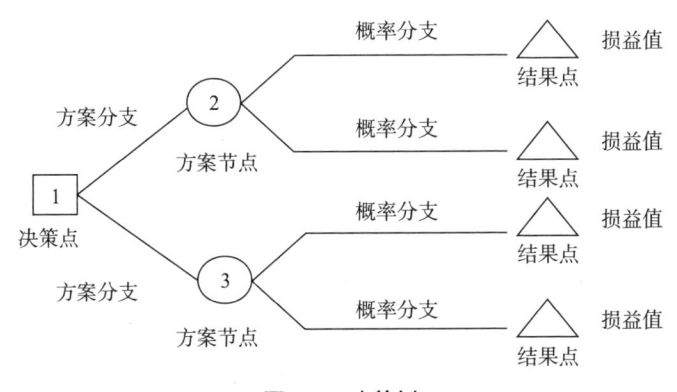

图5-1 决策树

在构建决策树时，应遵循从左至右或自上向下的顺序，并且确保每个节点的编号按照这一方向递增。在使用决策树分析法时，应从右至左逆向逐步进行计算和分析。具体步骤包括：首先，将结果节点的利润或损失值与其概率分支的概率相乘，得出期望利润或损失值；其次，将某一方案在所有可能情况下的期望利润或损失值求和，得到该方案的总体期望利润或损失值；最后，比较不同方案的期望利润或损失值，选择期望值最高的方案作为最佳选择。

例2：假设对例1中的决策问题，将建设经营期分为前2年和后4年两期考虑。根据该地区旅游市场的调查预测，前2年旅游需求量较高的概率为0.7。如果前2年市场需求量较高，则后4年旅游需求量较高的概率为0.9；如果前2年旅游需求量较低，则后4年的需求量肯定低。试问在这种情况下哪个方案投资效益好？

解：

1. 画决策树，如图5-2所示。

2. 计算各点损益期望值，并标在图中相应的节点上：

E_{A4}=1500×0.9×4+（-200）×0.1×4=5320（万元）

E_{A5}=（-200）×1.0×4=-800（万元）

E_{B6}=800×0.9×4+100×0.1×4=3280（万元）

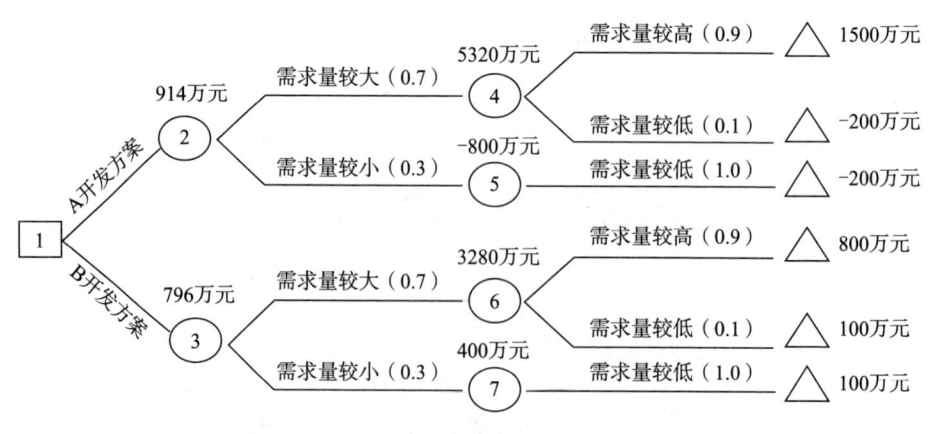

图5-2 决策方案比较

$E_{B7}=100\times1.0\times4=400$（万元）

$E_{A2}=1500\times0.7\times2+5320\times0.7+(-200)\times0.3\times2+(-800)\times0.3-4550=914$（万元）

$E_{B3}=800\times0.7\times2+3280\times0.7+100\times0.3\times2+400\times0.3-2800=796$（万元）

比较点②和点③的期望值，A建设方案仍为最优方案。

三、文旅融合项目投资风险评估

在文旅融合项目的推进过程中，投资风险的管理与评估是不可或缺的一环。随着文旅产业的快速发展，如何准确识别和有效控制投资风险，成为业界关注的焦点。

（一）投资风险概述

1. 投资风险的概念

投资风险是指投资的实际回报与预期回报不同，可能造成财务损失的不确定性。简言之，投资风险是与投资相关的不确定性。任何形式的投资都存在风险，了解这些风险对于作出明智的决策和管理潜在的损失至关重要。意识到投资风险可以帮助投资者作出更审慎的决策，避免潜在的陷阱。通过了解不同类型的投资风险，投资者可以创建更加平衡的投资组合，减少不利于企业发展的影响，增加实现财务目标的可能性。在文旅融合项目投资决策中，众多方面都具有长期性和变动性，不仅文旅项目建设和运行时所需的原材料价格、人工成本等会发生变化，而且社会经济环境、消费市场需求等也可能发生变化，这些难以预知的变化因素决定了文旅企业投资收益的不确定性。

2. 投资风险的种类

投资风险有以下多种情况，每种都有其独有的特征和对投资回报可能产生的影响。以下将详细讨论这些风险的内涵、产生原因、影响以及潜在的风险应对策略。

（1）市场风险

市场风险，即系统性风险，指的是由于影响整个市场的因素（如经济条件或政治事件）而导致投资价值损失的可能性。例如，股市崩盘或重大的地缘政治事件可能会对大多数投资的价值产生负面影响。市场因素受很多因素影响，包括经济指标、利率和地缘政治事件。此外，市场情绪和投资者行为也会对市场风险产生影响，因为它们可能导致资产价格的急剧波动。市场风险无法完全消除，但可以通过多样化和平衡资产配置策略加以管理。通过投资于各种资产类别和行业，投资者可以减少对任何单一市场事件的暴露，从而最小化市场风险对其整体投资组合的潜在影响。

（2）信用风险

信用风险，即违约风险，出现于借款人无法或不愿履行其债务义务（如偿还贷款或支付债券的利息）时。这可能导致贷款人或投资者失去本金或利息收入。信用风险受借款人的财务健康状况和更广泛的经济环境的影响。借款人的信用历史、收入和债务水平可以影响他们履行债务义务的能力，而经济状况也可能影响违约的可能性。信用风险可以通过适当的尽职调查、多样化投资和信用评级分析来管理。通过研究潜在借款人的财务健康状况，并在多个借款人或行业之间分散投资，投资者可以降低信用风险。

（3）流动性风险

流动性风险是指投资者无法在期望的时间框架内以合理的价格买卖资产所面临的风险。它出现在投资者无法快速买卖资产而不显著影响其价格的情况下。流动性较差的资产，如交易量小的股票或房地产，可能难以以公平的价格或期望的时间框架出售，可能导致损失。流动性风险受市场深度、交易量和市场情绪等因素的影响。交易量低或不受投资者广泛持有的资产更容易受流动性风险的影响。流动性风险可以通过多样化投资、关注更流动的资产和保持现金储备来管理。通过在投资组合中持有流动资产和流动性较差的资产的混合，投资者可以减少流动性风险对整体投资策略的可能影响。

（4）操作风险

操作风险是指由于内部流程、系统或人类错误行为而导致的损失风险。它涵盖了一系列潜在问题，包括交易执行错误、系统故障或欺诈行为。例如，金融机构可能因网络攻击而遭受损失，这可能会破坏其交易系统，或者投资公司可能会因员工欺诈而遭受损失。操作风险受诸如组织文化、员工能力和内部控制质量等因素的影响。监管不力或无效的风险管理实践可能会增加组织内的操作风险。可以通过建立明确的政策和程序、实施强大的内部控制和培养责任感和透明度的文化来减少操作风险。

（5）通货膨胀风险

通货膨胀风险是指投资回报的购买力因通货膨胀而受到侵蚀的风险。它出现在通货膨胀率超过投资回报率时，从而降低其购买力。例如，如果一项投资获得3%的回报，但通货膨胀率为4%，其实际回报率为-1%，导致购买力损失。通货膨胀风险主要受宏观经济因素的影响，如货币政策、财政政策和经济增长。政府支出增加或货币供应增加可能会导致通货膨胀，侵蚀投资回报的价值。投资者可以通过投资于可能超过通货膨胀的资产（如股票或通货膨胀保护证券）来管理通货膨胀风险。此外，通过投资于各种资产类别，也可以帮助抵御通货膨胀风险。

（6）汇率风险

汇率风险，即外汇风险，出现在汇率波动影响以外国货币计价的资产价值时。例如，持有欧洲股票的美国投资者，如果欧元对美元贬值，可能会遭受损失。汇率风险受利率、经济状况和地缘政治事件等因素的影响。中央银行的政策，如利率变动或货币干预，也会对汇率产生重大影响。投资者可以通过多样化投资、投资于货币对冲基金或使用远期合约、期权等货币对冲策略来管理汇率风险。

（二）投资风险测定

投资者为了更好地了解投资所面临的风险，会进行投资风险的测定，以便在做投资决策时选择最优策略，作出明智的选择，从而避免风险可能带来的重大损失。由于风险源于决策执行过程中存在的不确定性，因此在预测投资风险程度时，需要综合考虑所有可能的因素。通常的做法是运用概率论的原理来评估投资方案的风险。这涉及将可能出现的结果定义为随机变量 X_i，并用概率 P_i 来表示这些随机变量出现的可能性。概率 P_i 的取值范围在 0~1 之间，其中 0 表示事件不可能发生，1 表示事件必然发生。对于所有可能的随机变量，其概率之和必须等于 1，以反映所有可能结果的总和。通过这种方式，可以量化投资方案在不同情况下的风险水平。即：

$$\sum_{i=1}^{n} P_i = 1 \tag{5.2}$$

结合方案中可能出现的结果，求其平均期望值 $\overline{E}$：

$$\overline{E} = \sum_{i=1}^{n} X_i P_i \tag{5.3}$$

一般情况下，通过各种可能结果值与平均期望值之间的标准差 δ 来测定风险度的大小：

$$\delta = \sqrt{\sum_{i=1}^{n} (X_i - \overline{E})^2 P_i} \tag{5.4}$$

例3：某主题乐园计划投资 250 万元，有两个方案可供选择（见表5-2）。

表5-2　投资方案比较

市场情况	甲方案 利润（万元）	甲方案 概率	乙方案 利润（万元）	乙方案 概率
较好	40	0.3	50	0.3
一般	30	0.5	35	0.5
较差	20	0.2	0	0.2

解：

$$\overline{E}_甲 = 40 \times 0.3 + 30 \times 0.5 + 20 \times 0.2 = 31(万元)$$

$$\delta_甲 = \sqrt{(40-31)^2 \times 0.3 + (30-31)^2 \times 0.5 + (20-31)^2 \times 0.2} = 7(万元)$$

$$\overline{E}_乙 = 50 \times 0.3 + 35 \times 0.5 + 0 \times 0.2 = 32.5(万元)$$

$$\delta_乙 = \sqrt{(50-32.5)^2 \times 0.3 + (35-32.5)^2 \times 0.5 + (0-32.5)^2 \times 0.2} = 17.5(万元)$$

甲方案的标准差低于乙方案，这意味着甲方案实施后，结果差值更小。如果不考虑两个方案的预期回报差异，则认为甲方案的风险较低。然而，由于乙方案的预期回报高于甲方案，不能仅依靠标准差评估风险。需要计算标准差系数，即标准差与预期回报的比率，从而更准确地评估风险水平。如果甲方案的标准差系数小于乙方案，即使甲方案的标准差较小，也意味着甲方案的风险更低，因为其波动性相对于预期回报较小。

标准差系数，又称为标准离差率 δ'，其计算公式为：

$$\delta' = \frac{\delta}{E} \times 100\% \tag{5.5}$$

在例 3 中，甲方案的标准离差率为：$\delta'_甲 = \frac{7}{31} \times 100\% = 22.58\%$

乙方案的标准离差率为：$\delta'_乙 = \frac{17.5}{32.5} \times 100\% = 53.85\%$

因为 $\delta'_甲 < \delta'_乙$，说明甲方案风险小。由于 $\delta' = \frac{\delta}{E} \times 100\%$，所以当 $\overline{E}_甲 = \overline{E}_乙$ 时，可用标准差来比较不同方案的风险大小。

标准离差率 δ' 计算出来后，就可计算风险率 R。风险价值系数 F 一般由投资者主观决定。风险率是标准离差率与风险价值系数的乘积，计算公式为：

$$R = \delta' F \tag{5.6}$$

如该主题乐园最高决策者确定风险价值系数 $F=10\%$，则两个方案的风险率 R 分别为：

$$R_甲=22.58\% \times 10\% \approx 2.26\%$$

$$R_乙=53.85\% \times 10\% \approx 5.39\%$$

（三）风险点的确定

投资者在决定投资时，期望获得的回报包括无风险收益率以及额外的超额收益率。为了使投资具有吸引力，超额收益率需要大于或等于投资者所承担的风险水平。通常，无风险收益率与风险溢价（或称风险率）的总和被称为风险调整收益率，而与之相对应的基准则被称为风险点。

用公式表示为：

$$Z=J+R \tag{5.7}$$

在式（5.7）中，风险点收益率为 Z，无风险收益率为 J，风险率为 R。

投资者期望得到一个超过风险点的收益率，否则，这项投资是不划算的。所以，考虑投资风险，选择投资方案时，就要选择平均期望收益率 $\overline{E}_e$ 大于或等于风险点收益率 Z 的方案。如例 3 中两方案的平均期望收益率 $\overline{E}_e$，计算结果如下：

$$\overline{E}_{e甲} = \frac{31}{250} \times 100\% = 12.4\%$$

$$\overline{E}_{e乙} = \frac{32.5}{250} \times 100\% = 13\%$$

若以银行利率为无风险收益率，假定银行利率为10%，则两方案的风险点收益率分别为：

$$Z_甲=10\%+2.26\%=12.26\%$$

$$Z_乙=10\%+5.39\%=15.39\%$$

可得：

$$\overline{E}_{e甲}=12.4\% > Z_甲=12.26\%$$

$$\overline{E}_{e乙}=13\% < Z_乙=15.39\%$$

甲方案和乙方案相比较，因为甲方案已过风险点，说明甲方案具有投资价值。因为乙方案没有过风险点，说明乙方案不具有投资价值。

四、文旅融合项目投资风险的控制措施

文旅融合项目风险产生的原因是多方面的，因此，控制风险的措施也应多种多样。一般而言，要控制文旅融合项目的投资风险，需采取以下措施。

第一，寻求良好的投资环境。在文旅项目立项时，需认真研究国内外政治经济形势、国家产业发展政策及动态，了解经济周期、货币政策的实施等情况，寻求最佳投资环境，确保文旅融合项目处于优越的区位环境中。

第二，掌握准确的投资效益信息。投资者需充分了解国内外尤其是周边地区同行业、本地文旅企业的竞争力和利润水平。同时，投资者自身还需深入掌握客源市场现状及发展趋势，并对自身投资项目的资金利润率和营业利润率等进行尽可能准确的评估。

第三，构建文旅产业价值链。围绕文旅产业链开展组合投资，使投资和经营多元化，推动文旅产品体系化，尽可能实现盈利模式多元化，以提高抵御风险的能力。根据具体情况，围绕项目构建文旅产业生态圈，以分散投资风险。

第四，组建高水平运营团队。组建优秀的项目管理人员队伍，做好基础员工的培训工作，提高项目的整体运营水平，减少因项目团队管理水平不足、应变能力低下、目光短浅及基层员工素质低下等引起的风险损失。

第四节　文旅融合项目运营的盈利模式

盈利模式是公司为实现盈利和可持续经营而制订的计划，它明确了公司计划生产或提供的产品或服务如何产生销售收入，并涵盖了在此过程中公司将承担的所有费用。盈利模式主要由客户群体、收入来源、盈利杠杆、价值主张、盈利屏障五个要素构成。对于文旅融合项目而言，盈利模式就是实现项目利润最大化的系统性经营方式和经营渠道。在文旅融合项目的经营过程中，客户群体和其收入来源之间的关系紧密。根据生命周期理论，文旅融合项目在各个发展阶段都将面临内外部环境的变化，这要求盈利模式必须根据实际情况进行调整和更新，需要不断创新以适应新的市场和环境。

一、文旅融合项目运营的盈利模式

（一）门票收入

长期以来，门票是景区类文旅融合项目的重要收入来源。但随着体验经济的到来，我国国有文旅融合项目逐步回归准公共产品的定位，门票盈利模式也对整个文旅行业产生直接影响。截至目前，我国免除门票的文旅融合项目多为公共文化类，如图书馆、博物馆、休闲文化公园等。国有景区类文旅项目在特殊情况下也会推出0元门票旅游政策，但常年实行门票减免的景区类文旅融合项目仅占少数，多数文旅融合项目仍在"门票经济"桎梏下。

尽管国家实施的门票优惠政策主要面向国有文旅融合项目，但从市场地位和供求关系出发，非国有文旅融合项目同样承受价格压力。因此，未来整个文旅行业中门票价格的发展趋势是下调或取消。实行门票减免政策对满足人民群众不断增长的美好生活需求具有积极意义，但也将导致景区类文旅融合项目门票收入大幅下降，直接影响其收益。尤其是对于那些盈利模式单一、严重依赖门票收入的景区类文旅融合项目，这将是较大挑战。在门票减免政策背景下，创新文旅融合项目盈利模式，尤其是激发游客对文旅融合项目中各类文旅体验产品的消费，成为迫切需要解决的问题。

（二）物业租赁收入

目前，租赁收入已成为多数文旅融合项目最基本的收入来源。文旅融合项目通过招商促成文旅业态聚集，向租赁公司提供诸如房屋和相应设施等实体资产。文旅融合项目所投入的资金与所产生的租赁收益之间的比率，即固定资产投资回报率，是判断其盈利性的一个关键衡量标准。对于入驻商户而言，他们更关注文旅融合项目对客源市场的吸引力、地理位置、经营环境等。租赁收入的高低一般取决于当地经济水平、地理位置以及文旅融合项目的软硬件档次。对于景区类文旅项目而言，项目运营方的引流能力是确定项目招租能力和租金水平的一个重要指标。

（三）活动策划收入

文旅融合项目可以通过策划和组织相关文化活动来获取收益。主要收入来源包括：为文化创意单位举办作品展览、发布、拍卖、交易、培训和代销等活动获得收益；通过定向推广，举办专门的产品发布、展示和拍卖活动来获取收益；运用文旅融合项目的设施、空间和宣传渠道，承办国内外创意产品、各类节庆活动等，并为电影、电视剧、网络游戏等文化作品举办首映式、新闻发布会等，从而获得劳务收入。例如，三坊七巷景区为入驻的福建省各个区县举办特色农产品展销会以及各类书画作品、非遗手工艺品拍卖会，闽越水镇2021年承办了第八届丝绸之路国际电影节，这些活动都拓宽了文旅融合项目的收入渠道。

（四）项目投资收入

文旅融合项目涉及丰富的行业类别，如景区、影视、动漫、网络游戏、剧本杀等。大中型文旅项目在投资建设初期，通常会吸引社会投资者进行投资。文旅融合项目可以利用其平台和信息优势，有针对性地挑选一些市场潜力大、盈利前景好的企业进行投资。投资方式灵活多样，既可以用现金方式投资，也可以用房屋使用权、文化设施或专用性资产的使用权进行投资。例如，影视文化创意园可以作为专用性的影视拍摄资产的使用权进行折算投资，获得比单纯租赁使用更高的收入。文旅融合项目以现金、实物、使用权、品牌等无形资产进行入股投资，或构建生态圈实现合作双赢，或以公司制形式确认股权，分享其他企业经营成果所取得的收入。

（五）其他服务性收入

文旅融合项目为入驻的文旅企业提供服务并取得相应收入，如通过在景区内提供餐饮、住宿、交通、娱乐以及文创产品等服务，获得二次消费营业收入。文旅融合项目可根据自身定位，结合入驻企业的特点，提供个性化服务，从而获取服务性收入。

现阶段，我国景区类文旅融合项目的主要盈利方式包括门票销售、二次消费、第三方收入、商业收入等，其中最普遍的盈利模式是依赖门票销售。然而，对于具体的景区而言，其盈利模式通常是综合以上多种模式（见表5-3）。

表5-3 景区类文旅融合项目传统盈利模式一览表

模式	运用	评价
门票盈利	通过售卖门票获利，此模式在国内景区类文旅融合项目普遍运用	能够在短期内获利，但不利于景区可持续发展，尤其在门票减免政策下面临极大挑战
二次消费盈利	通过提供景区相关服务，如餐饮、住宿、交通、游乐设施、售卖纪念品和工艺品	能够提高综合收入，带动相关产业的发展，促使游客二次消费获得利润，但对经营管理能力、创新能力有一定要求
第三方收入盈利	通过店铺招租、代办节庆商业活动赞助、通过电商平台搭售文旅商品抽成等第三方获利，此模式对经营成熟、知名度高的景区适用	借助第三方增加收入，但对环境、规模及客流量等有一定要求和限制
商业收入盈利	最常见的是引入资本进行房地产开发获利，此模式在国内景区运用比较普遍	有利于拓展相关业务，但是地产过多会影响景区功能的发挥

二、文旅融合项目的盈利模式设计

盈利模式涉及多方面内容的组织,包括产品价值、消费客群、销售渠道、价值配置、核心能力、成本结构、收入模型等。与地产开发或单一产业的项目相比,文旅融合项目的开发更为复杂,除了本身所具有的多元产品与业态,还涉及更为复杂的土地性质。开发者在设计盈利模式时,需要从整体上考虑多元盈利的可能性。从根本上而言,盈利模式大致可分为自持型产品、持售兼顾型产品和出售型产品三大类型。

(一)自持型产品的盈利模式

在此模式下,投资主体有可能是国企,也有可能是社会资本。所有权人即经营权人,项目所有权和运营权高度统一,使投资主体能有效实现对文旅融合项目运营各方面的控制与管理。如利用集体土地、自然资源(如山体、林地、农田等)、文化遗产(如文物遗址)等开发的文旅融合项目,因其土地和核心资源不能进入交易市场,故该类收益模式更多依靠项目运营收益,如门票、租赁、活动策划、顾客二次消费收益、服务类收益等,一般具有回收周期较长的特点。

(二)持售兼顾型产品的盈利模式

新建的文化旅游商业街等人造设施不仅适合销售,同时也具有短期内产生收益的潜力。虽然初期可以通过销售来获利,但为了确保整个商业街的业态多样化和平衡发展,应避免大面积销售而导致的业态单一或经营混乱的问题。因此,在建设初期可以考虑对部分区域进行销售,而保留一部分由投资者与当地居民共同运营。投资者负责核心项目的运营,并着力于打造商业街的氛围、特色和景观,一旦达到预期效果,再逐步分区域、分阶段地将剩余部分推向市场进行销售。这种盈利模式不仅在初期可以短期内获利,降低资金压力，而且在中后期，随着商业街氛围的打造完成和整体商业街项目估值的上涨，再进行售卖。持售兼顾型盈利模式因分阶段操作，获得更高利润的可能性更大。

在文旅融合项目的商业街部分，持有与销售的比重是实施兼顾型产品策略时必须重点审视的问题。这一比重应在确保不会损害整体商业环境和特色的前提下，根据资金状况尽可能在早期阶段进行持有，而后期则逐步转向出售。实际项目的操作应依据项目的具体特点、投资者的财务状况和运营能力等多重因素进行全面的评估和决策。

（三）出售型产品的盈利模式

这种模式主要被文旅地产项目采用，同时也适用于一些大型项目，如休闲农业和康养项目等，且存在由单一投资者完全持有的情形。这类产品的盈利主要来源于两个方面：一是项目所在区域的土地成本较低且自然环境优越；二是依靠文旅融合项目在特色打造完成或品牌和口碑建立后所带来的土地增值。例如，秦皇岛的阿那亚和北京的古北水镇，在收购土地后进行地产开发，随着品牌和知名度的提升，以较高的估值进行销售，不仅实现了良好的销售去化率，也提高了盈利能力。对于文旅融合项目来说，这部分内容实际上为开发者提供了在项目前期盈利的一个较为稳定的保障。

【案例分析】

案例5.1　众筹案例——翠域·木竹坞

一、项目介绍

翠域集团自2014年成立以来，已拥有木竹坞和溪地酒店两大品牌。在莫干山的众多民宿中，翠域以其庞大的规模脱颖而出，成为当地民宿类文旅项目的佼佼者。它不仅提供高品质的精品民宿服务，还在莫干山的乡村环境中推出了独特的优质私人管家服务，为都市人营造了一种乡村家园的温馨氛围。

近年来，莫干山已成为高端民宿的代名词，而翠域更是其中的佼佼者。木竹坞村环境优美，青山翠竹环绕，溪水潺潺，境地幽深静谧。项目包含4栋民宿，坐落于莫干山的西麓。翠域由奥地利设计师金柯（Genco）设计，展现了多种建筑风格：中国新乡村风格自然舒适，新中式风格简约明丽，西班牙风格热情洋溢，意大利地中海式风格温暖明媚，它们各具特色。

二、财务预测

翠域Hutte5估值为750万元，拥有10间房间。此次众筹计划出让的股份比例为20%至40%，即筹资额为150万元至300万元。具体筹资数额以实际为准，若筹资额超过20%，则本次融资成立。自试营业半年以来，翠域Hutte5的平均入住率为50%，已实现盈利70多万元。具体的盈利预测见表5-4。

表5-4　翠域Hutte5项目盈利预测

经营预算	1年	2年	3年	4年	5年	6年	7年	8年	9年	10年
保守预测—净利润（万元）	91	98	105	113	121	120	119	118	117	116
保守预测预期回报率（估值750万元）	10%	10%	11%	12%	13%	13%	13%	13%	12%	12%
乐观预测—净利润（万元）	155	165	175	186	198	197	196	195	194	193
乐观预测预期回报率（估值750万元）	17%	18%	19%	20%	21%	21%	21%	21%	21%	21%

三、众筹回报

经营利润将按季度或半年度进行分红，其中80%将用于股东分红。认购本项目的投资人将每年额外获赠投资额10%的会员消费卡，可提前预约入住翠域Hutte5/6/7/8，房费按携程等OTA的当日挂牌价结算。若消费卡中的额度用尽，股东预订房间仍可享受85%的折扣优惠。

四、筹资对象条件

第一，筹资对象：对"城市民宿"及"乡村度假酒店"投资感兴趣的文化领域从业者；有意将业务拓展到文化创意产业，并对线上线下融合模式

（O2O模式）感兴趣的酒店投资者。

第二，投资人的权利和义务：每年可查看企业的审计报告；组成"客户专业委员会"，负责对翠域·木竹坞的服务提出改善意见；入住率数据将每月公布一次。

五、退出机制

自众筹项目成功之日起4年后，大股东德清翠域投资管理有限公司承诺，对希望退出的股东，将按其原始投资额回购其股份，并支付其股份所对应的留存收益。

六、投资说明

在爱创业的项目中，我们将采取严格的账户开设与资金监管措施，确保所筹集的资金安全可靠。所有筹集到的资金将统一转入爱创业在中国银行开立的专门账户进行专项监管。我们的组织形式将遵循法律规定，股东人数将控制在200人以内，以保证管理的有效性和透明度。投资者必须是年满18周岁的中国籍成年人，具备一定的社交、经济和风险承受能力，并能承担起作为股东的相关责任。同时，投资者不应将本次投资视为唯一的收入来源。

七、风险提示

投资活动伴随风险，投资者应保持警觉。建议投资者仅将投资活动作为其总资产配置中的一小部分以合理分散风险。众筹投资者需要意识到资金的实际回收存在潜在风险，包括退出风险和经营风险。企业可能会遭遇停工、暂时关闭或租赁合同终止等威胁，这些都可能影响到投资者的资金安全和收益实现。

案例5.2　PPP项目案例——江西崇义县

2017年，为了增强城市功能和促进旅游城市的发展，崇义县政府启动了包括崇义县振兴大道、知行公园、阳明社区公园以及文竹路景观提升在内的PPP（公私伙伴关系）项目。该项目于2018年顺利完工，并迅速成为推动崇义文化旅游融合的一大显著成就。这一举措极大地提升了县城主要环城道路的景观和社区公园的品质，与崇义县被誉为生态文明城市的地位相得益彰，同时也有效地推进了赣州市"全域旅游+"战略的实施。

崇义县政府借助振兴大道的现有基础设施，实施了一系列升级改造工程。其中包括修建了供行人漫步的道路游径，从而极大地丰富了该区域的休闲功能。同时，项目充分利用县内中城河的水系资源，精心打造了一条串联起滨水绿地和城市公园的绿道。这条绿道不仅有效地将县城中的各类开放空间，如绿地和广场，紧密地连接起来，而且还进一步完善了徒步和远足路径等旅游基础设施。

通过对绿道景观的精心提升和全面的规划布局，崇义县政府成功打造了全县范围内首个融合了旅游、休闲和娱乐功能的一体化游览项目。作为一项创新的PPP项目，崇义县绿道的建设在全县范围内构成了一个完善的绿道网络，它将城乡的游憩和休闲空间紧密地连接起来，形成了一系列独具特色的绿色开放空间。

绿道作为线性开放空间，不仅具有显著的环境保护和生态保育作用，而且在实现生态效益的同时，也有效地带动了经济效益的增长，直接促进了崇义县旅游业的发展。特别是西北部地区丰富的自然和人文资源，通过绿道被巧妙地串联起来，形成了多个主要旅游景点之间的黄金线路，吸引了众多游客前来游览观光。

一、项目概况

本项目共投入资金13516.64亿元。通过有效的机制，筛选了社会资本方和县级国有资产公司共同成立项目公司，并根据既定比例完成了资金缴纳。其中，项目资本金占据了总投资的20%。项目的资金主要来源于两部分：一部分是项目公司成员的出资，占比20%；剩余的80%则通过项目公司的融资途径来解决。项目的运营和维护将严格依据相关运营规范、养护标准以及项目执行机构和相关部门制定的绩效考核标准进行。项目运营期从交工验收合格那一刻起算，直至项目移交并进行清算，预计持续约10年。项目公司作为运营责任的主体，其职责执行情况将通过绩效考核体系进行评估。同时，项目公司还需承担为通过考核而进行的一些活动的相关费用。中期评估是项目过程中一个不容忽视的重要环节，对项目的考核起着至关重要的作用。中期评估由执行机构主导，同时涉及县级行业主管部门和审计等相关部门的参与。评估将依照国家和地方的法律法规，以及项目的实际建设和运行状况，对存在的问题和潜在风险进行评价和监测，据此制订处理计划并进行备案。

二、融资方案

本项目的资本金部分，即总投资的20%，将由中标方与国投公司依照事先约定的比例共同出资。在此结构中，国投公司作为政府代表，其持股比例为1%，而中标方则持有99%的股份（见图5-3）。对于总投资中剩余未筹集到的资金，项目方将通过股东借款或贷款等途径来补充。项目的注册资金及其使用和管理工作，将遵循双方协商的结果，同时严格遵守国家法律法规以及公司章程的规定，实行独立核算，并确保资金专款专用，用于项目的投资、建设以及运营维护等。在合作期内，项目的年度融资贷款利率不应超过6.5%。若实际融资贷款利率超出此限，超出部分将不在政府支付范围内，而是由项目资本方自行承担。此外，融资方案中还明确了，为了确保资金的顺利获取，项目公司可以在PPP项目协议框架内，将其拥有的各项权益设置为抵押、质押或其他形式的担保权益。

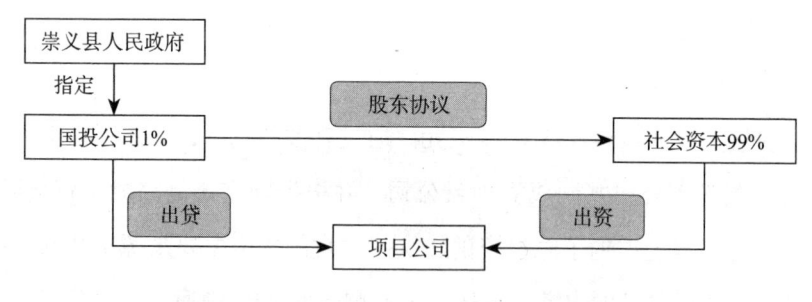

图5-3　崇义县振兴大道PPP项目出资比例图

三、风险分担机制

崇义县旅游PPP项目的风险机制参考了"强者挑重"和多方参与的风险分配原则。项目承担主体包括项目发起方即崇义县人民政府、项目响应方即社会资本方，以及项目主体、项目公司。本项目的主要风险分配框架如表5-5所示。

表5-5　崇义县振兴大道PPP项目风险分配框架

风险因素分组	风险因素	政府	社会资本	共同承担	备注
项目审批	项目未通过立项审批	√			
	施工准备手续、竣工验收工作导致审批风险		√		
设计	政府部门要求改变项目功能性要求	√			
	合同实施时，项目公司提出一个比较经济的施工或运营方案，致使项目功能性要求改变		√		
	设计缺陷		√		
融资	融资未及时到账		√		
	政府方要求赶工期导致的项目公司融资成本增加	√			
建设	建设费用超支		√		非社会资本方原因除外
	质量工艺低下		√		
	过多的合同变更		√		
	外包商、供应商的违约		√		
	在基建工程施工中发现文物			√	
	完工时间延后		√		非社会资本方原因除外
	缺陷或隐蔽缺陷		√		
运营	运营费用超支		√		
	维护费用高于预期		√		
	维护比预期频繁		√		
	由于恐怖袭击等事件而中止	√			
	政府部门人员的过失，导致延迟支付政府付费	√			
	移交的资产不达标		√		
	合作期满后，本项目仍可继续工作，但已经不能满足即时的新要求	√			
	资产征用	√			

续表

风险因素分组	风险因素	政府	社会资本	共同承担	备注
政治和政府政策	政府决策过程的低效率	√			
	很强的政治反对/不友好	√			
	项目所在地政府出台的针对本项目的决策，要求改变设计指标，进而导致设计发生改变	√			
	一个针对公建项目的行业标准、政策出台进而导致设计发生改变		√		
	税收政策变化		√		
	对当地政府主管部门授予项目公司的运营维护权进行追索	√			
不可抗力	不可抗力			√	
宏观经济风险	通货膨胀			√	
	贷款利率变化	√			

四、项目运作方式

本项目为非商业性质，不由消费者承担费用。它是在崇义县人民政府的正式授权下，通过签署PPP合同来明确双方职责。项目公司须按照合同规定承担起振兴大道、知行公园、阳明社区公园、文竹路等地点的绿化、铺设及景观优化工程，并独立负责相关费用、责任和风险。项目完工并投入使用后，政府将根据合同协议定期向项目公司支付费用。合作期限届满时，县政府将无偿获得该项目的全部权益。本项目不产生净利润，其间产生的费用由政府在合同约定的范围内承担。项目实施方通过政府的支付来完成建设成本和运营成本的回收，并在绩效考核达标后获得适当利润。政府的支付包括两部分：一是可用性付费，二是运维绩效服务费。建设成本将按合同约定的比例支付，而运营成本则根据政府认定的实际工作量和合同条款进行支付。

五、监管架构

崇义县政府授权的项目实施机构负责项目的筹备、招标等工作，并代表政府签署 PPP 协议，执行合同中的权利和义务，同时负责项目的全面监管。项目监管涵盖履约监管（包括质量和进度）、资金监管以及运营监管。项目公司必须无条件接受由项目实施机构选定的监理和检测单位组成的项目监督管理工作组的监督，确保工程质量和进度，并根据合同条款承担相应的监督责任。资金监管由项目实施机构负责，确保资金专户中的资金不被擅自挪用。在运营监管过程中，实施机构会定期及不定期地开展绩效考核，包括年度的财务评估、半年度的检查以及月度的抽查。监管工作分为建设期、运营期和移交清算期三个阶段。在公共监督方面，项目的采购过程将在江西省公共资源交易网站上公示，运营状况、中期评估结果以及重大变动或终止情况也将及时公之于众。在项目末期移交清算时，将接受公众监督，并在移交完成后及时公布相关信息。

【思考题】

1. 简述文旅融合项目投资决策的方法。

2. 以熟悉的文旅融合项目为例，分析其盈利构成，并提出优化措施。

3. 以某个 5A 级景区为例，并结合当前的文旅消费趋势，分析该景区的投资可行性。

4. 假设某一集团拟在本地投资 20 亿元的文旅产业小镇，以分组的形式为该集团撰写投资可行性分析报告。

5. 某文旅企业拟对城区老厂房进行投资改造，改造方案一为文化创意产业园，方案二为主题乐园，年效益（万元）及不同市场状况出现概率如表 5-6 所示，请比较其投资风险。

表5-6 城区老厂房改造方案

方案	市场状况	发生概率	年收益（万元）
方案一： 文化创意产业园	好	0.1	500
	较好	0.3	200
	一般	0.2	150
	较差	0.3	100
	差	0.1	50
方案二： 主题乐园	好	0.1	400
	较好	0.4	200
	一般	0.3	100
	较差	0.1	70
	差	0.1	60

第六章　文旅融合项目运营与管理

【学习目标】

知识目标：掌握文旅融合项目运营管理的基本原理、运营模式及管理操作要点；掌握运营服务质量管理和提升的关键要素。

能力目标：培养综合决策能力。

素养目标：培养创意思维和创新意识。

【导读】

近期，在小红书、抖音等网络平台上，关于北京环球影城客流量激增导致的问题引发了广泛关注。由于工作人员引导不足，部分景点缺乏有效的人群分流设施，安全问题频发。有网友指出，游客的无序拥挤增加了踩踏事故的发生概率。6月9日，抖音用户"昇昇妈ikk"表示，在游玩北京环球影城时，排队全程未见工作人员，部分游客的插队行为主要靠其他游客自发阻止。考虑到亲子游较多，一旦发生大面积的踩踏事故，后果将不堪设想。这位网友还提到，在"未来水世界"项目排队时，没有设置分隔人流的设施。记者发现，在小红书等社交平台上，类似的质疑帖并不少见。对此，北京环球影城官方小程序发布了《北京环球度假区预约功能即将升级！》的通告，表示为了提供更便捷的入园服务和更有序的游园环境，自6月12日起，景区将实施新的预约及入园规则。非指定日门票和年卡用户需提前预约，若遇客流高峰，景区预约名额超限后将关闭通道。据悉，游客若想在北京环球影城获得优先进场权，需通过官方小程序购买"环球优速通"。然而，随着客流量的上涨，"环球优速通"的购买难度也在加大。以6月9日为例，当日及6月10日的"环球优速通"已经售罄，11日和12日的票也显示"库存紧张"。原本在淡季仅需500元左右的"环球优速通"，目前的售票均价已经涨至1071元。①

第一节 文旅融合项目运营的基本原理

一、文旅融合项目运营管理概述

（一）文旅融合项目运营管理的内涵

运营管理涉及对整个运营流程的策划、组织、执行和监控，是对产品制造和售后服务阶段所有任务进行综合管理的活动集合。文旅融合项目运营管理则是指运营主体在一定时间和空间范围内，将文化和旅游资源转化为可供消费者体验的文旅产品的过程。这一过程主要包括项目的战略定位、筹资建设、营销宣传、日常营业管理、财务运营、人事管理、安全运营等环节。

（二）文旅融合项目运营管理的特性

1. 注重创新性

文旅融合作为新事物、新现象，其独特魅力源于创新性。文旅融合项目运营的创新可以分产品、服务、技术、商业模式、IP形象、营销六个维度（见图6-1）。在产品方面，要围绕当前市场需求，在满足消费者需求的同时，保持一定的超前性和引导性；在服务方面，文旅项目作为体验经济的典型代表，销售过程中产品与服务往往融为一体，因此在注重产品升级的同时，也

---

① 王丽姣：《北京环球影城安全问题遭质疑，网友：很容易发生踩踏事故》，https://baijiahao.baidu.com/s?id=1768244822441715437&wfr=spider&for=pc，访问日期：2024年6月10日。

要不断升级服务方式和水平；在技术方面，文旅融合项目需要在从策划到销售、售后服务的全产业链环节实现技术创新；在商业模式方面，由于文旅融合项目的整体创新，商业模式也需相应具有创新性，这种模式的创新性需要通过不同环节的创新性组合来实现；在IP形象方面，文旅融合项目一般要立足于地域文化，尤其要挖掘所在区域最具特色的文化，打造独特的品牌形象与文化IP，这需要从主题内容、表现形式、表达载体等多方面体现创新性；在营销方面，文旅融合项目可以借助互联网让众多网民无差别触达，更可以借助互联网大数据分析开展主动性的精准营销。

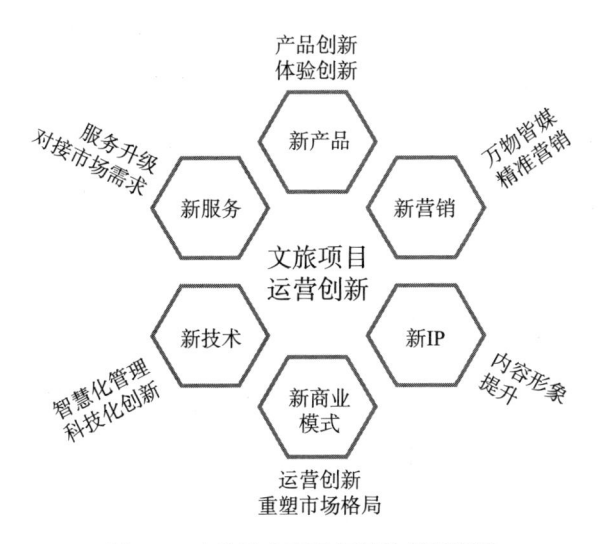

图6-1 文旅融合项目运营的创新领域

2. 具有阶段性和复杂性

新建文旅融合项目的开发、建设与运营是一个从无到有的过程，因此需要较长的建设周期。即使是原有文化项目的升级改造，也往往面临多主体、多内容、多流程的复杂系统。每一阶段运营管理的内容和重点对象都有所不同，而且文旅融合项目的服务对象是广大的社会消费群体，因此文旅融合项目，尤其是大型文旅融合项目的运营管理，具有典型的阶段性和复杂性。

二、文旅融合项目运营的主要内容

（一）风貌与主题的确定

项目分期开发对维持其整体风格和定位具有决定性作用。由于资金和土地供应在文旅融合项目施工建设过程中限制较大，因此，当实际建设过程中开发的风貌和主题与规划阶段所确定的方向发生偏转，甚至偏转方向超过原定规划与计划开发的节奏时，可能会降低项目的市场吸引力。因此，在分期建设文旅项目的初期规划阶段，应确保项目设计合理，准确反映项目的特色风貌和核心主题。这不仅有助于确保后续资金的筹集，而且为激发市场消费热情创造了条件。如果在开发过程中出现资金短缺的情况，建议开发商及时调整开发计划，通过缩小开发规模或增加开发阶段，确保项目风貌和主题特色的连贯性和独特性。

（二）品牌与IP的建立

良好的品牌形象是依靠市场口碑形成的。但作为新兴事物，文旅融合项目缺乏前期的口碑积累，因此需要依赖市场热度进行推广。如果能够把握流量风口，打造"爆款"品牌，如古北水镇或袁家村，将是进入市场的关键时机。如果最初阶段不能轰动网络，那么需要精心和合理策划设计品牌塑造的每一个阶段。

（三）资金与融资的考虑

企业的持资情况和融资进度会影响项目开发的时间安排。在分期开发项目中，很多公司会选择投资自有资金投入少且资金效益回收快的区域或产品，这成为后期项目动力不足、表现一般的原因之一。因此，在制订分期开发项目计划时，应首先评估项目的整体盈利能力，然后在企业承受范围内确定首期开发项目，进而推动后续项目的发展。一个规划合理的项目，其盈利重任主要由项目后期承担，而前期的盈利是为后期项目开发提供资金支持。

（四）运营与招商的提升

文旅项目的分期开发建设过程中，必须面对招商活动。但项目开发者时常会忽视招商的分期阶段。招商会随着产品的不同阶段而产生变化。例如，在项目前期建设商业街时，会引入餐饮、零售和文创等类型的商家；在项目中期阶段，由于增加了体验性项目，开发者决定招募项目运营团队和具体项目的工作人员；最后，当酒店建成时，会对酒店管理团队以及品牌进行招商。由于前期招商结果确定了后续的招商定位，如果项目初期的招商没有合适的商户入驻，只是吸引个体户和业余团队，将破坏项目的核心特性和氛围，影响酒店的后期引入。因此，在招商的过程中，建议企业选择擅长的招商领域，并长远地规划招商策略。在前期项目阶段，即使只能吸引到少数的品牌、酒店和体验项目运营团队，只要能够真正地吸引商户和带动人气，对企业后续不熟悉领域的招商也会产生积极的推动作用。

（五）土地与资源的供给

在项目开发过程中，土地的供应问题是最主要的挑战之一。很多项目在分期建设过程中，会随着土地供应的增加而扩大建设规模，而有些项目则因土地和拆迁等问题而推迟。无论后期土地的供应情况是否按照分期规划进行，都需要在分期计划阶段做好充足的准备。企业需要在确定首期土地并完成初期开发之后，预估和评测项目所有潜在的风险，这将有利于企业在之后的分期开发建设中做好相应的风险控制。对于涉及水体整治、河道治理或政策支出问题的项目，企业在制定分期方案时，需要进行合理的规划和考量。

（六）业态导入与产业孵化

业态导入是将新的经营形态和商业模式应用到文旅融合项目中，以提升项目的吸引力和市场竞争力。因此，业态导入是项目运营的关键环节。产业孵化则是指在文旅融合项目的基础上，培育和促进相关产业链的成长和发展。行业的成长和项目的分期规划是紧密相连的。因此，项目首期的开发需要引入具有示范作用并能推动产业发展的企业，以确定后期项目发展和成长的方向，增强项目的长期竞争力。

第二节　文旅融合项目运营流程

新建文旅融合项目的运营管理大致可分为前期开发、中期建设、后期运营三个阶段。大型的文旅融合项目往往分成几个周期性子项目，每个子项目又可能分成开发、建设和运营三个阶段。一般而言，开发阶段是全部工作的计划期，需要三到六个月的时间完成计划。在建设阶段，往往需要一年至两年的时间完成建设。在运营阶段，则往往要利用最初的三到六个月进行试运营，对问题进行改进后开始正式运营。文旅融合项目的成功落地依赖各个阶段的紧密衔接与协同合作。在整个项目周期中，包括前期开发阶段、中期建设阶段和后期运营阶段，都有其特定的任务和关键点（见图6-2）。

前期开发	顶层设计	策划规划	项目立项	报规报建
	征地安置	投资融资	招商引资	后端导入

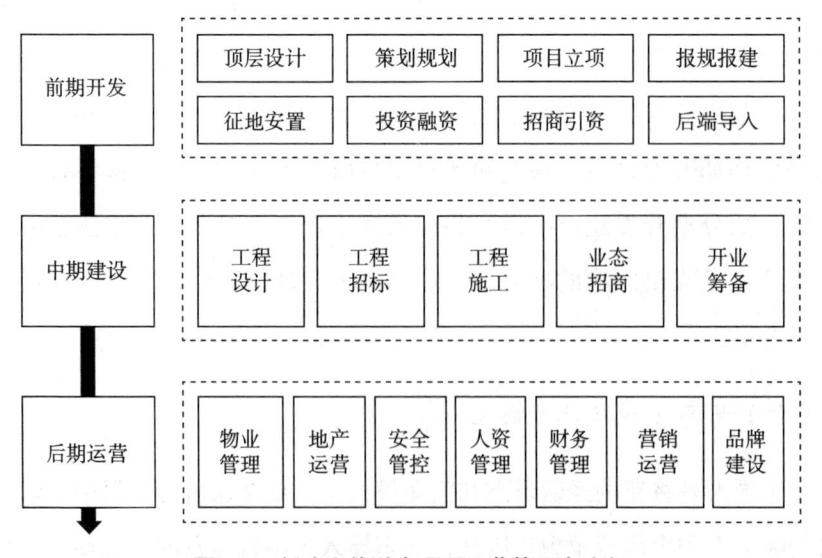

中期建设	工程设计	工程招标	工程施工	业态招商	开业筹备

后期运营	物业管理	地产运营	安全管控	人资管理	财务管理	营销运营	品牌建设

图6-2　新建文旅融合项目运营管理全流程

一、前期开发阶段

文旅融合项目从投资意向产生到项目建成交付使用，经历一个完整的开发过程。在前期开发阶段，主要任务包括项目的顶层设计、策划规划、项目立项、报规报建、征地安置、投资融资、招商引资和后端导入。

（一）顶层设计

项目的顶层设计是指对项目整体结构和关键组成部分进行规划和设计的过程。在此阶段，需要从区域角度出发，全面考虑项目开发过程中涉及的各种利益相关者、资源、用地、资金等关键要素，并制订出一套总体性的战略指导方案，为文旅融合项目的后续开发和建设提供明确的方向和策略。

（二）策划规划

策划要先于规划形成全案架构，在分析资源、客源市场、效益的基础上，明确项目定位、要素配置、业态布局、产品形态、商业模式等。并以此为框架，遵循国家相关法律法规和标准，编制文旅融合项目的总体发展规划、控制性详细规划、修建性详细规划。根据实际需要，制定功能性专项规划，确保文旅融合项目从策划、建设到落地运营全过程能有序开展。

（三）项目立项

项目立项是文旅融合项目从概念性设计转向实际执行的关键环节。在此阶段，项目的组织者需要向政府相关部门提交立项申请。政府相关部门将依据国家的发展战略以及项目所在区域的具体条件，对项目的申报材料进行可行性研究，并进行备案、核准和审批。一旦项目通过政府的立项审批，项目方即可获得土地的规划和使用权限，为后续申请政府扶持资金、吸引金融机构及社会资本的投资提供坚实的基础。

（四）报规报建

报规报建是指在文旅融合项目获得立项批准之后，开发主体需要将项目的详细方案提交给规划和建设主管部门进行审批。这些主管部门会对项目的选址、工程规模、建设内容、投资分期、资金来源、施工计划以及发包方式等进行全面的审核。只有当项目开发主体成功获得建设工程规划许可和建设工程施工许可后，才能继续推进项目的实施进程。

（五）征地安置

在文旅融合项目的开发进程中，如果遇到征地拆迁的情况，开发主体有责任妥善处理与当地政府的关系，并保障当地居民获得合理补偿和安置权益。这样做是为了确保文旅融合项目能够促进区域的综合发展，同时避免因盲目开发导致的强制拆迁和建设所带来的不良影响，从而为项目的后期开业和运营打下坚实的基础，减少潜在的风险。

（六）投资融资

投资融资方式的选取与构建是文旅融合项目赖以生存的关键因素。对于投融资方式的选取，需基于以下几方面分析：一是政策及地方政府意向，如国家出台的各种资金扶持政策、项目所在地政府需求等；二是项目特性及开发需求，比如项目位于大城市周边，利于结合地产等方式作为资本回收渠道；三是文旅企业自身优势，需分析自身擅长的资金筹措与风险控制管理方式；四是对项目运营的资金需求及资金回流的正确预估。

（七）招商引资

绝大多数文旅融合项目依赖于招商活动或吸引其他开发主体参与，以实现项目的开发和运营目标，进而吸引更多的投资。开发主体应当根据文旅经济的当前发展阶段、市场需求以及自身定位，突出项目的独特优势，建立一个开放的招商或融资平台，并开展持续的宣传和商务洽谈活动。在项目的早期阶段，由于文旅融合项目尚未在市场上建立起强大的品牌和投资信心，可能难以吸引大型投资商的加入。然而，如果招商条件过于宽松，可能会导致过多的业主参与，这可能会在未来项目的开发和管理中造成预期之外的挑战。

（八）后端导入

后端导入指的是在项目开发阶段，开发主体雇用专业咨询公司，利用这些公司的专业知识和经验、创新思维、知识体系以及社会资源网络融入项目的开发架构中，以此获得文旅项目开发和运营全程的专业指导和服务支持体系。

二、中期建设阶段

中期建设阶段是将创意概念和开发理念具体化为实际项目的操作过程。这一时期主要包括工程设计、工程招标、工程施工、业态招商以及开业筹备五个核心任务。

（一）工程设计

在工程设计阶段，开发主体在遵守国家相关规范和标准的前提下，围绕文旅融合项目的开发主旨，并考虑实际场地情况，制定一系列专业的设计文件和图纸。这些文件和图纸涵盖了建筑主体、景观设计、专业工程（包括给排水、暖通、电气等）以及施工技术、材料使用、工程检测、质量验收等多个环节，确保文旅融合项目的建设过程有明确的依据和指导。

（二）工程招标

工程招标是文旅融合项目开发过程中的一项关键步骤。开发主体或其授权的代理机构通过法律规定的程序吸引建筑机构参与竞标，以承接工程建设的任务。这是为了吸引高质量的建造资源并确保项目工程的质量和进度。在此流程中，项目负责人需要严格按照招投标管理部门的规定行事，完成相应的备案和审批程序，并组建一个专业的评审小组，以便从众多承包商中筛选出最合适的候选者。

（三）工程施工

工程施工阶段是将文旅融合项目从概念阶段转变为实际存在的关键实施过程。鉴于文旅融合项目的特点，对施工主体的要求更为严格。施工主体不仅需要遵循工程设计文件进行规范化建设，还必须展现出精细化、服务化、智能化和绿色生态化的施工理念。通常，采用工程总承包模式，涵盖设计、采购和施工的一体化方式，可以有效避免设计与施工的分离，缩短建设周期，提高工程质量。然而，这种模式也可能对文旅融合项目的整体质量产生潜在的负面影响，因此需要对施工主体进行严格的筛选和监管。

（四）业态招商

为了确保文旅融合项目成功实施并激活固定资产，需要引入多种商业业态。因此，项目开发主体应当依据项目发展规划和要素需求，进行包含餐饮、住宿、交通、旅游、购物、娱乐、研究、展览和表演等多个方面的业态招商，为项目吸引人流奠定基础。在这一环节中，精准掌握不同业态的入驻标准对于项目的后期运营和提升市场竞争力至关重要。

（五）开业筹备

在项目建设接近完成之际，应立即开始进行开业前的准备工作。这包括组建管理团队、招聘员工、确保卫生清洁、加强安全保障、提供导览服务以及接待游客等，以确保各项系统能够顺利运营。此外，在开业前还需制订一套可行的市场营销计划，通过多种渠道和方式宣传推广项目，增强其市场吸引力。

三、后期运营阶段

文旅融合项目的开发与建设流程结束后，便进入了生产运营、财务会计、技术管控、市场营销以及人力资源管理这五大核心职能阶段。这五项职能虽相互独立，但又彼此依赖，共同构成了项目运营的重要基础。

在文旅融合项目进入运营阶段时，必须同时关注盈利和资金回流的问题，确保为未来的建设和扩展提供稳定的资金保障。项目的运营效果、游客数量、品牌形象和声誉等因素，不仅直接影响项目运营期间的资金回流速度，还深刻影响着潜在投资者对未来投资的信心。同时，项目的后期运营不应仅局限于项目本身的内部管理，而应更广泛地考虑如何引领区域综合性发展，与地方政府和社区建立积极的互动和合作机制。

文旅融合项目的运营有着阶段性特征，不同阶段的运营重心有所差异，大致可分为首期、中期和后期三个阶段。

在首期阶段，重点是树立品牌。鉴于文旅融合项目的核心是打造独特性，因此首期项目的特色开发成为整个项目分期实施中的首要任务。许多企业和政府在首期开发过程中会综合考虑资金、特色、风貌、运营、盈利、资源等多方面问题，这可能导致决策过程复杂且耗时。然而，对于首期建设，建议首先明确项目旨在建立的品牌和独特风格，然后将资金、运营、盈利等因素作为辅助考虑。因为一旦首期建设对项目品牌造成了损害，中后期为重新塑造品牌可能需要付出巨大的代价。

在中期阶段，主要目标是实现盈利。在首期成功打造文旅融合项目的品牌并吸引足够的游客之后，开发者需要将盈利能力作为主要关注点。首期的成功为项目奠定了市场基础，接下来的关键是如何将品牌价值和独特性转化为资金回流。同时，随着首期的完成，开发企业和政府已经从投资者转变为承担债务的角色，因此中期实现盈利对于确保文旅融合项目能够持续建设和推进至关重要。在这个阶段，盈利策略不仅应包括文旅融合项目的商业内容设定，还应着重于融资途径的搭建，如实施股权分割、申请银行贷款、吸引投资基金等。然而，在此过程中也需要谨慎管理资金流入可能对项目带来的负面影响，避免项目演变为单纯的商业街和地产项目组合，同时也要防止因资金吸纳成本过高而改变开发方向。

在后期阶段，重点是巩固口碑。如果首期和中期能够按照开发者的规划顺利完成品牌和盈利目标的建设，那么在后期，项目需要完善硬件设施，修正运营过程中发现的问题。例如，改善游客服务设施、引入更高水平的运营管理团队、提升人才素质、补充已有的建设内容等。在这个阶段，资金的流入主要依靠项目运营中期的收益。后期的这些改进对于项目向更高层次发展起着至关重要的作用。以乌镇为例，尽管它已经是一个高度成熟和完善的旅游目的地，但仍在进行持续的升级和优化工作，包括改进小镇的风貌、环境和建筑，以及提升商户和商家的管理水平等。这些努力都是乌镇从国内走向国际的关键推动力。因此，在项目的后期和稳定发展阶段，应当更加注重提升项目的品牌形象和声誉。

第三节　文旅融合项目运营模式

在文旅融合项目的运营实体层面，主要分为政府主导、私营以及公私合营等类型。就文旅融合项目的价值层次而言，首先是直观的货币资金，其次是消费者能够体验到的感受和价值，最后是具有增值潜力的资产。文旅融合项目的运营主体、资源及产品类型、经营方式等不同的组合形成了多样的运营模式（见图6-3）。常见的文旅融合项目运营模式可归纳为五大类。

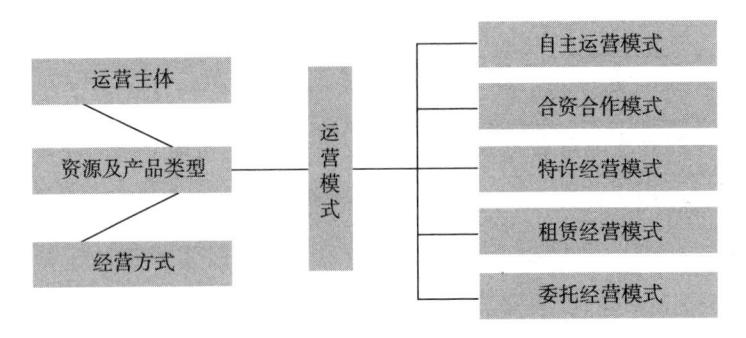

图6-3 文旅融合项目运营主要模式

一、自主运营模式

自主运营模式指的是文旅融合项目的所有权归属单位对该项目的软件与硬件，从规划、设计到使用、管理、维护等各个环节，都由归属单位自身主导并完成。在当前自主运营模式中，政府主导的自主运营模式十分典型，这种模式广泛存在于国家重点风景名胜区、文化遗产项目、博物馆、文化公园等文旅产业形态中。国家完全控制，对资源的开发利用进行有效管理和监督，这样能够避免资本逐利导致资源遭受不可逆转的损失，但也可能因缺乏竞争机制而导致活力低下。随着供给侧的创新改革，部分文旅融合项目通过出租部分商铺和子项目，实现了经营权和所有权分离的运营形式，从而提升了相关文旅融合项目的运营活力。民间自主经营的文旅融合项目，如果开发者本身具有较强的项目管理和运营能力，也可以取得较为良好的运营效果。

二、合资合作模式

合资合作模式通常是指投资方通过合资合作的方式，集中可利用的资源（如文化旅游资源、资金、技术、专业人才、品牌等），以提升文化旅游融合项目竞争力的一种运作模式。与传统的房地产开发行业以及旅游景点开发行业不同，文旅融合项目覆盖的地理范围更广、产品类型更为多样、商业模式更加多元。特别是在线上线下融合运行、科技与传统文化渗透的发展趋势下，涉及多种形式的综合开发与管理。当单个企业与地方政府难以独立解决成长和发展过程中的复杂问题时，文旅融合项目的开发者需要打造更完善、更和谐的文化产业和旅游产业合作的生态系统，以实现整体运营成效的最优化。

在政企合作模式中，企业可以借助政府的行政资源降低动迁等风险，而政府也可以利用社会资本的优势、丰富的管理经验和卓越的资源整合能力，显著减少项目运营投入，增加经济收益，降低政府的财政压力。如果能建立一个健全的利益分享机制，则可有效激发地方行政机关和私人投资方的参与热情。股权投资是政企合作参与文旅融合项目的常见形式，尤其是对地方经济发展影响力大的文旅融合项目，政府可以通过资源、资金、基础设施和公共服务设施等参与到文旅融合项目中，企业也可以借助政府的行政资源及公共资源实现共赢。

古北水镇的开发模式体现了混合所有制经济的优势。通过央企（中青旅）、政府以及战略投资者的合作，实现了资源的优势互补和风险的分担。在这个模式中，中青旅作为上市央企，不仅担任控股股东，还负责项目的实际运营。凭借其在旅游行业的丰富经验和资源，有效推动了旅游产品的开发与推广。同时，北京市政府的全资子公司——北京能源投资有限公司的参与，为项目提供了坚实的政府背景支持，在政策、资金和资源等多方面给予项目有力保障。战略投资者，包括 IDG-Accel 基金控股的两家香港公司和北京和谐成长投资中心（有限合伙），则为项目提供了必要的资金支持，但它们不参与实体运营，从而降低了项目运营的风险。这种股权合作模式不仅为古北水镇项目提供了充裕的资金，还通过各自的资源和信用为项目融资和争取政策支持提供了有力保障。这一模式的成功实践，不仅促进了地方经济的发展，也为混合所有制经济的进一步推广和类似项目的成功开发提供了宝贵的经验（见图 6-4）。

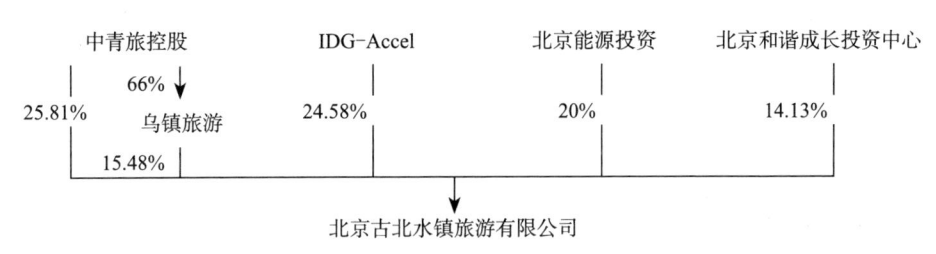

```
中青旅控股          IDG-Accel        北京能源投资      北京和谐成长投资中心
    │  66%↓            │                 │                   │
25.81% 乌镇旅游      24.58%             20%               14.13%
    │  15.48%          │                 │                   │
                       ↓
              北京古北水镇旅游有限公司
```

图6-4　古北水镇股权结构图

在中外合作模式中，文旅融合项目可以整合外方的资金、品牌及先进管理经验，地方政府则可通过土地供给、基础设施建设、资金投入等方式开展合作。如果能综合政企合作、中外合资等多种形式，文旅融合项目将具备多种优势，例如上海迪士尼。上海迪士尼的中方合作主体是上海申迪集团，这是一家由锦江投资、上海文广集团、陆家嘴集团、上海百联集团四家公司出资设立的国有企业。在股权方面，上海申迪集团拥有上海迪士尼57%的股权和30%的经营权，而迪士尼集团则拥有上海迪士尼43%的股权和70%的经营权。在债权融资方面，政府占80%，商业机构占20%。[①] 这种中外多方企业的合作模式使上海迪士尼不仅具有酒店、购物、房地产经营及媒体营销推广等方面的综合优势，还具备资金、政策、土地、媒体等方面的有力支撑（见图6-5）。

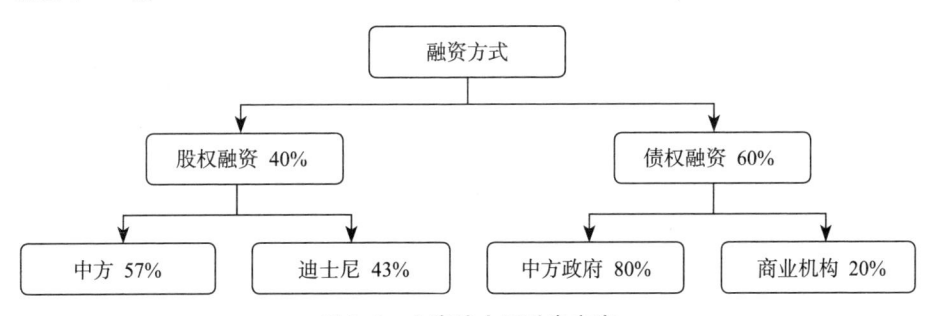

```
              融资方式
        ┌───────┴───────┐
    股权融资 40%        债权融资 60%
    ┌────┴────┐         ┌────┴────┐
 中方 57%  迪士尼 43%  中方政府 80%  商业机构 20%
```

图6-5　上海迪士尼融资方案

[①] 青峰华夏：《上海迪士尼背后的四大国资股东成就了他的"硬气"》，https://www.163.com/dy/article/ENHPR8TH05459N5K.html，访问日期：2024年7月20日。

三、特许经营模式

特许经营是指一个企业（特许人）通过签订合同的方式，将其注册商标、企业标识、专利、专有技术等经营资源授权给另一经营者（被特许人）使用。被特许人需按照合同约定的统一经营模式进行商业活动，并向特许人支付特许经营费用。在文化旅游行业，特别是在酒店行业中，特许经营模式被广泛采用。以万豪国际集团为例，截至2021年8月，其在全球运营的7600家酒店中，超过70%采用特许经营模式。而在2021年，万豪在中国新签约的酒店中，特许经营的比重提升至50%。①

特许经营是一种商业模式，根据授权来源的不同，主要可以分为两大类别：政府特许经营和商业特许经营。政府特许经营通常涉及政府机构将特定的公共服务或业务经营权通过特许协议授予私营企业或个人，例如公共交通系统、电力供应、水资源管理、垃圾处理等基础设施项目的运营权。这种模式允许私营企业按照政府的规范和标准来运营这些服务，同时也能够引入市场竞争和创新，提高服务效率和质量。商业特许经营则是指一个品牌或企业（特许人）授权给另一个企业或个人（被特许人）使用其商标、品牌、专利、专有技术等经营资源。被特许人需要按照特许人提供的经营模式和管理标准来开展业务，并向特许人支付特许经营费用或版税。这种模式在餐饮、零售、酒店业等领域非常常见，如麦当劳、星巴克等大型连锁品牌就是通过特许经营模式进行快速扩张，实现双方的合作共赢。

---

① 酒馆财经：《独家｜万豪中国区今年新签约酒店特许经营模式占比升至50%》，https://www.163.com/dy/article/GGCTD1FC0552BL5C.html，访问日期：2024年7月20日。

四、租赁经营模式

租赁经营模式通常是指文化和旅游融合项目的所有者或拥有出租权的实体与承租方通过签订租赁合同来明确双方的权利和责任。在这种模式下，所有者或出租方将项目的经营权在特定时间段内出租给承租方，并以此收取租金。承租方在租赁期间负责运营文旅融合项目，并从项目的运营中获取收益，同时按照合同规定向出租方支付租金。这种模式允许所有者保持对项目的所有权，同时将运营风险和责任转嫁给承租方，而承租方则可以在不拥有项目产权的情况下开展业务并尝试获取利润。租赁模式作为一种经营模式，可以有效结合资本与经营的优势，实现文旅融合项目的保值增值。在历史文化街区、传统古村落、博物馆等公共文旅空间，往往由政府成立运营公司，在制定租赁相关条例后，招揽相关企业承租。承租商需要按时缴纳租金，而运营公司则需要承担文旅融合项目的引流职责。

五、委托经营模式

委托经营模式可分为全权委托运营和半委托运营。全权委托运营是最直接的管理方式，即由公司派遣专业的运营团队入驻项目场地，为项目提供规范化、专业化的管理服务，对文旅融合项目的管理体系、工程建设、市场营销、组织架构、发展战略等提出专业管理意见。半委托运营模式一般是公司提供运营方案，由项目自有的运营团队去执行，以此获取经营收益。随着文旅融合项目的不断创新和发展，委托经营模式也在不断发生变化，以适应新的市场需求。

第四节　文旅融合项目的运营与管理

一、智慧运营平台建设

当前，智慧化运营已成为大型文旅融合项目运营的核心要素。文旅融合项目的智慧化建设旨在实现项目服务的智慧化、营销的智慧化以及管理的智慧化。智慧平台作为核心支撑，集成了数字基础设施、共享服务平台、应用服务平台及决策支持平台四大模块。

在数字基础设施层面，文旅融合项目需积极拥抱"互联网+"理念，推动旅游场景化的深度应用。这包括停车场、旅游集散中心、游客服务中心、旅游专用道路、旅游厕所及游览区内各类体验项目的数字化、智能化改造升级。同时，为满足互联网时代下人们对数字体验产品的强烈需求，项目应着力开发数字化体验产品，如沉浸式互动体验、虚拟展示等新型旅游体验形式。

文旅融合项目的智慧化运营管理依赖于智慧平台的强大功能，通过综合运用5G、大数据、云计算、物联网等前沿技术，实现对项目区域的全面、实时感知。通过部署传感器、监控摄像头等设备，实时采集游客流量、环境质量等关键数据，为精准管理和科学规划提供数据支持。此外，"互联网+监管"模式的推广，进一步提升了管理效率和应急响应速度。

为确保智慧平台的有效运营，需高效整合游览资讯、交通状况、天气预报、测绘数据等多源信息。利用API（应用程序编程接口）或中间件等技术，实现信息的快速发布与更新，如气象预警、道路通行情况、游客接待量等关键信息的实时推送。通过建立综合信息发布平台，为游客提供全面、准确的信息服务，推动分时预约旅游、客流监测与监管、合理引导游客分流等智慧化服务措施的落地实施。

（一）三个平台

三个平台各自承担着不同的功能角色。信息感知与传输平台主要负责信息的自动采集和高效率地传送，数据管理与服务平台聚焦于数据的集成管理以及计算服务，而信息共享与服务平台则提供信息查询和流程管理的服务。这三个平台相互配合，共同构建了一个高效的信息处理和共享的体系架构。

1. 信息感知与传输平台

为了构建一个高效的信息感知与传输平台，必须集成一系列先进的设备和技术。

首先，信息采集设备是关键，包括：遥感技术，用于能够从远距离获取地表和大气的物理信息；射频识别（RFID）技术，通过无线电波识别和跟踪标签附着的物体；全球定位系统（GPS），实现精确定位；各种传感器，能够检测并响应环境中的特定输入。此外，摄像头和视频采集终端用于视频监控和图像采集，地感线圈或微波交通流量监测设备则用于监测交通流量和车辆速度。

其次，网络传输设施不可或缺，包括：高速、大容量的通信光纤网络，提供稳定的数据传输；4G 或 5G 无线通信网络，实现广泛的移动通信和网络接入；WLAN 网络（无线局域网），特别适用于室内或局部区域的无线连接。同时，有线网络设施如以太网等也是必要的，以支持传统的连接技术。

最后，服务器和网络终端设备扮演着核心角色。服务器用于存储、处理和分发数据，而网络终端设备，包括计算机和移动设备，则用于访问和交互数据。这些设备和技术的集成旨在实现数据的自动采集、实时传输和处理，为智慧化平台提供强有力的支持，确保信息的流畅性和及时性。

2. 数据管理与服务平台

数据管理与服务平台是一个集成化的系统，旨在简化数据的处理、存储、分析和共享，确保其价值和安全性。其核心作用包括提升数据质量、增强访问和共享能力、支持数据分析以辅助决策制定，以及确保数据的安全和合规性。为实现这些目标，数据管理服务平台依赖于一系列技术，包括关系型和非关系型数据库、数据仓库、云存储解决方案、ETL工具、数据集成和虚拟化技术、统计分析、数据挖掘、机器学习、AI、数据加密、访问控制、网络安全、身份验证、数据脱敏、数据可视化工具、报表和仪表板、地理信息系统、云计算、分布式计算、RESTful API、SOAP服务、消息队列、数据治理和元数据管理技术等。这些技术的选择和实施需要根据组织的具体需求、数据量、数据类型以及预算等因素进行综合考虑，以确保数据管理服务平台能够高效、安全地满足业务需求。

3. 信息共享与服务平台

信息共享与服务平台依托于面向服务的架构（SOA）和云计算技术，构建了一个共享服务中心和平台，旨在提供高效的数据处理、存储、分析和共享服务。该平台需要利用数据集成与交换技术整合不同来源和格式的数据，通过ETL过程实现数据的统一管理。

数据仓库与数据湖技术为平台提供了强大的存储和处理能力，支持结构化和非结构化数据的存储和分析。同时，数据管理与治理技术确保数据的质量和一致性，包括数据质量工具和元数据管理。

数据安全与隐私保护技术是信息共享与服务平台的重要组成部分，确保数据在存储、传输和处理过程中的安全性，防止未授权访问和泄露。

数据可视化与分析技术将数据转换为易于理解的视觉形式，支持用户进行深入的数据分析和决策制定。云计算与分布式计算技术为平台提供弹性的计算资源，支持大规模数据处理和分析。

API与服务集成技术允许不同系统和服务之间的互操作性，使用户能够轻松地访问和交互数据。此外，用户界面与体验设计技术提供直观、易用的用户界面，确保用户能够便捷地访问和交互数据。

AI与机器学习技术从数据中自动提取模式和洞察，支持预测分析、自然语言处理等高级应用。

信息共享与服务平台的设计和实施为应用系统提供技术支持和信息服务。这样的架构能够处理整个项目的信息管理、响应应用请求和提供应用服务，确保项目信息得到有效地共享和服务。

（二）五大系统

基于对文旅融合项目已有的资源特点、应用系统功能、系统服务对象以及系统使用部门等因素的综合考虑，将其划分为资源保护系统、业务管理系统、业务经营系统、公众服务系统、决策支持系统五大系统。

1. 资源保护系统

在文旅融合项目中，资源保护系统是确保项目可持续发展的重要环节。其核心功能是监测和保护文化旅游资源，这包括文化遗产、自然景观和生态资源等。通过这一系统，可以确保这些资源的完整性、真实性和可持续性。

资源保护系统的主要功能包括以下三个方面。

第一，监督和评估：对文化旅游资源进行定期监测和评估，以了解资源的现状和变化趋势。详细记录和分析文化遗产的保护状况、自然景观的退化程度以及生态资源的利用情况等。

第二，保护与修复：针对监测和评估结果，制定相应的保护和修复措施。例如，对文化遗产进行保护性修复、对自然景观进行保护性开发以及对生态资源进行可持续利用等。

第三，法律法规遵守：确保文旅融合项目在开发和运营过程中遵守相关的法律法规，避免文化旅游资源非法开发和利用。

资源保护系统的服务对象主要包括政府管理部门、保护机构、科研机构等。这些机构可以利用资源保护系统提供的数据和分析结果，制定相应的政策和措施，以保护文化旅游资源。资源保护系统的使用部门则主要包括文化保护部门、环境保护部门和资源管理部门。这些部门负责日常监督和管理文化旅游资源，确保资源的保护和利用符合相关法律法规和政策要求。

通过资源保护系统，文旅融合项目可以更好地保护和利用文化旅游资源,实现资源的可持续发展,同时为游客提供更加丰富和独特的旅游体验。

2. 业务管理系统

业务管理系统是文旅融合项目中的核心组成部分,它负责项目的日常运营管理,确保项目的顺利进行。该系统的主要功能包括人力资源管理、财务管理以及设备维护等。

第一,人力资源管理功能:主要涉及员工招聘、培训、绩效评估等。通过落实这些功能,项目可以有效地管理员工,提高员工的工作效率和满意度。同时,它还可以帮助项目实现人力资源的优化配置,提高人力资源的使用效率。

第二,财务管理功能:项目可以有效地管理财务,确保资金的合理使用和监控。同时,它还可以帮助项目实现财务的优化配置,提高财务的使用效率。

第三,设备维护功能:主要包括设备的采购、使用和维护等。项目可以有效地管理设备,确保设备的正常运行和使用。同时,它还可以帮助项目实现设备的优化配置,提高设备的使用效率。

3. 业务经营系统

业务经营系统负责策划和执行项目的市场推广、销售以及客户关系管理。这个系统通过策略和活动,提升项目的知名度和吸引力,增加游客的数量,以及维护和扩大合作伙伴和投资者的关系。

业务经营系统的主要功能包括以下三个方面。

第一,市场推广。通过各种营销渠道和策略,如在线广告、社交媒体推广、公关活动等,提升文旅项目的品牌知名度和吸引力,吸引更多的游客。

第二,销售管理。通过销售渠道管理、销售策略制定和销售团队培训,实现项目门票、住宿、餐饮等服务的销售,增加收入。

第三,客户关系管理。通过客户服务、客户反馈收集和分析、客户忠诚度计划等,维护和加强与游客、合作伙伴和投资者的关系,提高客户满意度和忠诚度。

业务经营系统的服务对象主要包括游客、合作伙伴和投资者。通过这一系统，项目可以更好地满足游客的需求，加强与合作伙伴和投资者的合作关系，从而实现项目的长期发展。业务经营系统的使用部门主要包括市场营销部门、销售部门和客户服务部门。这些部门负责制定和执行市场推广策略、销售计划以及客户关系管理措施，确保项目的市场竞争力。同时，他们还可以利用业务经营系统提供的数据和分析结果，制定相应的策略和措施，以提高项目的市场表现和客户满意度。

4. 公众服务系统

公众服务系统致力于为游客提供信息查询、导航以及服务预约等全方位服务，旨在显著提升游客的整体体验。借助这一系统，游客能够便捷地获取所需的旅游信息，轻松规划个人行程，并享受更为便捷和个性化的服务。

公众服务系统的核心功能包括以下三个方面。

第一，信息查询。提供详尽的旅游信息查询服务，包括景点介绍、交通信息、餐饮指南、住宿推荐等，助力游客更全面地了解和规划行程。

第二，导航服务。实时提供导航服务，涵盖景点导航、交通导航等，帮助游客轻松抵达目的地，极大提升游览的便利性。

第三，服务预约。集成服务预约功能，如门票预订、餐饮预订、住宿预订等，助力游客提前规划行程，有效节省时间。

公众服务系统主要面向游客群体。通过此系统，游客能享受到更便捷、更个性化的服务，从而提升游览的满意度和整体体验。该系统主要由游客服务中心和信息技术部门共同运维。游客服务中心负责现场服务，解答游客疑问并协助解决问题；信息技术部门则负责系统的维护和更新，确保系统稳定运行。

5. 决策支持系统

决策支持系统在文旅融合项目中扮演着举足轻重的角色。它专注于收集和分析各类数据，为项目决策层提供有力的数据支撑，涵盖市场分析、财务分析、风险评估等多个维度。

决策支持系统的服务对象主要是管理层和决策者。通过这一系统，项目能够更准确地把握市场趋势、财务状况和潜在风险，从而制定出更为科学和合理的决策。

决策支持系统的使用部门主要包括数据分析部门和战略规划部门。数据分析部门负责全面收集和分析各类数据，为项目决策提供坚实的数据基础；战略规划部门则根据数据分析结果，负责制定和调整项目的发展战略与规划。

二、接待服务管理

接待服务是文旅融合项目日常运营的核心。服务环节众多，涉及面广，尤其在高峰期面对大量客流时，更需要把握接待服务的主要环节。

（一）票务服务

门票是众多文旅融合项目的主要利润来源，如大型歌舞演艺、人造景点、沉浸式体验项目、文旅景区等。门票分为线下纸质门票和线上电子门票。通过网络购票、智能检票等现代化手段，可以提高项目区域的进出通关速度，降低人力成本，进一步提升游客的体验感，进而提高文旅融合项目运营的整体水平。

1. 便捷购票方式

文旅项目门票销售渠道需要更加便捷化和多元化，同时需要设计多种门票和策划多种价格策略，以扩大消费群体。门票的销售可采取线上＋线下相结合的方式。线上渠道包括文旅项目的自媒体号、携程等 OTA 平台、抖音等直播平台。线下方式可采取游客服务中心窗口人工售票、自助机售取票、闸机闪付、旅行社实体店预订等。

2. 优化检票手段

如今，电子票二维码扫描、人脸识别等快捷智能的检票方式逐渐成为主流。使用智能闸机系统和电子票务系统不仅可以有效防止假票和非法入园，提高景区的安全性，而且在高峰期能减少游客等待的时间，优化游览体验。电子票更加环保，减少资源浪费，符合绿色发展的要求。通过电子票务系统收集的数据可以分析游客的行为，为景区管理提供决策依据。

3. 丰富票种设置

文化和旅游项目的票种设置，不仅需要符合国家发改委以及地方政府出台的有关门票政策，而且需要根据自身的文旅融合项目的定位，满足不同游客的需求来设计票种和制定票价规则，从而提升游客的满意度，提高项目的市场竞争力。票种形式包括基础门票、特色门票、套票组合、优惠门票、年票和季票、家庭票、团体票、定制化门票等。在运营过程中，可根据节假日、淡旺季及特定的顾客群体给予优惠票等。

4. 拓宽数据用途

智慧化的票务管理平台通过大数据分析功能，为景区管理者提供了实时的决策支持。该平台不仅能够即时展示游客数量统计、游客分布情况、分销数据报表、消费项目报表、电商销售数据、渠道销售报表和商品销售报表等关键数据，还能够通过整合物流网络和 AI 技术，进一步实现景区容量规划、安全监控和游客行为分析。

（二）入门接待服务

文旅项目入门接待服务主要包括验票服务、入口导入服务和咨询服务。

1. 验票服务

在门票电子化的背景下，尽管技术有所进步，但验票服务依然是必不可少的，它起到了监管、引导和协助游客迅速通过入口的作用。通常，验票服务人员应具备以下服务和技能要求：能够流利使用普通话，并且具备关于票价和礼貌用语的简单英语对话能力；熟悉《门票价格及优惠规定》，掌握免费入场和优惠票的资格要求，并按照规定进行验证；掌握旅行团导游和领队带领团队入园的验票流程以及相应的免费入园规定；能够迅速、友好地为持有有效票的游客进行检票；能够熟练处理票丢失、逃票等特殊情况，确保游览秩序的稳定与安全。

2. 入口导入服务

入口导入是指采取必要的设施和管理手段让顾客顺畅地进入文旅项目区域。入口区是第一印象区，最重要的环节是排队管理。园区可根据淡旺季、高峰低谷时段以及消费者的消费心理等，采取不同的队形和接待方式。高峰期如果分流措施不力，会降低消费者满意度，甚至会发生公共危机事件。例如，有网友反映某景区索道排队地段只有几百米，而排队游客有几千人。除了入口处有保安外，现场无工作人员引导，导致游客矛盾升级。

在文旅景区中，通过合理利用游客排队等待入园的时间，可以有效提升游客的满意度。以下是具体的方法：第一，增强游客体验，通过场景设计、表演、图片展示等方式，增加游客在等待过程的参与感；第二，提供信息透明度，提前告知游客预计的排队时间，让游客有一定的心理准备，可以合理地安排自己的游览计划。

3. 咨询服务

许多文旅项目实施了"首问负责制"，规定服务人员在面对游客的提问时，不得回答"不知道"或"不清楚"，而是要竭尽所能提供帮助。对于那些确实难以解答的问题，服务人员应主动联系相关部门或同事以获取所需信息，确保能够满足游客的询问需求。例如，景区内常有游客询问洗手间的位置、餐厅的路线、如何到达特定游览区等问题，员工需能够清晰地指引游客，或在不影响自身工作的前提下带领游客前往目的地。

文旅融合项目通常设有游客中心（Visitor Center），为游客提供一系列服务设施，包括导游咨询、失物招领、投诉处理、免费物品寄存、母婴护理、医疗救助、电子查询系统、放映厅、咖啡厅以及旅游商品销售等。这些服务旨在为游客提供全面的信息和支持，以提升他们的游览体验。游客中心员工在接受游客问询时，需双目平视对方、专心倾听、有问必答、用词得当，给游客留下良好的第一印象。

（三）处理消费者的投诉和抱怨

管理人员不能轻视顾客的抱怨。在处理投诉和抱怨时，要把握游客求尊重、求平衡、求补偿的心理，给予游客发泄的机会，充分道歉并表示同情，适当地提问以了解事情真相，并填写相关的投诉处理单。根据投诉内容、涉及部门以及投诉事件的严重性，及时上报给相关领导。

运维管理需要重视游客在各大论坛、朋友圈、微博、抖音等平台发布的网络抱怨和吐槽。这种以"图+文+视频"的形式，传播速度快，受众面广，短时间内会给文旅项目运营带来巨大的负面影响，因此需要按照危机管理程序进行处理。同时，游客的现场抱怨也要高度重视并及时处理，避免事态进一步扩大。组织专门人员对抱怨进行收集、分析、整理，并通报给相关职能部门。每年可组织 1~2 次综合调查问卷或专题性问卷，对可能引发游客抱怨的问题及时进行整改。

三、承载量管理

承载量管理对文旅资源和环境保护、文旅接待设施保养及减少意外事故、提升文旅体验质量等有重要作用。文旅融合项目可参考原国家旅游局下发的《景区最大承载量核定导则》（LB/T 034—2014）进行文旅融合项目承载量测算。

（一）基本标准

我国在《景区最大承载量核定导则》（LB/T 034—2014）中，对各类典型的文旅融合项目的人均空间承载指标给出了指导性标准（见表6-1）。

表6-1　代表性文旅融合项目类型人均空间承载指标及建议标准

文旅融合项目类型	示例	核心景区	洞窟等卡口	游步道	其他区域	保护建筑	游客核心游乐项目等候区
文物古迹类	八达岭长城	1～1.1 m²/人	—	—	—	—	—
	故宫博物院	0.8～3 m²/人	—	—	—	—	—
	龙门石窟、敦煌莫高窟	—	0.5～1 m²/人	2～5 m²/人	—	—	—
文化遗址类	秦始皇兵马俑博物馆	2.5～10 m²/人	—	1～3 m²/人	—	—	—
古建筑类	黄鹤楼、永定土楼	1～3 m²/人	—	—	>2.5 m²/人	—	—
古街区类	周村古商城	2～5 m²/人	—	2～5 m²/人	1～2 m²/人	0～30 人/栋	—
古典园林类	颐和园	—	—	0.8～2 m²/人	>60 m²/人	—	—
主题公园类	中华恐龙园	0.5～1 m²/人	—	—	—	—	0.5～1 m²/人

（二）承载量测算方法

1. 瞬时承载量

（1）景区瞬时空间承载量

一般是指文化旅游项目景区瞬时空间承载量，瞬时空间承载量 C_1 由以下公式确定：

$$C_1 = \sum \frac{X_i}{Y_i} \quad (6.1)$$

在式（6.1）中：

X_i——景区内第 i 个游览区的有效可游览面积；

Y_i——景区内第 i 个游览区的游客单位游览面积，即基本空间承载标准。

（2）景区瞬时设施承载量

当文化旅游景区设施承载量是景区承载量瓶颈时，或景区以设施服务为主要功能时，其瞬时承载量取决于瞬时设施承载量。设施包括停车场、核心体验场馆、旅游公厕等。

瞬时设施承载量 D_1 由以下公式确定：

$$D_1 = \sum D_j \tag{6.2}$$

在式（6.2）中，D_j 代表第 j 个设施单次运行最大载客量，可以用座位数来衡量。

2. 日承载量

（1）景区日空间承载量

景区日承载量一般是指日空间承载量，日空间承载量 C_2 由以下公式确定：

$$C_2 = \sum \frac{X_i}{Y_i} \times INT\left(\frac{T}{t}\right) = C_1 \times Z \tag{6.3}$$

在式（6.3）中：

T——景区每天的有效开放时间；

t——每位游客在景区的平均游览时间；

Z——整个景区的日平均周转率，即 $INT\left(\frac{T}{t}\right)$ 为 $\frac{T}{t}$ 的整数部分值。

（2）景区日设施承载量

当文化旅游景区设施承载量是景区承载量瓶颈时，或景区以设施服务为主要功能时，其日承载量取决于日设施承载量，日设施承载量 D_2 由以下公式确定：

$$D_2 = \frac{1}{a} \sum D_j \times M_j \tag{6.4}$$

在式（6.4）中：

D_j——第 j 个设施单次运行最大载客量；

M_j——第 j 个设施日最大运行次数；

a——根据景区调研和实际运营情况得出的人均使用设施的个数。

（三）核定步骤

1. 资料采集

收集并整理文旅景区在空间、设施、心理、社会、生态等方面的承载力相关资料。这包括景区面积、有效游览面积、特定设施的接待能力、停车位数量、旅游厕所容量、周边缓冲区的交通承载力、绿化面积、噪声控制标准、年均游客数量、垃圾处理能力等关键数据。

2. 指标选取

依据文旅景区的类型和特点，结合对景区敏感性目标的考虑，将数据按照空间、设施、心理、社会、生态五个方面的指标进行分类。通过这一分类过程，确定景区的基本承载力指标体系。

3. 测算核定

首先，计算空间和设施的承载力指标，并确定其基本数值。其次，利用心理、社会和生态的承载力指标进行校验和调整。心理和社会承载力受当地居民从文旅项目中获益程度的影响，具有一定的弹性，需结合实际情况进行评估。生态承载力主要考虑景区周边自然环境对旅游污染物的净化和吸收能力，以及每个游客在一定时间内产生的污染总量。最后，评估运营过程中对生活污水和生活垃圾的净化处理能力以及垃圾运输能力。

在完成空间和设施承载力的计算后，参考心理、社会、生态等方面的指标或经验值，综合确定景区的最大承载力。为了有效地控制游客流量，文旅景区可以建立一个综合考虑心理和社会因素的联动系统。这个系统通过实时监测游客数量、疏导游客分流、发布预警报告以及制定应急预案等手段，对景区的游客流量进行科学管理，确保游客体验的质量和景区的可持续发展。

（四）客流超载管控方案

建议文旅项目在日常运营中采用智慧手段，建立游前门票预约制度、游中拥挤程度预测机制和全程舒适度评价机制。

1. 采用游前预约管控技术

景区应推出更多优惠政策和便利措施，并利用智能技术进行前瞻性预测和管理。鼓励游客使用门票预约系统，通过该系统的自动关闭和过载提醒功能，有效解决景区过度拥挤的问题。此外，文旅景区可提供网上预约优惠门票，游客可使用身份证或二维码直接入场，省去排队换票和验票的步骤，从而缓解入口区等关键部位的拥堵状况。同时，通过安排团队在非高峰时段进入等管理技术，可以进一步提高景区的承载能力。

2. 加强游中监控与调控

（1）实时监控

文旅景区应持续改进游客流量监测机制，使其成为常态化的管理手段。通过门禁票务系统、景区一卡通联动系统以及景点实时监控系统等先进技术手段，实现对游客流量的全面监控，包括对关键游览节点的精确控制。

（2）旺季调整

承载量的弹性化指的是在维持文旅景区硬件设施不变的前提下，通过管理技术的改进和调整，在特定时段内提高景区的承载能力。例如，延长景区的日常开放时间或增加一年中的开放日数；在旅游旺季增加主要表演节目的演出次数；在旺季高峰时段开启备用通道；根据游客需求临时调整或增加某些设施；根据游客数量调整员工配置，并将工作人员派遣到人流高峰区域以引导游客流动。

3. 濒临超载前的分流与预警

文旅景区应通过实时监测的方式对人流进行监控，提前预警，增加现场工作人员，及时引导游客错峰游览。利用文旅景区的微信公众号、小程序、App、网站等多样化渠道，及时公布各游览区游客流量和游览排队等待时间，供游客决策参考。

4. 超载后的定点保护

文化遗产类景区对文物的定点保护尤其重要。常见的定点保护措施包括安全警戒，如采用栏杆、拦网、绳索、植物墙等方法保护核心文物资源免受损坏，并在需要特别保护的地带增加警示牌、提示牌来引导游客行为。此外，在高峰期还需指派专人在特定地点疏导、提醒、监督游客。例如，故宫在重要文物周边设置了围栏，禁止游客触碰文物；天坛在其回音壁外围设置了护栏，以保护文化遗产免受损害。利用护栏等设施避免游客直接触碰文物是保护文物常用且有效的手段，在一定程度上能防止超载可能给景区资源造成的损害，但过度依赖这些措施会影响游客的体验感。

第一，政府监管层面。地方政府应协调交通、公安以及文化旅游部门，共同建立一个统一的指挥调度系统，负责监控通往景区的主要外围道路、入口和主要集散区域，以实现对游客流量的有效控制。在景区外部，通过引导和分流措施，确保游客能够顺利进入景区，同时保持景区的畅通无阻。

第二，游客教育层面。文旅融合项目在某种意义上是传承文化、增强游客保护优秀文化意识的教育空间。除了采取适当措施提示和管制游客行为外，还需要通过不同方式加强对游客保护文物资源的宣传和教育。除了导游现场讲解、电子导览系统讲解外，文旅景区内的各类标识导览也可以充分发挥保护和传承文化的宣传和教育作用。

四、文旅融合项目的安全运营

文旅融合项目的安全运营主要包含两个方面的内容：一是主动作为，充分分析文旅融合项目可能存在的所有安全问题，并预估各类安全事故发生的可能性，在日常管理中采取针对性措施；二是对一些可能事先无法完全预料的事件制订预案，便于及时采取管理措施，控制事态进一步扩大，将负面影响降至最低。

（一）文旅融合项目的安全问题

对于文旅项目而言，可能发生的安全问题主要有两大类：一类是由自然因素引起的安全问题；另一类是由人为因素引起的安全问题。

1. 自然安全隐患

随着天气预报技术越来越先进，一些重大自然灾害对人的生命安全威胁可以得到一定程度的避免，但文旅融合项目中的大中型设施及建筑不可移动，因此，重大自然灾害如台风、沙尘暴、泥石流、森林大火等仍会威胁到这些生产设施。此外，还存在危及游客健康和生命安全的自然因素与现象，如高原缺氧、高寒低温、高温暴晒、动物袭扰、植物不良接触等。

2. 人为安全事故

人为安全事故主要指由于管理疏漏或游客擅自违规行为造成的事故，这些事故可能危及游客人身安全，并对文旅项目的市场形象和效益产生整体性负面影响。主要包括以下类型：建设施工导致的高空坠落、触电等；演艺活动火源失控、设施电路设备老化失火、舞台塌陷等；针对游客的盗窃和欺诈行为；自营的餐饮企业或者招商租赁的餐饮主体（摊点）导致的游客群体性食物中毒；由于人车混行、弯多路陡、冰雪路滑等因素引发的倾覆、碰撞、碾压等交通事故；水域内游泳、漂流、水上游船等过程中出现的安全事故；缆车索道超负荷运行、检修不当、设备或电力故障等导致的倾覆、坠落等安全事故；人流拥挤所发生的踩踏群体性伤亡等。

（二）文旅融合项目安全运营的法律法规依据

国家和地方人大及其常委会颁布的法律以及国务院、文化和旅游部、相关政府职能部门颁布的行政法规和规章、标准中，与文旅项目相关的安全生产、服务安全等内容都是文旅融合项目安全管理的依据。

与旅游安全有关的法规主要有《中华人民共和国安全生产法》《中华人

民共和国旅游法》《旅游安全管理办法》《关于加强旅游涉外饭店安全管理严防恶性案件发生的通知》《漂流旅游安全管理暂行办法》《旅游汽车、游船管理办法》《大型娱乐设施的安全标准》《中华人民共和国突发事件应对法》《生产安全事故报告和调查处理条例》《特种设备安全监察条例》等。

（三）文旅融合项目的安全预警与预防管理

安全预警是指对可能出现的安全事故进行示警和预报，以杜绝安全问题的发生，或在安全问题初露苗头时及时发现，防止事态扩大，将损失和负面影响降至最低。项目运营方需执行项目所在地的政府管理部门应急预案报备制度。在日常运营中，安全预警运营管理需贯彻落实"安全第一，预防为主"的方针，坚持事故灾难应急与预防工作相结合，做好项目运营常态下的风险评估、物资储备、人员配置、装备配置、预案演练等工作。应联合公安、交警、医疗、消防、客运、海事、电力等多个部门对既定救灾预案进行实地演习。与气象局、防汛抗旱指挥办公室等相关灾害信息发布机构合作，随时获取当地未来48小时内的天气变化情况和灾害预警信息。设置安全急救部门，如医务救治机构等。在事故频发、有危险的地段设置安全告示牌、警示牌，在主要游览和消费节点公布紧急求助方式。针对高峰人流，应通过智慧平台对客流量进行实时监测和信息发布。

（四）文旅融合项目的日常安全运营与管理

1. 完善安全管理制度

文旅融合项目运营需从人员和设备设施两方面入手，建立全面的安全管理制度。对于人员方面，应建立从业人员安全管理制度，涵盖员工岗位责任制度、员工培训制度、全天候值班制度、员工医疗保健制度、员工安全奖惩制度、安全事故登记和上报制度，以及承租商户统一经营管理守则等。对于设备设施方面，则需建立包括停车场管理制度、特种设备和游艺项目的安全操作规程、每日例行检查与安全否决制度、节前安全大检查制度、设施设备保险制度、车辆固定专人保管制度，以及使用与替班审核制度等在内的管理制度。

2.落实安全管理措施

（1）游乐设施安全管理

在文旅融合项目中，对于游乐设施的引进和安装，必须严格审查产品的生产许可证，严禁使用未经许可的产品。同时，应建立健全的安全管理组织和机构，明确各层级和岗位人员的安全责任，并对游乐设施的常规运作提出具体要求。这包括禁止使用已超出安全期限的游乐设施和设备，确保在遭遇恶劣天气或设施出现故障时有应急和应对措施，以及在设施周围显眼位置设置游客指南和警告标志，保持场地宽敞畅通。此外，夜间游乐设施周围应有充足的照明，安全隔离栅栏应坚固可靠，且高度和间隔需符合技术规范。

（2）日常对客服务管理

员工在日常为客户提供服务时，必须严格遵守安全服务操作规程，确保各项作业的安全进行。这包括：在营业前对游乐设施进行彻底的安全检查，确保一切正常运行；在营业中向游客清晰传达游戏规则和注意事项，并对不符合参与条件的游客进行婉拒；严格控制游客人数，严禁超载；有序指导游客正确使用安全带；保持游客游乐秩序；密切注意游客的行为，及时阻止任何不安全的行为。营业结束后，还应立即检查所有的承载设备、附属设施和场地，确保其干净整洁、有序，且不存在任何安全隐患。

（3）公共空间安全管理

应加强公路巡查，及时消除路障和公路安全隐患，如塌方、飞石、碎石掉落、枯木折断等，并完善反光漆、护栏、转角镜等设施。同时，加强山火、香火的管理，以及防洪管理，建设排涝、调蓄设施。在临水、临边、临崖地带，应完善安全防护设施和警示提示设施。

（4）治安与救护管理

在文旅融合项目中，实施有效的治安与救护管理措施是确保游客安全和项目正常运营的关键。

首先，应加强治安管理。应建立专业的安保团队，并配备必要的安保设备和工具，以确保景区的安全。应设置监控摄像头和报警系统，对景区进行24小时监控，及时发现并处理安全隐患。应加强巡逻并定期对景区进行安全检查，以确保游客的人身和财产安全。同时，应制订应急预案，以应对突发事件、恐怖袭击、自然灾害等紧急情况。

其次，应注重救护管理。应设置医疗急救站，并配备专业的医疗人员和必要的医疗设备，以提供紧急医疗援助。应定期进行医疗急救培训，以确保工作人员和志愿者具备基本的急救技能。应与当地医院建立合作关系，以便在需要时能够迅速转移重症患者。同时，应制订应急预案，以应对突发疾病、意外伤害等紧急情况。

最后，应加强合作与协调。应与公安、交警、医疗、消防、客运、海事、电力等多个部门建立合作关系，以共同应对突发事件。还应定期进行跨部门协调演练，以确保各部门之间的协作顺畅并落实应急联动机制。医务室应与社区医院联动并开通救护绿色通道。通过上述措施的实施，文旅融合项目可以更好地保障游客的安全并提升游客的满意度，从而实现项目的可持续发展。

（五）文旅融合项目的游客安全管理

文旅项目中的部分安全问题源于游客自身的违规或不文明行为，因此，运营方需加强对游客行为的管理。对游客行为的安全管理可分为主动服务型和被动管控型两种。

1. 主动服务型安全管理

主动服务型安全管理可采取以下方式：第一，在门票、导览手册上通过醒目的色彩、字体、图标等提醒游客遵守安全守则；第二，通过设置警示或提示标志，告知游客安全注意事项，并利用形式多样的图片展示危险行为的后果；第三，导游在入园前进行安全教育，及时提醒和制止游客的违规行为。

2. 被动管控型安全管理

针对我行我素、不听劝告的游客的违规行为，运营方需采取批评、报警甚至列入黑名单等措施。在极端情况下，甚至需采用法律武器维护自身权益。例如，北京野生动物园为了让游客获得更好的体验，开辟了自驾游专线。游前要求入园游客签署相关责任书，标明游客禁止的行为，明令禁止游客在观光期间下车。同时，也在多个景区内设置提示牌，写明禁止下车的警示语，提示游客自我防范。2016年，游客赵某擅自下车，无视后车鸣笛善意提醒，被老虎袭击，其母匆忙下车救女，导致母亲死亡、赵某被毁容的严重后果。赵某起诉园方要求赔偿，动物园运营方被迫应诉，此事成为当时轰动社会的典型安全事件。

（六）文旅融合项目的危机管理

在文旅融合项目中，防范危机事件的发生是至关重要的。一旦危机发生，最初的24小时被视为关键时期，此时需要立即启动一系列应对措施。这些措施包括积极沟通、宣传、安全保障以及市场研究，以减少突发事件对项目的影响。

运营团队应采取科学有效的应对策略，以最大限度地减少突发性事件的负面影响。这包括通过发言人或主流媒体迅速发布准确可靠的安全信息，以及及时向政府主管部门、公安部门、防灾减灾组织以及受影响的家属报告或通告相关情况。通过这些举措，运营方可以有效地控制危机，并逐步恢复项目的正常运营。同时，组织专家解疑释惑，正确有效地引导公众。信息发布需全面真实，以免增加解决问题的难度。在危机事件严重的情况下，政府可以利用其公信力减轻负面影响，并采取措施，及时正确地引导舆论，帮助景区或项目恢复正面形象。例如，2023年10月27日，深圳欢乐谷发生过山车碰撞事故，运营方及时发布情况通报："过山车'雪域雄鹰'项目发生车辆碰撞，造成8人受伤，目前已送往医院治疗，情况平稳，均无生命危险。事发原因正在调查中，该设备已停止运营，我方将进一步对景区所有设备进行全面检测。"欢乐谷运营方及时向社会发布通报的举措,有效防止了该事故负面影响的进一步扩大。

危机事件结束后,需要审查和彻底优化现有的安全保障系统,以提升服务质量,杜绝安全风险。在宣传策略上,通过多元化的媒体渠道,积极传播应对安全风险的预防措施、应急预案以及恢复正常运营的正面信息,以此消除游客心中对此文旅景区的危机印象。

【案例分析】

案例6.1 "阿朵小镇"惊艳面世　融创文旅"扩容"产品库诠释运营体系创新

融创文旅,作为一家文旅产业投资与运营商,主营业务涵盖旅游业、文化、影视、游乐园、养老等项目的投资与建设,同时还涉足旅行社、文化娱乐经纪代理等领域。公司致力于文旅产品线的扩充和运营模式的创新。其在山东青岛藏马山旅游度假区投资打造的融创·阿朵小镇便是其创新理念的集中体现。

该项目依托山河湖海等独特的生态条件和当地丰富的文化资源,以微度假场景为核心,精心打造了一个业态复合、体验多元的旅居小镇。小镇通过民宿集群构建了居游共享平台,并设有主题商街、颐乐康养、休闲农业、私汤温泉等设施,为游客提供了都市生活之外的理想栖息地。

在运营思维的引领下,阿朵小镇团队在设计之初便摒弃了传统的文旅街区规划模板,将沉浸感与艺术审美深度融合。目前,项目已对外开放并投入使用了多项配套设施,包括阿朵农庄、云茗茶田、影视拍摄基地、融爱家颐养社区、阿朵花街等。同时,还提供了阿朵花屿、宋品酒店、藏马山滑雪场等丰富的文化旅游业态。此外,项目还保留了原有的私汤温泉、萌宠乐园等设施,为游客带来多样化的体验。

该项目集田园风光、生态体验、度假休闲、康养生活、居住养生、影视拍摄和旅游等多种功能于一体，几乎涵盖了商业、旅游和文化产业的全部业态。与其他古城或文旅街区内准入门槛低下且业态混乱的运营不同，融创·阿朵小镇定向邀约了中信书店、李宁运动中心、COSTA、MUJI、万达院线等品牌入驻，形成了"大牌云集"的共振效应。

通过运营创新，阿朵小镇告别了传统主题乐园对大门票的"执念"，在满足文化旅游功能的同时，重塑了情感价值、精神价值，实现了当代人心灵上的"衣锦还乡"。融创提出的"A TOUR A LIFE"理念，即以"阿朵"之名，让不同人生阶段的游客都能在融创·阿朵小镇找到回归自然、回归家庭、回归生活的感觉。

其中的阿朵花屿（民宿集群）子项目总占地约720亩，涵盖了尽显江南水乡婉约的"花间堂"、蜀文化特色浓郁的"布衣客栈"、以汉服为主题的"花筑·奢"、充满禅文化特色的"禅驿"、亲子乐园"乐贝"、女性专属生活空间"六悦"、符合新生代创意生活态度的"星天外"和背包社交型民宿"正在昨天"八大民宿品牌。这些品牌各具特色，共同彰显了阿朵花屿项目的独特文化魅力。

阿朵花屿项目的独特优势主要体现在以下三个方面：

首先，项目负责人拥有丰富的运营管理经验以及强大的资源整合能力。以融创文旅冰雪业务板块为例，作为全球最大的室内雪场运营商，其业务布局覆盖全国冰雪客源地，涵盖了研发、设计、建设、运营、招商、教学等项目全生态周期服务。

其次，融创文旅的开放式经营策略实现了各业态之间的联动协同与流量互导效应。在商业板块方面，融创文旅将娱乐基因植入商业运营理念中，通过创新型娱乐化商业产品重新定义新消费体验，打破了商业与娱乐业态的边界，重构了场景关系，实现了业态功能的跨界叠加，构建了消费者参与的成长型商业空间。

最后，运营团队长期秉持产品思维的惯性。融创文旅运营团队由扎根商旅文产业多年的资深人士构成。针对产品设计，团队坚持一地一策的思路，以用户为核心，浓缩城市气质，定制欢乐场景。他们基于新消费时代用户的共性需求，深耕城市文化、资源、客群、产业特质等方面，摒弃了常态化和复制化的做法，定制了独特的产品组合，为游客营造了具备地域内涵的体验。

针对不同群体的差异化需求，依托于融创文旅的场景打造力与服务力，阿朵花屿为游客提供了定制化的住宿选择，带来了"一店一特色"的现代旅居体验。正如融创文旅集团副总裁张烨所言："一直以来，融创文旅都致力于通过精细化运营为大众提供品质服务与体验。阿朵花屿融入整个阿朵小镇的氛围中，为游客呈现了别具一格的旅居生活方式与场景。"①

案例6.2　旅游景区品质提升优秀案例——辽宁省鞍山市千山景区

辽宁千山景区以"打造东北重要休闲旅游目的地"为工作目标，致力于构建标准化旅游服务管理体系。通过标准制定、培训、实施、评价和改进等一系列过程管理，景区全力提升景观景点质量和旅游服务水平，持续推动高质量发展。

景区已经建立健全了127项企业标准，其中99项直接采用了国家和地方的相关标准。这些标准体系全面覆盖了景区运营中的各个关键环节，包括票务销售与检票、景区内部交通、导游与讲解服务、环境卫生清洁、索道运营管理、安全保障与应急响应、监督管理、智慧景区的构建以及综合管理等。通过实施涵盖人员、物品、流程和评估在内的全流程标准化措施，景区在售票、交通、导览、清洁、安全管理等各个方面均实现了全面标准化。例如，针对卫生间保洁问题，景区制定了《卫生间卫生要求》《环保卫生间保洁规程》《水冲卫生间保洁规程》和《卫生间保洁员管理要求》等多项企业标准，明确了"四无"（地面、便池、蹲位无废弃物；无粪便满溢；厕所内无臭味、异味；无蚊蝇、蛆蛹、鼠类）和"六净"（卫生间顶棚、地

---

① 闻旅派：《"阿朵小镇"惊艳面世　融创文旅"扩容"产品库诠释运营体系创新》，https://baijiahao.baidu.com/s?id=1712292450543266652&wfr=spider&for=pc，访问日期：2024年8月7日。

面、墙壁、门窗、便池、面盆洁净）的考评标准，并配备专人负责，设有公示栏。

根据景区各部门职能分类，景区针对性地印发了各部门的管理标准汇编书籍，并制定了技能培训管控标准。通过对各类服务人员进行培训，使他们熟悉工作岗位标准内容。同时，景区定期进行评价考核，并严格落实流程管控，以考评标准作为上岗标准。上岗考评与绩效薪酬挂钩，切实调动了服务人员爱岗敬业的工作热情。例如，在门票售票服务流程中，景区将售票员每天需要反复操作的散票销售、年卡销售、旅行社业务、残疾证审验换票等工作流程标准作为考核标准，使各流程标准深入人心，从而提高工作效率、降低安全风险和工作失误概率，有效地缩短了新员工或转岗员工熟悉业务环境的周期。

此外，景区还积极打造智慧景区，全面实施智能管理标准。借助"互联网＋旅游"的深度融合，景区制定了14个智慧景区管理服务标准，并投资3050万元打造"智慧千山"工程。运用人脸识别、云计算、大数据等国内前沿技术，景区建成了数字化停车场、票务、云台监控三大系统以及720°全景交互展示、智慧旅游大数据分析两大平台。其中，票务系统实现了数字化售票、验票功能，通过人脸识别技术实现了年卡用户无障碍入园及网络购票游客凭电子票入园；630处监控点位实现了全景区实时控制、网络IP定点对讲、客流统计、人流密度预警以及防越界电子围栏检测。智慧旅游大数据分析平台可对售票数据、车辆数据、运营商基站数据进行全面分析。信息技术的应用和智能管理标准的全面实施不仅极大地提升了游客服务体验，而且降低了服务成本，提高了运营管理效率。[①]

[①] 河北省旅游品质促进会：《旅游景区品质提升优秀案例——辽宁省鞍山市千山景区》，https://mp.weixin.qq.com/s/liEzTmxsBdEbuifBv4jflg，访问日期：2024年11月8日。

案例6.3　大数据助力迪士尼乐园智慧交通运营

全球知名的主题公园普遍面临一个严峻挑战，即排队等候问题。无论是入园、体验游乐设施、用餐还是购物结账，游客都可能需要漫长的等待。尽管园区提供的游乐设施项目数量众多、种类丰富，但在旺季出游时，游客往往一天之内只能体验不到十个项目，并在离园时感到疲惫不堪。为了缓解排队问题，部分园区推出了优速通服务，这既满足了部分游客免排队的需求，也增加了园区的收入。然而，面对高达千元的票价，大多数游客只能望而却步。

针对排队问题，上海迪士尼乐园专门为游客设计了一款App。这款App通过收集和分析园区地图、人流密度等信息，能够预测排队时长，并通过智能推荐游玩路线的方式，优化游客体验。

此外，热门的文化旅游项目常常伴随停车场拥挤的问题。游客往往花费大量时间寻找停车位，或是在出口排队缴费。上海迪士尼度假区的停车管理采用了一套先进的技术组合，包括全数字化的车牌识别系统，以及支持微信、支付宝等电子支付方式和上海公交卡等便捷支付手段。这些技术实现了车辆的快速进出，并与迪士尼运营管理和上海城市停车管理平台实现数据实时互通。游客能通过分布在园区道路两侧的LED屏幕及时获取停车信息，或通过"上海停车"App了解实时的车位剩余情况、收费标准等相关信息。

针对乐园早晚高峰期车流量大的特点，管理者还创新地将缴费通道设计成潮汐式。系统自动根据时间调整通道模式，有效地解决了高峰期的车辆拥堵问题。[①]

[①] 殷宇：《基于大数据的主题乐园运营管理方案研究》，硕士学位论文，华北电力大学（北京），2019。

【思考题】

1. 简述文旅融合项目运营不同阶段的内容。

2. 以某一类型的文旅融合项目为例,分析其运营流程。

3. 分析乡村文旅融合项目运营可能存在的问题,并提出解决方案。

4. 分析评价自己所熟悉的文旅融合项目的商业模式。

第七章　文旅融合项目的营销推广

【学习目标】

知识目标：掌握文旅 IP 的概念、核心价值及 IP 打造的核心要点；理解文旅融合项目推广策划的基本要素、操作步骤以及营销策划的基本策略；熟悉文旅融合项目品牌和 IP 融合推广的主要内容。

能力目标：能够构建文旅融合项目的 IP 产品体系；具备制定营销推广方案的能力。

素养目标：培养文旅融合项目的 IP 创意思维；树立互联网营销的创新意识。

【导读】

自 2022 年 6 月起，山东省文化和旅游厅围绕"沿着黄河遇见海"的主题，开展了一系列创新的新媒体联合推广活动。这些活动巧妙地将黄河文化与海滨文化相结合，打造了一系列黄河流域的文化交流与合作平台，推动了文化与旅游的深度融合，并生动地讲述了现代黄河的故事。通过线上新媒体推广与线下实地体验的融合，山东省文化和旅游厅推出了"沿黄遇海回忆录"和"沿着黄河遇见海"等主题直播，全面梳理和展示了山东省的传统文化、非物质文化遗产、自然景观等丰富的旅游资源。

"沿着黄河遇见海"主题的营销活动聚焦于旅游新产品、新业态、新模式，并针对旅游市场品质化、个性化、多元化的需求，精心策划了包括"活力出行记""潮玩夜游录""古都新节拍""山海行摄集"等在内的10条结合黄河与海洋的精品旅游线路，为游客提供了自驾、骑行、露营、夜游等多种旅游体验。此外，在携程、同程、美团等国内知名在线旅游服务平台上设立了专区，推出了超过20万件以黄河和海洋为主题的文化旅游产品，有效地促进了山东省文化旅游消费的增长，并助力市场恢复活力。

山东省文化和旅游厅主办的"沿着黄河遇见海"新媒体联合推广活动荣获文化和旅游部资源开发司2022年度国内旅游宣传推广十佳案例，这一荣誉充分肯定了其成功和影响力。[1]

第一节 文旅融合项目的IP体系构建

在文旅融合项目的发展路径中，IP体系的构建扮演着至关重要的角色。它不仅关乎项目的独特性和吸引力，更是项目可持续发展和提升市场竞争力的核心所在。

一、IP的概念

知识产权，简称IP，源自英语"Intellectual Property"，意为"知识（资产）所有权"或"智慧（资产）所有权"，也可称为"智力成果权"。IP是一类无形资产，这意味着它们不能被持有，也不一定实际存在。这些资产是利用人类的智慧创造的，可以采取多种形式，包括艺术品、符号、徽标、品牌名称和设计等，以及具有吸引力的知名人物、故事等。在商业和资本层面，IP的定义被扩展为"可在多个维度进行开发的文化产业产品"。对于消费者而言，IP则代表特定的标签、符号或文化现象。值得注意的是，IP在互联网出现之前便已经存在，如《清明上河图》《千里江山图》等艺术作品，以及

---

[1] 刘颖婕、邢曼华：《2022年度国内旅游宣传推广十佳案例公布，"沿着黄河遇见海"成功入选！》，http://sd.people.com.cn/n2/2023/0528/c402977-40434234.html，访问日期：2024年7月16日。

《西游记》中的孙悟空、《红楼梦》中的林黛玉等文学形象，都是具有深远影响的文化符号。

二、文旅IP的核心价值

（一）提升项目传播力

与传统的品牌相比，文旅 IP 具有情感化、人格化和内容化的特点。通过为产品附加场景和情感属性，文旅 IP 能够与消费者之间建立内心情感链接。在移动互联网时代，主流媒体借力 IP 传播，掌握了新媒体时代的流量密码。一个具有"吸睛"能力的 IP 自然受到资本的追捧，因为优质 IP 能让项目在众多同质化产品中"脱颖而出"。因此，打造 IP 成为当下商业发展最重要的命题之一。

（二）促成消费者分群

在文旅行业中，消费者越来越注重购买产品或服务所带来的体验、感受和情感价值，即成为"体验消费者"。这类消费者不仅关注商品和服务的功能性，更加看重整个消费过程给他们带来的体验、情感上的满足和自我表达的机会。文旅 IP 基于人格化价值观的输出、生活方式的倡导、精神层面的诉求，能够促使消费群体分群。通过具有独特文化特色和旅游吸引力的品牌、故事、形象或活动，文旅 IP 能够吸引特定的受众群体。成功的 IP 由原创内容、流量吸引、人格化标签三个部分组成。拥有类似价值观念的群体通过鲜明的 IP 形象快速社群化，组建基于垂直化、强关系的社群，为文旅融合项目的精准营销推广提供便利。

（三）强化文旅产品之间的链接

在物质丰盈的时代，消费者的需求已经发生改变。他们不仅满足于产品的功能性，更加渴望在消费过程中获得情感上的满足和个性化的体验。因此，传统营销理念中单纯宣传产品质量和性能的模式已经被淹没在市场大潮中，而产品与消费者之间的情感连接成为吸引消费者的关键因素。在移动互联时代，渠道壁垒已经被弱化，各类线下消费空间及互联网平台为消费提供了多元化的分流途径。围绕 IP 主题不断衍生及再创造，可以打造文旅融合项目的关联消费项目的强关系链条，形成强大的流量入口。

三、文旅融合项目的IP打造

（一）IP 基因化——构建价值观

旅游资源的吸引力有些体现在具象的景观上，有些则蕴含在抽象的气质和内蕴中。为了提炼旅游资源的核心吸引力，需要深入探索其内在特性，并提炼出差异化的基因。这种差异化的基因是 IP 的核心价值所在，它旨在锁定现实市场和潜在市场的目标客群，进而实施产业化开发，构建出最具发展潜力和核心吸引力的文旅融合产品。

在 IP 的构建过程中，形象化只是外在的表现形式，真正的核心是 IP 人格化的塑造。根据维基百科所统计的"List of highest-grossing media franchises"（媒体特许经营产品畅销榜）中发现，在过去的二十多年中，由"皮卡丘"领衔的"精灵宝可梦"累计收益达到 900 亿美元（截至 2019 年 3 月），成为全球各类 IP 第一位。皮卡丘在 2003 年被《福布斯》评选为"年度最挣钱的虚拟角色"，它具有忠诚、勇敢和偶尔淘气的人格特性，使其成为全球最受欢迎的动漫角色之一。

（二）IP 符号化——创造独特的超级 IP 符号

IP 符号是对品牌、产品、服务或文化现象的核心理念和特征进行高度概括和表达的一种视觉符号或标识。一个独特的超级 IP 符号能够帮助品牌在激烈的市场竞争中脱颖而出，传达品牌的核心理念和价值观，塑造品牌形象，提升品牌价值，并激发消费者的情感共鸣。例如，迪士尼公司的标志性角色

"米老鼠",以其勇敢、乐观、机智的性格深受人们喜爱。在文旅融合项目中,也可以创造类似的IP符号。比如,福州三坊七巷中的翰墨馆,以历史名人严复为核心,创建了"严校长的故事"文化创意商店,将严复的形象和生平故事融入时尚的文创商品中。

（三）IP多元化——打造立体化IP物种

文旅IP的角色创建只是项目的起点,其后的持续管理与个性化内容的拓展才是决定其成功与否的关键。一个经典的IP可以跨越代际产生影响,历经时代变迁而长盛不衰,为文旅融合项目带来持久的经济效益。环球影城就是一个成功的例子,它一直致力于IP多元化发展,并拥有了众多知名电影角色和故事的版权。这些丰富的IP资源为环球影城的文创提供了无尽的素材和灵感来源。因此,在文旅融合项目的IP打造过程中,应该注重IP的多元化发展,打造出一个立体化的IP生态。

（四）体验场景化——营造最佳IP交易场景

对于消费者而言,文旅融合项目的IP场景体验至关重要。其背后的核心逻辑在于,实现场景化的表达是IP吸引消费者付费的关键。为了打造IP体验的场景化,需要构建IP形象场景应用系统,这一系统应涵盖主题空间、互动展览、商品授权、数字媒体、实体娱乐、教育应用、城市营销、活动营销、虚拟体验和个性化服务等多元化领域。在打造IP场景化的过程中,应避免局限于文创店的静态文创纪念品陈列,而应充分利用AI、VR、光影电声、穿越时空、元宇宙等前沿技术,深度营造IP体验场景,创新推出沉浸式体验型文旅融合产品和内容。这样,可以实现极致的美感、时空穿越感、仪式感、代入感和参与感,从而加深游客与文旅项目的情感粘连。例如,福州烟台山的"万国建筑博物馆"就通过精心打造的场景体验,为游客提供了一次时空穿越的旅程。这里的建筑群汇集了不同历史时期和风格的建筑,生动展现了福州地区丰富的文化交融和变迁。而烟山旧剧场的沉浸式戏剧《雀起无声》则将观众带回到1933年的烟台山，通过戏剧表演、现场布景和互动体验，重现了民国时期的社会生活和历史背景，增强了体验的真实感和沉浸感。

（五）运营专业化——培育IP持续生命力

在超级IP产业链的构建中，每一个环节都需要有卓越的运营能力。尽管IP衍生产生的繁荣往往依赖于优质的IP内容，但是过分依赖门票销售可能会限制收入的多元化，从而影响价值实现的全面性。为了充分挖掘和最大化IP的商业价值，需要实施深入且多层次的运营策略，如"IP+产品开发""IP+商业模式""IP+环境艺术"等多重融合模式。从商业化运营的角度出发，为了实现IP效益最大化，需要开发可演绎文化故事的家族群IP体系。一些成功的IP开发案例，如2023年7月开演的《武夷山上有仙灵》剧本杀，就通过设计主要角色和众多的一般参与性角色，为游客提供了更为深刻且富有同伴感的体验。该剧是全国首个九曲溪竹筏上的沉浸式剧本杀，背景设定在明朝初期，通过巧妙的角色设计和丰富的剧情，让观众在探秘的过程中深度体验武夷山丰富的历史和文化遗产。该文旅融合项目为武夷山朱熹IP和风景区运营赋予了新的业态和价值。

（六）发展平台化——构建IP完整生态链

在构建IP体系的过程中，应坚持以文旅IP为中心。一个完备的超级IP涵盖了维护知识产权、开发和营销衍生品，乃至创建主题体验店等多个方面。通过文化和旅游产品的结合、线上与线下产品的整合，可以拓展IP产品的范畴，并将文旅融合项目延伸至整个IP产业链，构建一个以消费体验为导向的IP价值链。超级IP作为强大的连接器，可以通过"IP+影视""IP+商品""IP+住宿""IP+交通""IP+娱乐"等多种形式，逐步构建起一个以自有IP为中心的平台系统。这样的平台能够吸引资源、产品、渠道、运营和投资等要素，自然而然地形成一个涵盖全产业链各个方面的生态链。以中国科幻小说《三体》为例，该系列小说凭借其独特的科幻构想和深刻的人文思考赢得了广泛认可。随着其在文学领域的成功，其 IP 价值得到重视并开始挖掘。通过改编为多种艺术形式、建立粉丝社区、进行品牌合作与衍生品开发以及拓展国际市场等方式，《三体》已经形成了一个从文学到影视、游戏、衍生品、主题乐园等多领域的全产业链布局。超高的认知度和庞大的粉丝群使《三体》成为具有强大吸金力的超级 IP，并成为我国文化输出的一张超级名片。

第二节　文旅融合项目数字营销

一、文旅融合项目数字营销

数字营销是一种利用互联网和数字技术与客户建立联系的营销形式。它可以采取多种形式，如视频、长篇内容、社交媒体帖子、展示广告、付费媒体或电子邮件通信，且存在于电脑端、移动端等各种联网设备中。与传统营销模式相比，数字营销是一个持续变化的动态过程，通过广告的精准投放，建立企业与消费者之间的互动，为企业与其现实或潜在消费者之间展开双向对话搭建了平台。截至 2023 年，全球互联网用户达到 51.6 亿，占全球总人口的 64.4%。[①] 数字营销利用这一庞大的用户基础，在互联网上推广商业产品和服务，同时与社会化媒体共享和扩散相结合，以增强终端销售能力，从而构建起一个全方位的数字整合营销体系。近年来，文旅行业的网络营销快速发展，各地文旅主管部门和文旅企业都将互联网作为营销的重要布局。

[①] SN 跨境营销：《2023 全球数字用户概况报告》，https://lmtw.com/mzw/content/detail/id/223562/，访问日期：2024 年 6 月 19 日。

（一）OTA 营销

OTA 企业作为文旅融合项目的重要组成部分，其核心作用在于通过优化信息流通，解决产业链上下游信息不对称的问题，从而提升整个文旅产业链的运行效率。目前，携程、去哪儿、马蜂窝、驴妈妈、同程艺龙、途牛、飞猪、美团等行业领军企业，在这一领域发挥着举足轻重的作用。

对于文旅融合项目而言，将产品置于 OTA 平台，并在交易中向平台缴纳一定比例的盈利佣金，是目前 OTA 营销的主要模式。此模式因其交易高效、单笔营收稳定、运营成本低、交易过程简单等优点，尤其适合国内具有消费人次多、频率高、标准化程度高等特点的文旅产品，如各类主题公园、博物馆、主题剧本杀等的门票、餐券、酒店客房、民宿等。在提升市场竞争力方面，依托 OTA 平台销售的文旅融合项目常采用多样化的促销策略，如在节日或淡季采用折扣促销、有奖促销、赠品促销、积分促销、联合促销等。此外，网络口碑营销的价值日益被业界重视，不仅各类 OTA 平台不断完善用户评论功能系统，一些以评论为主要功能的网站，如国内的大众点评网、马蜂窝等，也通过大众评论叠加销售功能来开展产品营销推广。

（二）视频（直播）营销

随着视频行业的迅速发展，抖音、小红书、快手、哔哩哔哩等新流量平台崭露头角，它们通过视频分享或即时直播的方式，为文旅行业注入了全新的活力。各类微电影或短视频已成为广告主在营销传播环节的重要组成部分，凭借其沉浸性、情感性、娱乐性、成本低廉性、口碑传播便利性以及领袖意见的影响力，这些视频形式在各类泛娱乐网络中广泛传播，并在文旅融合项目营销中占据重要地位。基于 Wi-Fi 的普及和视频直播的大众化，即时直播已成为当前视频营销领域发展最迅速的视频营销方式。直播营销借助直播设备及直播平台，实时将文旅融合项目地的美好风光、游览体验等通过网络即录即播的方式展示给观众，从而激发用户的购买行为。抖音、快手、小红书等新媒体平台能够通过视频或直播为用户提供真实消费场景，增加产品体验感和既视感。主播通过亲身体验能够在线实时向观众解答问题，让用户即时咨询及反馈，粉丝可以直接在直播过程中下单，平台成为流量变现的直接入口。

直播营销方式主要有以下两种类型。

1. 直播 + 发布会

"直播 + 发布会"已成为各大文旅融合项目抢夺人气、抢占流量、制造热点的营销法宝。文旅融合项目开业、重大节事等时机往往采用此直播形式开展营销推广。

2. 直播 + 产品体验

通过邀请人气网红进行代言推广，增强品牌影响力，形成良好的广告转化效果。这种营销模式适用于文旅景区、餐饮、娱乐、博物馆、露营、民宿等多个文旅行业，是与文旅休闲体验契合度极高的营销策略。

开展直播营销前期需进行精准的市场调研，围绕文旅融合项目自身的优势及受众定位，精心设计直播方案，选择合适的直播平台和直播人员。同时，也要重视直播期间的互动环节、引导以及后期的有效反馈等。

以哔哩哔哩为例，哔哩哔哩平台的六大主流直播内容类型包括：游戏直播、生活娱乐、动画二次元、科技数码、音乐舞蹈和教育培训。从内容画像上看，高质量游戏直播和专业教育内容的消费人群主要集中在年轻人群和二次元爱好者。他们追求直播内容的深度和专业性，尤其是游戏直播的技术操作、教育培训的专业知识以及直播互动的趣味性，这与哔哩哔哩的主流内容高度契合。目前，哔哩哔哩已通过直播带货、游戏联运等方式，集结了游戏厂商、教育机构等直播业态群体。

(三)搜索引擎营销

搜索引擎营销是通过付费广告或有机方式增加搜索引擎流量的数字营销过程。它依赖于用户在搜索引擎中输入的关键字（短语），这些关键字可用于创建与目标受众高度相关的内容和广告。随着文旅行业电商化的不断普及，大多数消费者都是通过搜索引擎来寻找信息或产品。统计数据显示，大多数用户会点击热门广告之一或前五个自然结果之一。因此，搜索引擎营销是帮助文旅产业获取流量的重要手段。为了充分利用搜索引擎所带来的潜在价值并实现高额的投资回报，需要不断探索搜索引擎在文旅融合领域中的应用，同时关注分析网络用户的搜索行为和特定的消费人群，从而制定更具有针对性和有效性的广告投放策略。此外，通过搜索引擎优化等非付费策略提高知名度也是关键。在搜索引擎营销过程中，标题应做到主题明确，方便搜索引擎和用户识别。而且，关键词的选择要考虑流行度、热度及竞争力，并适当采用付费搜索方式提升页面位置，以提高用户的触达性。

(四) VR 营销

VR 技术的构想性、沉浸感和实时互动性可以为文旅融合项目提供吸引人的"虚拟体验"和逼真效果，从而激发用户的即时购买欲望。此外，VR 和其他新媒体技术允许观众以第一人称视角直接进行风景观赏和旅游资源探索，而不必依赖他人的视角。观众可以利用 VR 技术，亲身体验目的地的风光。文旅融合项目开展 VR 营销时，需根据空间和产品特性选择适合的 VR 演示方式及网络投放平台，借助 VR 样本的营销为游客提供超凡的前期体验。借助 VR 使产品能更好地讲故事，彰显 IP 形象和品牌精神，是 VR 营销策划的内核。

（五）虚拟游戏营销

虚拟游戏指的是在各种平台上的电子游戏，包括单机游戏和联机游戏两大类。根据游戏与营销的管理策略，可将虚拟游戏分为游戏植入广告和品牌定制游戏两种。前者将文旅体验空间作为游戏场景或游戏发布场景，或在游戏中植入部分文旅体验。后者则根据文旅融合项目的特点，量身定制游戏。例如，《天涯明月刀》与福建永定土楼文旅景区开展战略合作，将环兴楼打造成集电竞、民宿、文创、5G+4K 云演艺及沉浸式体验和表演于一体的文旅新地标。又如，《梦幻新诛仙》把三星堆博物馆的铜纵目面具、Ⅰ号大型铜神树和人首鸟身像三个文物塑造成游戏中的三个灵宠，从而建立了游戏爱好者与文旅消费群体的联系。

二、文旅融合项目社交媒体营销

社交媒体，即社交媒介，是用户通过虚拟网络和社交平台分享信息、想法、个人信息和其他内容（如视频）的一种数字技术。其互动特性体现了用户生成内容（UGC）这一本质。目前，社交媒体的主要形式包括微博、微信等。

社交媒体营销（Social Media Marketing, SMM，也称为数字营销和电子营销）是使用社交媒体来建立公司品牌、增加销售额和推动网站流量的一种策略。除了为公司提供一种与现有客户互动和接触新客户的方式外，社交媒体营销还具备专门的数据分析功能，使营销人员能够分析成功案例模型，并且创新更多的营销方式。

社交媒体营销，作为一种现代营销策略，依托社交网络、微博或其他网络协作平台等社交媒体来发布信息，进而用于营销推广、公共关系和客户关系管理。通过深入分析用户在平台上发布和传播的内容，社交媒体营销可以有效地洞察出用户的兴趣偏好、消费行为和购买能力等相关数据。网络红人、明星等关键意见领袖（Key Opinion Leader，KOL）是主要的信息来源，他们推荐的美食、旅游地点和摄影作品往往会引发粉丝和公众的模仿和追随。运营"微营销"以拓展文旅市场，颠覆传统的文旅融合项目营销理念，有效开展社交媒体营销已成为文旅融合项目运营主体必须面对的挑战。

（一）微博营销

微博作为近年来极为流行且具有标志性的新媒体营销手段之一，其显著优势体现在高度互动性、高速的传播效率、精准的营销定位、相对低廉的营销成本，以及即时反馈效果等方面。微博通过其实时报道的功能，以及结合文字、图片、视频和音频的传播方式，实现了信息的快速传递。一旦信息在微博上发布，每一位关注者（粉丝）都成为潜在的营销目标。官方微博更新内容，可以向网友传播其相关信息和产品信息。目前，中国各省、自治区和直辖市的政府文旅管理部门普遍开设了官方旅游微博账号，利用微博这一社交媒体营销平台来推广文旅融合项目的品牌和形象。

文旅行业的营销与微博的结合主要体现在两个层面：一是政府部门对文化产业和旅游产业的宣传策略；二是文旅企业自身的营销策略。政府旅游微博的特点包括公开性、权威性、服务性和责任感。根据微博官方大数据分析，各地政府官方微博展现出内容优质、更新及时、贴近民生以及管理团队健全等优势。因此，公众普遍对政府媒体发布的信息持有较高的信任度，并在日常生活中作为决策参考。同时，政府发布的有关旅游和文化发展的信息，能够为当地文旅企业的成长提供支持，从而进一步提升经济收益。在微博营销方面，可以采取以下策略。

1. 开展互动营销，吸引用户持续参与

文旅企业与微博用户之间的互动方式丰富多样，包括不定期的折扣门票赠送、日常内容分享、发起互动话题、直播中的特别福利、征求意见和用户关怀等活动形式。互动营销可以及时传播文旅产品信息，维护现实消费者，挖掘和培育潜在游客，提升文旅融合项目的吸引力和竞争力。

2. 把握情感定位，增强用户情感关联

通过情感定位，确定微博情感营销主题及内容。打造一个具有独特IP人格化的虚拟情感形象，文风贴近消费者需求，通过亲情、爱情、友情等主题，品牌可以利用社交媒体强大的互动特性与消费者建立持久的情感纽带。

3. 生产优质内容，激发用户持续关注

在微博上发布文旅融合项目相关的事件或话题，创作优质原创内容和完善互动活动机制，获得网友的转发和评论，吸引用户关注。内容创作要避免单向传播，巧妙利用植入式营销，文字独特、口语化且带有时代特色，彰显文旅融合项目的魅力。

4. 发挥意见领袖作用，吸引粉丝关注

借助网红、知名博主等意见领袖的力量，可以传播和推广与文旅产品相关的活动和话题，迅速且广泛地触及更多用户，从而在短时间内提升文旅融合项目品牌的知名度和市场的关注度。

5. 整合优势资源，提升营销传播效果

通过事件营销、品牌推介等，调动各种传播媒体和手段推广微博内容，提升微博营销影响力。整合营销传播策略的应用主要包括三个方面：一是文旅企业微博内部的资源，如发布文旅融合项目的重大新闻、产品服务信息以及处理客服问题等；二是企业微博与其他主流媒体如新浪、网易、搜狐等的整合；三是整合微博线上和线下活动，使线上线下形成良好互动，通过裂变式传播实现信息的大范围传递，强有力地吸引媒体和消费者的关注。

（二）微信营销

微信，基于熟人关系链构建的社交网络，为营销活动提供了坚实的信任基础，确保信息能够借助用户间的信任关系进行有效传播。通过微信公众号、微信小程序、微信视频号、微信群、个人号等多种营销工具，微信能够满足不同营销需求，并实现一对多的信息传播，迅速覆盖大量用户。此外，微信的即时通信功能和内容分享的便捷性，使品牌与用户之间的互

动更加直接和迅速。同时，通过定位服务功能，微信还能实现精准的地域营销。微信营销还具有成本相对低廉、后台支持强大、营销定位精准、互动交流灵活和传播受众精准等特点，使其成为国内外企业青睐的营销平台，特别是在移动端营销中占据重要地位。文旅融合项目微信营销可采取以下策略。

1. 推送优质内容，提升用户忠诚度

文旅融合项目的公众号已成为各大文旅融合项目的重要营销渠道。在各类新媒体中，微信文本信息具有比较优势。因此，文旅融合项目或相关人员应通过突出微信文本内容的知识性、语言的风趣性、表情符号的丰富性，甚至思想性，让用户有兴趣进行更有深度的阅读，从而给用户留下更深刻的印象。文旅融合项目运营者要以公众号的定位、目标用户的属性、文章内容的特性为考虑前提，找到最契合自身用户阅读的推送时间。

2. 利用朋友圈，构建社群类营销关系链

微信公众号相对于网站和微博而言，运营成本较小，且具有很大的灵活性和可操作性。文旅融合项目可以通过营造吸引人的打卡点和各类精彩瞬间场景，通过微信朋友圈这一私密社交传播渠道，达到最直接的口碑传播效应。朋友圈通过文旅融合项目开放平台的对接、"好友助力砍价"、"点赞"等功能，可以促进文旅产品及广告信息的裂变式营销传播。公众号或者小程序中设置的美景导览、门票预订等功能，在文旅融合项目营销实际成效中发挥显著作用。

3. 利用定位功能，开拓销售新渠道

文旅融合项目可利用微信的定位功能，在签名档处填入自身的位置信息和促销信息，使其成为一个移动的、免费的黄金广告位。各类文旅融合项目可以通过微信"向附近的人打招呼"功能，推送销售消息。同时，微信自身的群发功能以及与腾讯QQ及手机通讯录的同步关注，可以提高新产品的信息推广、节假日优惠活动信息宣传、售后服务信息提示等多项服务信息的发送效率。

4. O2O + 二维码，打造病毒式传播效应

O2O（Online to Offline）+ 二维码扫描功能，能产生病毒式品牌传播效应。二维码成为文旅融合项目营销拓展用户或合作伙伴群体、打通线上和线下的关键入口。文旅融合项目需善于设定自身的二维码，拉新建群，从而有效地开展微信社群运营，扩大项目营销的辐射面。文旅融合项目营销负责人需要善用微信小程序，打通微信个人号、订阅号、服务号、微信群、朋友圈等，构建自身微信营销新矩阵，探索 O2O 新模式。

第三节　文旅融合项目品牌和IP的融合推广

文旅融合项目品牌和 IP 融合推广，是指将独特的文化元素与旅游项目相结合，通过创新性的品牌建设与 IP 开发，推动文化与旅游产业的深度融合发展。这种模式强调文化内涵的挖掘、市场化的运作手段、数字科技的融合应用，以及创新营销策略的实施，旨在提升旅游体验，增强品牌影响力，促进地区经济与文化发展。通过成功案例的借鉴和模式创新，文旅融合项目品牌和 IP 融合推广正在成为提升城市形象、推动产业升级的重要途径。

一、品牌和IP的区别与联系

（一）区别

品牌是用于识别销售者或销售者群体的产品或服务的名称、词汇、符号、设计或它们的组合，旨在将之与竞争者的产品或服务进行区分。品牌立足于产品，既依附于产品又超越产品本身，是连接产品和消费者心智的桥梁。品牌价值由客户价值和自我价值两部分组成。品牌的客户价值受功能、质量、价值三个内在要素影响，而品牌的自我价值则由知名度、美誉度、忠诚度三个外在要素决定。

IP 则以内容为核心，是对内容的符号化表现，它是连接内容与消费者情感的纽带。IP 的关键要素包括情感、价值、个性、消费者四个方面。IP 的价值同样由客户价值和自我价值构成。IP 的客户价值取决于辨识度、共鸣度、连接力三个内在要素，而 IP 的自我价值则由知名度、美誉度、忠诚度、持续度四个外在要素决定。

在生产方式上，品牌以产品为出发点，产品的特性和质量等因素共同决定了品牌的价值，品牌是附着在产品之上的象征。而 IP 以内容为起点，其产生和发展必须建立在持续不断的优质内容之上。

品牌的构建过程从产品生产开始，经过品牌定位，再到确定品牌视觉、品牌口号，最终通过寻找合适的推广媒介和渠道传播品牌；而 IP 的构建则是从人物出发，发展到故事，再形成价值观，最后衍生出产品。

近年来，跨界成为品牌界的一种趋势。品牌和 IP 都有能力实现跨界，但是以产品为基础的品牌通常有较为稳定和固定的产品线，其跨界能力相对受限。相比之下，成功的 IP 能够轻松跨越不同产品或不同行业的界限。本质上，品牌承载的是具体的产品，而 IP 承载的是信息和内容，具有更强的适应性和变化能力。因此，品牌模式更适合有形产品的产业，而 IP 模式则更适用于以软实力为核心的文化、娱乐等无形化产业。

（二）联系

真正的 IP 推广旨在通过一系列的形象塑造、标识设计、口号精练、广告曲或广告剧的运用，全方位地触动消费者的感官，创造出一种愉悦的品牌体验。这种推广策略旨在让品牌形象和品牌认知深深地烙印在消费者的记忆中，从而在消费者作出购买决策时，成为他们考虑的备选项目。在推广过程中，内容的选择对塑造品牌文化和形象至关重要。它能够彰显品牌的独特魅力，增强品牌的吸引力。

文旅行业涉及范围广泛，涵盖"吃、住、行、游、购、娱"六大要素，因此文旅营销中的跨界合作具有多种可能性。近年来，文旅行业与汽车、户外用品、综艺节目、轻零食等多个领域的联合推广案例层出不穷。这些跨界合作之所以能够成功，就在于文旅行业的无形资产具有充分的延展性和多变性。通过与不同行业的合作，文旅IP能够拓展其应用范围，创造新的消费体验，吸引更广泛的消费者群体，从而提升品牌的影响力和市场竞争力。

二、文旅融合项目IP与品牌融合推广

在文旅融合项目的发展过程中，IP与品牌的融合推广是实现项目价值最大化的重要手段。这种融合不仅强化了项目的市场识别度，也提升了品牌的内涵和价值。

（一）挖掘品牌个性，打造文旅IP

敦煌莫高窟作为世界上现存规模最大、内容最丰富的佛教艺术宝库，不仅代表了中国佛教艺术，也见证了中古时期的中外文化交流，具有极高的历史价值。它既是一个强大的文旅品牌，也是一个顶级的IP。近年来，敦煌莫高窟运用多种手段对敦煌文化进行推广。为了进一步发挥其文旅价值，敦煌研究院开发了"云游敦煌"小程序，利用数字资源，结合厘米级空间定位与虚实融合技术，在莫高窟内创造了一个虚拟孪生世界，让游客能够在线上体验莫高窟的艺术魅力。敦煌莫高窟的IP塑造具有多重作用，包括文化传承与教育、提升旅游吸引力、推动经济发展、促进国际文化交流、加强品牌建设、扩大社会影响力以及推动创新与可持续发展等。通过这些创新和推广措施，敦煌莫高窟不仅得以保护和传承，同时也促进了文旅融合发展，为公众提供了丰富的文化体验。同时，敦煌莫高窟也利用IP的塑造，丰富了敦煌文化的内涵，让受众感受到宗教艺术背景下，符合现代人审美的、多样而亲切的价值观，由此强化了敦煌莫高窟的品牌力，成为品牌理念与IP理念完美融合的经典案例。

（二）借力新媒体引流，助力品牌与 IP 传播

新媒体的全方位数字化、多样性、交互性、社交性、个性化、即时性等特性对文旅 IP 的推广传播具有重要意义。借助微信公众号、小程序、抖音短视频、H5、微博互动、小红书、哔哩哔哩等新媒体平台，文旅 IP 得以快速传播，助推文旅产品的推广，提升文旅品牌的市场占有率。例如，敦煌莫高窟官方微信公众号推出的一篇名为《壁画的故事》的文章，通过引人入胜的叙述方式和精美的图片展示，向读者呈现了敦煌壁画的历史背景、艺术价值和修复过程。文章以生动有趣的方式解读了壁画中的故事和人物，使读者能够深入了解敦煌莫高窟的文化遗产。在抖音短视频平台，关于九色鹿的短视频通过动画和特效生动展示了敦煌壁画中九色鹿的形象，引发了用户的共鸣，建立了强情感关联。

（三）跨界合作，构建 IP 文旅产品链条

文旅融合项目借助核心 IP 内容，向文化产业、旅游产业拓展。敦煌莫高窟与腾讯合作，推出"数字敦煌"项目，通过高精度的数字化技术将莫高窟的壁画和文物以数字化的形式呈现给公众。用户可以通过腾讯的平台在线欣赏莫高窟的壁画，了解其背后的故事。"数字敦煌"不仅让更多人接触和了解敦煌文化，而且为敦煌莫高窟的品牌传播和文化产品的市场推广提供了新的途径。敦煌莫高窟还与网易游戏合作，将敦煌文化元素融入游戏之中，让玩家在游戏中体验敦煌文化的魅力。此外，敦煌莫高窟还与爱奇艺等影视制作公司合作，推出了以敦煌为主题的纪录片《敦煌画境》，展示了敦煌艺术的独特魅力。以 IP 为核心，通过与科技、游戏、影视等不同领域的合作共同构建的 IP 文旅产业链条，不仅为文化传播和保护开辟了崭新的渠道，而且为游客提供了丰富多样的文旅产品。

（四）推动 IP 跨界文创，以文创反哺品牌

从景区以及社会的角度来看，开发文创产品不仅可以增强游客的购买力、拓展景区的经济模式，还能提升游客的沉浸式体验。敦煌莫高窟与设计师合作，提取壁画中的图案、色彩和故事元素，设计成现代的文创产品。这些产品不仅美观且富含文化内涵，深受消费者喜爱。敦煌莫高窟的跨界合作品牌范围广泛，如麦当劳、施华洛世奇等。这不仅增加了产品的文化附加值，也为 IP 宣传带来了新的活力。通过文旅消费链条的开发，文旅项目不再停留在观光和简单的娱乐消费层面，而会成为游客的一处精神领地、一种新的生活方式，实现了 IP 情感传播和品牌产品推广的双赢。

【案例分析】

案例7.1　故宫以东：根植文化，聚合商旅，书写城市

北京市东城区是北京文物古迹最集中的区域，拥有 18.5 片历史文化街区，以及故宫、天坛等 3 处世界历史文化遗产，188 项非物质文化遗产和 356 处不可移动文物。这些历史文化资源如珍珠般散落在 41.84 平方千米的土地上。文化是这座城市的底色，也是支撑商业发展的生命力。金街王府井、东单、东四、前门、崇文门等商圈星罗棋布，文、商、旅既水乳交融，又如散落的珍珠，亟待穿珠成链。而这条链，正是东城区推出的"故宫以东"IP。

一、打造商圈 IP 群落

自"故宫以东"确立以来，东城区携手王府井周边的商业综合体、品牌餐饮、文化机构、文创园区，通过举办"故宫以东"艺术品交易文化旅游季，打造王府井文化探访路，并成立王府井金十字"故宫以东"文商旅联盟等举措，促进了文化、旅游、商业的交汇融合。

二、开展系列主题推广活动

2018年,原东城区旅游委正式推出了第一季"故宫以东"系列主题产品包。区内吃喝玩乐各类资源被精心梳理并包装成"寻迹""跃动""腔调""骑迹"四大系列,共包含"我家住在紫禁城""漫步中轴线""小鬼当家""网红日记""夜行动物""最佳视角"等22个主题。

同年冬天,"故宫以东"品牌分享会成功串联起古都北京核心区东城区的文旅资源,包括故宫、天坛、雍和宫、国家美术馆、国子监、前门、王府井、人民剧场等。2019年初,"故宫以东"继续走"精品化"路线,设计了更新鲜有趣的产品,如"带你用乐高粒了解古建""在故宫制造时间定格回忆录""在天坛来一场'天'字游戏""在东交民巷梦回民国"等30余个"故宫以东"系列旅游线路及产品顺利上线。

2020年,东城区加大融媒体手段,策划了一系列促进消费的文化旅游活动。"故宫以东"联合辖区内的优质非遗资源,隆重举办了"大师之师·匠心大观"钱美华景泰蓝艺术大展以及"故宫以东·宫廷新造办——非遗美学展",并从8月到12月底共设计了四个板块。

印象板块:集合36支拍摄团队在36小时内完成"故宫以东·指尖阳光"的极限短视频创作,并剪辑成专门的纪录片在各家参赛平台上进行二次传播。

体验板块:举办了"有梦有趣有你""故宫以东·完美世界"全国校园文创设计大赛,并与哔哩哔哩合作开展了"在'故宫以东'20小时寻找北京"视频征集赛。

融合板块:与OTA平台携程网站合作策划了"故宫以东"品牌IP聚合页,推荐了东城区40余家有特色的商家、景区景点、酒店客栈。

对话板块:发布了"故宫以东"文旅品牌集聚效应及经济影响力研究报告,并邀请了文旅行业专家对"故宫以东"如何促进文化东城发展献言献策。

东城区依托区内的独特资源,通过不同的排列组合,以"故宫以东"IP

作为黏合剂形成的文旅融合模式，不仅超越了文创的单一模式，更让吃住行游购娱都带上了品牌色彩，实现了文化、旅游、商业的无缝对接。"故宫以东"最根本的目标是要打造一条涵盖艺术、文化、生活以及人群生活方式的良性链条。[①]

案例7.2　湖南常德·中国桃花源景区推广策略

桃花源景区，坐落于湖南省桃源县西南15千米处，紧邻潺潺水溪，距离常德市约34千米。该景区与沅江相接，曾是古武陵县的一部分，现归桃花源旅游管理区管理。它享有"第三十五洞天、第四十六福地"的美誉，集国家重点风景名胜区、全国重点文物保护单位、国家森林公园和国家5A级景区于一身，是国内少有的福地洞天共存之地，并涵盖了古代潇湘八景之一的"渔村夕照"。为了进一步提升景区的知名度和吸引力，桃花源景区制定了以下四个阶段的营销推广策略。

一、品牌预热期：塑造品牌影响力

在品牌预热阶段，景区精心策划了"小隐的乐趣谁知道"线上分享活动。通过海报、文章、短文案等多种形式，提前向受众传递活动信息。利用受众的认同心理，激发他们的兴趣和期待，进而扩大活动的影响力。预热渠道涵盖了中国桃花源官方网站、微信公众号、官方微博、朋友圈等内部平台，以及行业性（旅游）、综合性门户网站（如新浪、网易等）。

在此期间，景区还设计和包装了特色旅游线路，结合自然资源和社会热点，与游客建立联系。举办了桃花节、隐士文化节等一系列主题活动，吸引游客参与，提升曝光度。同时，设计了"桃园源寻隐之旅""诗意山水行"等具有特色的旅游线路，吸引游客关注。此外，对景区进行了创意包装，如打造"小隐"主题的景区形象，通过线上线下渠道进行广泛推广。

[①] 品橙旅游：《故宫以东：根植文化，聚合商旅，书写城市》，https://baijiahao.baidu.com/s?id=16879 43028538783697&wfr=spider&for=pc，访问日期：2024年7月10日。

二、品牌确立期：凸显多元化体验

在品牌确立期，桃花源景区以"隐逸"为核心主题，积极探索文化旅游 IP 的创新发展思路。打造了独特的文化旅游 IP，推出了"隐士"人物形象，并举办了"隐逸体验式旅游"活动。通过定制化的主题体验，让游客深入感受桃花源的隐逸文化。同时，举办了"2020 年中国桃花源红人直播大赛"，利用在线直播和短视频平台进行推广，吸引了大量网民的关注和参与。此外，还制作了主题宣传片，并通过直播和短视频进行传播。邀请了直播平台上的网红参与活动，利用他们的个人影响力进一步打造旅游 IP。为了丰富游客的体验，景区还在全国乃至全球范围内招募了美好生活体验官，并鼓励他们在社交媒体上分享在桃花源的体验故事。与"隐士"合作，制定了四季主题系列活动，例如，春季的桃花盛开、夏季的双抢农耕、秋季的采菊东篱、冬季的独钓寒江等，为游客提供了多元化的旅游体验。

三、品牌延续期：实施 O2O 立体营销

在品牌延续期，桃花源景区采用 O2O 立体营销策略，以"小隐新招数，你的旅行乐趣你知道！"为传播主题，进一步增强了品牌的影响力。景区启动了"隐逸圈"话题，鼓励用户参与讨论和分享，增强了用户的参与感和互动性。同时，专注于乡村田园题材的 IP 推广，制作了与桃花源景区相关的视频内容，并通过视频平台展示了景区的自然风光和人文特色。此外，还以"小隐的乐趣谁知道"为创意元素，制作了 H5 广告，并通过社交媒体进行传播，吸引了大量用户参与互动。在微信公众号上发布了与桃花源景区相关的文章和活动信息，增加了用户的参与度和品牌忠诚度。通过这些具体措施，桃花源景区不仅保持了品牌的持续吸引力，还通过创新的营销手段进一步巩固了其在旅游市场中的地位。

四、终端营销：连通消费链

终端营销是连接消费者与产品的重要环节。桃花源景区通过一系列策略，实现了与消费者的有效连通，强化了消费链的连贯性。

一是农作物保鲜"带"：在桃花源实行体验耕种，制作田园餐桌计划，在

景区内打造"农家厨房",通过直播的形式向消费者提供农作物的生长情况。

二是景区包装设计:设置跟"隐逸"相关的旅游"农家厨房",打造应景配套设施,比如,商业街门面打造"隐市",包含吃喝玩乐中心,有"隐市小吃"和"隐市住宿",打造中式田园风格客栈等。

三是"城市一隅一桃源展厅"和"桃源城市旅行社":在大型商超门店设置桃花源展点和导台,进行旅游咨询;"隐逸中心城市体验馆"、引进旅游全景 VR 模拟销售,让消费者提前感受,随后实地消费;与旅行社或直接与常德桃花源景区进行对接,实现"定制化"旅游服务。

四是寻求商业合作:打造"桃花源休憩处",以实景打造门店装修风格,寻找相同气质的商铺,比如,长沙的茶颜悦色等。[①]

【思考题】

  1. 简析文旅 IP 产品体系的主要内容。
  2. 列举在文旅 IP 中体现消费者的情感需求的方法。
  3. 简述利用文旅 IP 与品牌的联系开展文旅融合项目营销。
  4. 简述当前文旅融合项目的主要新媒体营销平台。
  5. 为自己熟悉的某个文旅融合项目制定营销推广方案。

[①] 钟端:《常德可小隐 归去桃花源 湖南常德·中国桃花源景区 2020 年营销推广策划案》,硕士学位论文,湖南大学,2019。

第八章　文旅融合项目策划与运营实例分析

【学习目标】

知识目标：了解并掌握国内外经典文旅融合项目的策划和运营的先进经验。

能力目标：结合实际案例形成对比分析能力。

素养目标：形成理论联系实际的思维习惯；增强对中华优秀传统文化的自豪感和认同感。

【导读】

成功的文旅融合项目策划与运营往往具有时间契合、空间（载体）集合、业态融合和人气聚合等显著特征。这些项目的成功并非偶然，而是需要各个关键要素的紧密配合与协同作用。这包括深入挖掘在地特色文化并进行创新表达，打造独特的IP形象体系和全方位的推广营销矩阵，构建稳健的投融资体系，以及实施标准化、人性化的日常运营管理。近年来，中国旅游研究院联合相关单位发布了一系列中国旅游创业创新案例，如"潮品牌新势力""艺术和旅游融合经典案例"等。这些优秀案例在跨界融合、创意策划、投融资、常规运营管理等多个方面都为文旅融合项目提供了宝贵的启示和借鉴。

第一节　北港村文旅融合项目

2013年,《中国国家地理》杂志发表了《平潭古厝——谜一样的彩色城堡》一文,使北港村的彩色石头厝受到了广泛的关注。2015年3月,数位文艺青年造访北港村,被其原生态的风景和丰富的民俗所吸引,决定留下并投身于北港村的建设,从而开启了北港文创村文旅融合项目的新篇章。

一、北港村文旅融合项目优势

第一,原生态的海岛及石头厝村落景观。北港村的石头厝沿港湾一带海岸线而建,布局分明,古朴典雅。这些石头厝多用青灰色石头砌墙,灰泥勾缝,青瓦覆顶。周边还分布有古码头、梯田等景观,与古村落、海湾共同构成了一幅美丽的画卷。

第二,独特悠久的海岛传统村落民俗。北港村保留了古老的生产生活用具、传统民俗、古厝、古庙等,彰显了其文化的深厚底蕴和顽强的生活意志。此外,海岛独特的物产也孕育了当地独特的美食和农事体验活动。各种海岛独有的体验活动和民俗活动,吸引了众多游客前来参与。

第三,政府强有力的支持和推动。北港村位于平潭岛,这是中国第五大岛、福建省第一大岛,被誉为福建的"马尔代夫"。平潭岛是中国大陆距台湾本岛最近的地方,具有得天独厚的地理位置优势。政府的大力支持和推动为北港村的文旅融合项目提供了有力的保障。

二、北港村文旅融合策划模式

(一)"文化艺术+乡村建筑"

北港村积极转变发展思路,大力引进台湾人才和文创团队,立足石头资源,充分发掘当地文化,以文创为引领,走旅游文创发展之路。通过台湾元素与当地渔村文化的充分融合,北港村成功打造成为集艺术创作、休闲旅游为一体的"石头会唱歌"艺术聚落,并吸引了众多海峡两岸的文创团队入驻。如今,这里已成为福建省作家、美术、书法、摄影等多个协会会员的创作基地,民宿、咖啡馆、酒吧、餐饮、主题艺术体验馆等文旅融合业态相继涌现。

(二)"文旅IP+创意产业"

结合平潭岛碧海蓝天的天然资源优势,当地重点打造"蓝眼泪"这一文化IP。"蓝眼泪"其实是一种名为夜光藻的微生物,它们可以在黑暗的环境中发出蓝色的光。当夜光藻聚集在一起时,它们的蓝光就会在海水中形成一片片蓝色的光带,这就是"蓝眼泪"的来源。通过联合新媒体平台进行持续推广和网络活动,"蓝眼泪"已成为平潭最具代表性的文化符号之一,并屡屡登上热搜榜单。每年的"蓝眼泪"景观爆发季都会吸引大量游客前来观赏和体验。

(三)"台湾文化+文创产品"

独具中国台湾特色的文创产品成为北港村文旅融合的一大亮点。驻村的台湾青年艺术家整合海岛的石、海资源特色,打造出具有台湾原生态特色的文创产品,如"石头会唱歌"文创工坊等。这些产品不仅具有独特的艺术价值,还为游客提供了丰富的购物选择。

（四）"精品民宿品牌"

北港村利用当地闲置的石头厝民居，按照原生态、修旧如旧的发展理念进行规划和发展，现已形成石鼓石锣、石厝人家、半坡、古风草堂等知名品牌的民宿聚落。这些民宿在旅游旺季的入住率极高，需要提前预订才能确保有房间可住。其中，"九月美宿"系列作为石厝人家民宿开发的二期项目，以"渔、樵、耕、读"为主题打造体验民宿，保留了原有石头厝建筑的特色，并通过创意提升对古厝空间进行重新布局，为游客提供了传统美学与现代生活时尚相结合的住宿体验。

三、北港村文旅融合运营模式

北港文创村以"三权统筹、多元运营、文旅并重"为发展路径，其建设与运营的典型经验主要体现在所有权、管理权和经营权的有效统筹，以及民宿经营的多元化等方面。

（一）政府宏观管理＋企业主导＋村民商户辅助的运营模式

平潭综合实验区在北港村成立了北港村旅游发展有限公司，采取所有权、管理权和经营权适度分离的模式。房屋所有权一般归村民所有，旅游发展有限公司通过租赁或购买的方式取得房屋的使用权或所有权。平潭当地政府仅对北港传统村落的旅游开发进行宏观指导。在经营权方面，以北港村旅游发展有限公司为主，村民和商户为辅，共同参与运营。

（二）民宿经营的自主经营与引进专业团队相结合

北港村的民宿经营采用家庭自主经营和专业团队运营相结合的方式。部分村民利用自己的房屋进行自主经营，这种方式具有经营方式灵活、民宿主题特色个人化、独特化等优势。同时，由于北港村独特的综合优势，也吸引了国内专业的民宿运营团队入驻。这些专业团队在资金、专业服务和营销等方面具有优势，与单体经营的民宿之间形成优势互补，共同提升了北港精品民宿群落的整体运营水平。

四、结语

北港文创村充分利用原生态的海岛环境与区位优势，抓住福建发展文旅经济与海洋经济发展的机遇，深入挖掘海岛渔村文化，开发了一系列可供休闲、娱乐、体验和回忆的海洋文化旅游主题产品。同时，该村积极探索乡村文旅运营模式，为平潭国际旅游岛的发展注入了新的活力。

第二节 故宫文旅IP策划与营销推广

一、塑造故宫文创品牌"超级IP"的背景

故宫，这座承载着中国深厚历史文化的古老宫殿，不仅是历史的见证者，而且随着时代的发展和文化产业的崛起，逐渐转变成为文化创新的前沿阵地。塑造故宫文创品牌"超级IP"，正是在这样的背景下应运而生的一场文化复兴与创新实践。从深宫高墙走向普罗大众，故宫文创的每一次尝试都是对传统文化价值的重新解读和现代传播方式的探索。下文将从历史文化和现实因素两方面剖析塑造故宫文创品牌"超级IP"的背景。

（一）历史文化

故宫不仅是明清两代的政治中心，也是文化和艺术的中心。其建筑群和文物收藏，共同构成了中国传统文化的历史见证。

1. 皇家宫廷文化

第一，故宫的建筑风格彰显了皇家的尊贵和独特性。红墙黄瓦、屋顶的

斗拱和金龙彩画，都体现了皇家建筑唯我独尊的气派。例如，太和殿等主要建筑，不仅采用了最高级的屋顶形式，还覆盖以黄色琉璃瓦，装饰有精美的琉璃饰件，使整个紫禁城宫殿既神圣庄严又富丽堂皇。

第二，故宫的布局和建筑细节体现了皇权至上的伦理观念。例如，故宫的主要建筑是按照《周礼·考工记》中的"前朝后寝""左祖右社"的原则布置的，这充分体现了重视等级秩序的皇家宫廷文化。

2. 故宫博物院文化

故宫博物院作为文化遗产的汇聚地，承载着丰富的文化价值。其拥有超过186万件文物藏品，跨越了从新石器时代到近现代不同历史时期，体现了中华文明的连续性、创新性、统一性、包容性。这些文物不仅反映了中华优秀传统文化的精神内核，也展示了劳动人民的创造智慧。故宫是多元文化融合的场所，其中的宗教建筑和遗址体现了道教、佛教、萨满教文化，同时展示了满、蒙、汉等不同民族文化的交融。故宫博物院不仅是艺术博物馆、建筑博物馆、历史博物馆，还是宫廷文化博物馆，是中华民族文化遗产的重要载体。近年来，故宫博物院在保护和传承传统文化的同时，也在努力创造新的文化价值。通过文化创意产品、新媒体展示方式等，故宫的文化价值在当代社会中得到了新的体现和传播。

3. 中国儒家文化

故宫中所展现的儒家文化主要体现在其建筑布局、结构和装饰上。故宫的建筑设计和布局遵循了儒家思想中的礼制原则，如"前朝后寝"的布局和"左祖右社"的配置。故宫的建筑群整体布局对称均衡、秩序井然，充分体现了对"和谐""中和"等文化理念的追求。例如，故宫的外朝前三殿——太和殿、中和殿、保和殿，以及内廷后三宫——乾清宫、交泰殿、坤宁宫，都蕴含着"守中致和"的中庸之道。此外，故宫建筑成功运用了阴阳理论，形成了错落有致、强弱得当的效果，体现了阴阳调和的文化理念。例如，宫殿及墙垣以红、黄色为基调，象征帝王之居至尊至大，为天下中心。

（二）现实因素

近年来，漫威系列在全球范围内风靡一时，其电影作品在国内外市场取得巨大成功，同时，其衍生出的文创产品也受到热烈追捧。相比之下，我国的文化创意产业虽然起步较晚，但故宫文创的崛起展现了传统文化的新生力量。故宫文创的诞生和发展，顺应了时代的需求和人们对精神文化的追求，表明中国传统文化正突破传统束缚，成为当代潮流的一部分。国家政策的支持、故宫与各大平台的深度合作，以及当代年轻人思维方式的转变，共同促成了故宫文创品牌的火爆现象。

1. 国家政策的扶持

国家政策对故宫超级 IP 的塑造提供了强有力的支持。文化和旅游部发布的《关于推动数字文化产业高质量发展的意见》明确指出，加强 IP 开发和转化，充分运用动漫游戏、网络文学、网络音乐、网络表演、网络视频、数字艺术、创意设计等产业形态，推动中华优秀传统文化的创造性转化、创新性发展。同时，国务院办公厅转发的《关于进一步推动文化文物单位文化创意产品开发的若干措施》也指出，应充分利用文化文物单位馆藏文化资源，加强文化创意产品开发工作。

在这样的政策背景下，故宫积极响应，通过创新手段，如数字文化产品开发、文化创意产品的开发和推广，实现了传统文化与现代科技的结合，使其在现代社会中焕发出新的活力和吸引力。例如，故宫淘宝网店推出的创意产品，以及与其他品牌和平台的跨界合作，都体现了政策扶持下故宫超级 IP 塑造的显著效果。

2."新文创"热潮的兴起

新文创是在数字化、智能化、场景化和品牌化背景下产生的一种文化生产方式，以 IP 构建为核心，强调实现文化价值和产业价值的相互赋能。在文化创意产业的发展过程中，新文创为其提供了全新的视角和思考方式。它不仅涵盖了互联网文化产品、衍生品等全产业链的多个环节，而且在文化和旅游等多个领域进行实践。在新文创的背景下，IP 不仅是知识产权，也代表着一种文化价值的承载能力和优质内容多元创意形态的表达。从"泛娱乐"到"新文创"，IP 理念经历了一次升级，更加强调商业价值和文化价值的统一，并追求文化产业的整体价值。新文创代表技术对文化创意产业的促进作用，强调内容为核心、质量与创新，以及技术赋能下的跨界合作，从而推动文化价值和产业价值的相互赋能，构建开放、跨界与高效的数字文化生产体系。

随着媒介传播技术的不断进步，"新文创"在内容和形式上进一步升级。新文创时代的核心诉求是体现优质内容的易接触性和高体验感。因此，新文创从商品化和技术形式上两个方面拓宽了 IP 的内涵，例如，通过 VR 技术模拟逛博物馆，利用 360° 全景技术深入了解经典作品，通过 H5 互动形式增加博物馆与游客之间的互动交流等。新文创的发展为公众提供了场景化和沉浸式的体验视角，使其广泛参与到互动中，通过双向交流持续深化 IP 的内涵。

故宫文创在传统与现代技术的结合上进行了大量尝试，例如，采用 VR、AR、激光扫描、摄影测量、全息投影等科技手段，开发多样化的数字文创产品。故宫不仅注重文创产品的细节设计和审美风格，还善于制造社会话题、引领社会风潮，增加用户对 IP 的社交黏性。故宫文创的设计原则主要体现为元素性、故事性、传承性、艺术性、知识性、实用性、时尚性，旨在通过"文化＋科技"的融合创新，推动故宫文化遗产的数字化展示、传播和应用。

3. 故宫创新发展的需要

国外的文创产业，如迪士尼、漫威系列以及大英博物馆、大都会博物馆等，已经取得了显著的成果，并在国内外获得了广泛好评。这些成功的案例表明，文创产业不仅能够有效地传承和弘扬传统文化，还能与现代生活紧密融合，满足人们日益增长的精神文化需求。面对这样的文化发展趋势，我国文旅产业也意识到了融合传统文化与当代生活的重要性。因此，国家出台一系列新政策，致力于推动文化创意产业的发展，以实现传统文化的创造性转化和创新性发展。

故宫作为中国传统文化的重要载体，肩负着传播传统文化的重任，面临着历史性的转型挑战。为了适应新时代人们精神文化的需求，故宫不断主动创新，通过与科技结合、开发文创产品、利用新媒体平台等方式，将传统文化与现代生活相结合，使传统文化在现代社会中焕发出新的活力和吸引力。通过这些举措，故宫不仅保护和传承了丰富的文化遗产，还使其文化价值在当代社会中得到了新的体现和传播，为传统文化的保护和传播提供了新的思路和方法。

二、塑造故宫文创品牌"超级IP"的产品创意策略

故宫文创品牌不仅蕴含深厚的历史文化底蕴，还秉持独特的产品创意策略。它以独到的视角和创新思维，巧妙地融合古老文化元素与现代审美，打造出一系列令人耳目一新的文化产品。

（一）结合：旧元素与新时代的碰撞

在故宫文创中，"旧元素"指的是五千年来中华文明的精华。这些元素以图案、文字、人物形象等形式呈现，承载着深厚的传统文化内涵，是文创产品的核心和灵魂，代表了故宫文化的精髓。故宫文创将传统"旧元素"与当代设计相结合，实际上是传统文化在新时代的全新表达方式，使传统文化在当代社会中焕发出新的活力。

故宫文创中的"旧元素"创新组合形式，不仅为打造"超级IP"提供了基础，也为研发新产品奠定了基础。通过这种方式，故宫文创在保留传统文化底蕴的同时，创造出符合现代审美和需求的新产品，从而更好地传播和弘扬故宫的文化价值。

1. 传统文化元素的内涵与外延

在整理故宫文创产品时，可以发现许多产品巧妙地运用了传统文化元素，展现了其丰富的内涵与外延。例如，锦福绵长系列手绳的设计灵感来源于海水江崖纹，这是一种常见于古代龙袍或官服下摆的图案。手绳上的海水江崖纹不仅是一种装饰，更象征着福寿和江山一统，使手绳具有了更深层次的文化意义，不仅是一件时尚饰品，更是文化的载体。

再如，故宫文创出品的紫禁城福禄寿吉祥杯垫，其设计灵感来源于清代的红珊瑚树盆景、广绣鹤鹿同春图、杏黄色地松鹤纹织金锦等传统图案。这些图案不仅是精美的装饰品，更象征着吉祥文化。在中国传统文化中，古人将天上的星辰与世间的吉凶祸福相联系，这种关联源于古人对遥远星辰的崇拜和向往。例如，《诗经·唐风·绸缪》中的"绸缪束薪，三星在天"所指的"三星"通常被认为是福、禄、寿三星，代表着人们对美好生活的向往。福象征着五福临门，禄代表高官厚禄，寿则意味着长命百岁。这些寓意被巧妙地融入杯垫的设计中，使其不仅是一件实用的生活日用品，更承载着深厚的文化内涵和美好的祝愿。

2. 节日文化元素的新应用

2019 年，北京市委宣传部与故宫携手，共同打造了一场名为"紫禁城上元之夜"的灯光盛宴，这是近百年来故宫的首次大型"灯会"。在古代，正月十五被称为上元节，夜晚则称为宵，因此正月十五又称作元宵节。自古以来，正月十五是人们赏月、团聚的重要节日。家人共赏明月、共度元宵灯会是传统习俗的一部分，象征着家庭团聚和亲情的回归。"紫禁城上元之夜"借助灯光艺术打造了一场视觉盛宴，紫禁城内灯光璀璨，游客在夜晚游览故宫，仿佛重返古人元宵赏灯的盛景。此外，故宫还利用艺术照明技术，在建筑物屋顶上投影了《清明上河图》和《千里江山图》等经典画作，为这场灯光盛宴增添了浓厚的文化韵味。故宫的"上元之夜"活动受到了广泛关注，这不仅因为人们对紫禁城灯光的喜爱，更是因为公众对传统文化的积极追求。故宫通过元宵节上元灯会的形式，将传统文化与人民群众紧密联系起来，不仅展示了传统文化走进人民群众的一面，也体现了传统文化在当代焕发出的生命力。同时，通过家庭团聚的方式参与灯会，增强了人民群众的幸福感和文化体验感。

无论是古代还是现代，在端午节、中秋节等节日，人们常用食物来表达情感。故宫也相应地推出如粽子、月饼等节日美食，让人们在节日中感受故宫的文化温度。例如，"宫里过端午"活动在端午节推出的"冰窖来了"系列玉宴八珍粽礼盒，灵感来源于故宫馆藏文物——乾隆御制珐琅"冰箱"，将传统与现代相结合，为节日增添了别样的韵味。

3. 祈福文化元素的新表现

故宫文创紧跟时代潮流，将传统的"锦鲤"文化巧妙地融合于其产品设计中，为文创产品增添了传递好运与吉祥的内涵。2019年，故宫文创推出了"紫禁福鲤红绳"，寓意着好运、财富和幸福。红绳和金链环绕在锦鲤身上，象征着人生的福运循环不息，充满生机。设计师从清宫藏品中选取了"白玉镂雕双鱼式香囊""红绿彩鱼藻纹盘"等富含锦鲤元素的藏品作为灵感来源。"锦鲤"作为传统文化中吉祥好运的象征，如今在故宫文创产品中得到新生，不仅展现了传统与现代的完美结合，也体现了故宫文创在文化性与实用性上的创新。除了手链，锦鲤的图案还被广泛应用于衣物、雨伞等产品中。故宫文创紧紧把握住年轻人对锦鲤的迷恋，将传统文化元素与实用产品相结合，不仅满足了人们对好运相伴的渴望，还展现了故宫文创将传统文化转化为现代产品的创新能力，增强了故宫文创品牌的吸引力。

故宫文创洞悉人们对学业成就的追求，在文创众筹大赛之后，于故宫淘宝旗舰店开设了"金榜题名"专区，专供与学习相关的文创产品。该专区主要产品包括书签、文件夹、便笺纸等学习用品。故宫文创推出的"金榜题名"玉牌和"故宫金榜题名玉牌"龙牌，正面精心雕刻了乾隆皇帝御笔的"金榜题名"四字及双龙图案，背面则雕刻了乾隆皇帝的《御制三元诗》，周围环绕着五只蝙蝠，谐音"五福临门"。玉牌上的十二个如意云头，寓意着对学子们日日如意、年年如意的美好祝愿。"金榜题名"玉牌承载着文化寓意和美好的祝福。此外，故宫还精心策划了"金榜题名"的互动体验展览，作为故宫首个互动式体验展览。展览占地500平方米，通过原创互动式模拟场景，让游客体验从童试到殿试直至传胪大典的完整科举过程。游客不仅能够亲身体验从入号舍到应试的各个环节，还能参与祈愿、拜孔等传统活动，从而深入了解古代科举文化。

（二）新生：旧元素的跨界融合

跨界合作的本质在于两个不同领域或品牌之间的深度融合，通过联合各自的独特特性，共同促进资源和价值的最大化，以创造一个独立的、具有新价值的个体。故宫在发展自身IP的同时，也在积极寻求与其他品牌的合作，以增强其品牌的生命力和活力。

据统计，截至2019年12月31日，故宫已经成功与34个品牌建立了合作关系，合作的产品种类涵盖了食品、服饰、电子产品、家具等多个领域。故宫通过与不同领域的品牌合作，从深层次的战略合作到联名产品的共同开发，展现了其开放、创新和多样化的合作方式。这种跨界合作不仅极大地丰富了故宫文创产品的种类，也提升了故宫文创品牌的知名度和影响力，增强了其在市场中的竞争力。通过与其他品牌的合作，故宫不仅拓展了其"人脉"，也进一步拓宽了其文化影响力的辐射范围。

1."故宫+生活"打造生活新方式

在互联网时代，电子阅读成为主流，故宫文创与Kindle合作推出了新年限量版保护套。故宫文创与Kindle阅读器合作，选用了故宫博物院中具有"祥瑞"寓意的藏品作为设计灵感，设计了一份名为"掌上惊艳，阅动紫禁"——故宫文化X Kindle 2019新年限量版保护套。这种联名方式展现了传统文化元素在现代阅读方式中的应用。"福禄双全"款保护套的灵感来源于清中期的《酸枝木嵌螺钿边座嵌料石葫芦插屏》。这款保护套的设计展示了文物作为文化积淀载体的价值。文物不仅是定格时光的见证，也是历史折射的媒介。因此，故宫文创与Kindle的合作，不仅为现代阅读增添了仪式感和历史的厚重感，也成了连接过去与现在阅读方式的纽带。

故宫与网易游戏合作推出了基于故宫授权的青绿山水画《千里江山图》为背景的轻度解谜类手游《绘真·妙笔千山》。这款游戏的核心是传统文化，尤其是对《千里江山图》的 3D 化呈现，使这幅千年古画保留其原有的壮阔与瑰丽，同时以新的形式与现代人相见。《绘真·妙笔千山》在人物设计和台词叙事上采用了古色古香的方式，在叙事上融入了大量的古典元素，如诗词、阴阳八卦的意象，以及传统故事等，为游戏增添了古典韵味。在网易游戏与故宫博物院合作的过程中，专家团队深入研究《千里江山图》，确保游戏还原古画风格的同时，超越原有的艺术表现，展现千里江山的独特魅力。这款手游在呈现中国国画艺术的同时，摒弃了传统局限，以更大胆和有趣的方式展现了广袤无垠的"千里江山"，还让人领略了悠悠中国千年传统文化与现代科技的完美融合，使"千里江山"的意蕴跨越了更广阔的时空，赋予了这一经典意象以更加广泛深远的时空意义。

2."故宫＋衣食"引发国潮新动向

故宫以全方位、多角度的方式，将文化元素巧妙地融入人们的生活中。这些文化元素不仅渗透到各类生活用品中，还融入服饰和食品中，为人们打开了一种全新的体验故宫的方式。国潮，即中国的潮流，彰显文化自信和文化自觉。在传统节日，故宫将文化意蕴融入食品之中，通过自制美食和跨界合作，为节日和食物都增添了独特的风味。

此外，故宫与服装品牌合作，共同推出的服饰融入了传统文化元素，深受年轻人的喜爱。这种将传统文化元素与现代服饰相结合的做法，不仅代表了国潮发展的新趋势，也反映了年轻人对我国传统文化的认同和自信。通过这种方式，故宫不仅保护和传承了丰富的文化遗产，还在当代社会中展现了其独特的文化价值，实现了文化的传播和展现。

3."故宫＋平台"助力传统新活力

故宫博物院与腾讯自 2016 年起建立合作关系，旨在推动传统文化与数字创意的深度结合。此次合作采取社交、游戏、动漫、音乐等多元化的手段，使故宫的文化遗产以更加生动、亲民的形式呈现在公众面前，尤其吸引年青一代的关注。例如，他们共同推出了故宫 QQ 表情、《奇迹暖暖》游戏中故宫传统服饰主题、《故宫回声》主题漫画、"玩转故宫"小程序、天天 P 图——"故宫国宝唇彩"换妆程序，以及《古画会唱歌》音乐专辑等项目，不仅推广了故宫的文化，还激发了年青一代对传统文化的兴趣和创造力。其中，Next Idea 腾讯新文创大赛作为关键项目，面向青年，致力于用新文创的方式激活传统文化，将千年文化创新地传承到下一个千年。在 2018 年的"古画会唱歌"Next Idea 音乐创新大赛中，故宫博物院精选了包括《千里江山图》《清明上河图》等在内的十幅珍藏名画，作为参赛选手的"唱作"素材。知名音乐人方文山、张亚东也参与了这次大赛，共同创作了中国风主题曲《丹青千里》。这些活动不仅促进了传统文化的传承和发展，也为年青一代提供了展示创意和才华的广阔平台。总的来说，故宫博物院与腾讯的合作成功地将传统文化与现代科技结合，不仅让故宫的文化遗产在数字时代焕发新生，也激发了年轻人对传统文化的兴趣。

故宫博物院的文创产品通过天猫平台实现了更广泛的市场覆盖。故宫博物院在淘宝天猫上开设了六家店铺，其中包括各种文创产品，如《故宫日历》等产品，受到了广泛好评。此外，故宫博物院与其他品牌进行跨界合作，推出了故宫口红、故宫猫手办等产品，融入了传统文化与现代审美，满足了现代消费者的多元化需求。

故宫博物院通过与天猫的合作，成功地将传统文化与现代科技和市场需求相结合，不仅促进了文化的传承和发展，也为传统文化的创新寻求了新的途径。这种合作模式为其他博物馆和文化机构提供了宝贵的经验和启示。

（三）演变：故宫文创的创意风格趋向

故宫文创产品的创意和风格的演变，体现了对市场需求的敏感洞察和对时代流行特色的精准捕捉。在品牌创设初期，故宫文创通过可爱、"萌"的形象吸引了公众的注意。这些产品往往设计新颖、色彩鲜艳，具有很强的视觉吸引力，容易激发消费者的购买欲望。

随着故宫文创品牌知名度的提升和市场影响力的扩大，故宫文创开始转向更高端、更注重文化内涵的发展道路。这种转变不仅反映了市场对故宫深厚文化底蕴的强烈需求，也展示了故宫文创对品牌形象的重视。在高端产品线中，故宫文创更注重传统元素与现代设计的结合，强调文化传承与创新，展现出一种"高冷"的贵族气息。

故宫文创的品牌塑造历程与时代的流行特色紧密相连。它不断根据市场需求和文化趋势调整自己的产品策略，既保持了传统文化的独特性，又满足了现代消费者的审美和实用需求。这种灵活的市场应对策略和不断创新的精神是故宫文创成功的关键因素。通过这种方式，故宫文创不仅促进了传统文化的传播，也为传统文化的创新发展开辟了新的道路。

1. "皇帝+卖萌"打破故宫旧偏见

故宫文创在初期的"萌系"路线是一种巧妙的市场策略。它不仅抓住了当时流行的"萌"文化，还成功地打破了公众对故宫的固有印象，使其变得更加亲切和有趣。通过故宫猫、格格、雍正帝等故宫文化元素与现代设计的结合，故宫文创推出了一系列既有文化底蕴又符合现代审美的产品。例如，"故宫猫"这一卡通形象，将故宫中真实存在的上百只猫打造成一个独特的文化符号，这不仅增加了故宫的亲和力，也让文创产品更加吸引人。同样，利用雍正帝的人物性格反差推出的折扇、尚方宝剑外形的中性笔，以及"奉旨旅行"的行李牌等，都是传统文化与现代生活相结合的创意产品。夏天推出的以故宫屋脊兽为原型的萌兽雪糕，不仅在外观上吸引了消费者的注意，还在味觉上提供了新的体验。这些文创产品的成功，展示了故宫文创对市场趋势的敏锐把握和对传统文化的创新理解，也为传统文化的传播和发展提供了新的思路和途径。

2. "宫廷+高冷"塑造故宫新形象

"高冷"一词确实是与"萌"相对的概念。相对于"萌系"的亲民和接地气，高冷风格更偏向于高雅和精英化。2016年，故宫文创与淘宝的合作标志着其市场策略的一个重要转变,开始注重产品的高端化和精致化。例如,丹青微风折扇摆件的设计灵感来源于王原祁的《湖湘山水图》卷,这不仅展示了产品的文化底蕴,也体现了对传统艺术的高度尊重和传承。王原祁作为清代的书画大家,其作品的艺术价值和历史意义非常高。这样的设计不仅提升了产品的文化价值,也满足了消费者对高端文化产品的需要。在目前的文创产品设计中,故宫文创更加注重呈现"雅"文化,传承传统文化的精致和深度。

3. 从模仿到原创的高端化路线

故宫文创的早期"萌系"和自我调侃风格确实受到了中国台北故宫博物院文创产品的影响。中国台北故宫博物院作为博物馆文创的先行者,其文创产品,如印有"朕知道了"字样的胶带等,以其独特的创意和对文物资源的深入了解,在市场上取得了巨大成功,并成为海峡两岸的"网红"产品。这种成功不仅为文创市场开辟了新的方向,也为其他博物馆和文创开发者提供了宝贵的经验和启示。

如今,故宫文创在探索中不断进行原创研发,其产品线涵盖了便笺、书夹、书签、丝巾等多种生活用品,同时还涉足跨界联名产品,如手机壳、运动鞋、护肤品,甚至食品。这些产品不仅满足了消费者的日常需求,还巧妙地将文化元素融入其中,为国内文旅融合商品的开发起到示范作用。

三、塑造故宫文创品牌"超级IP"的传播策略

故宫文创品牌凭借精心的产品创意策略,成功打造了独具特色的"超级IP"。在信息爆炸和媒介多元化的时代背景下,如何有效地传播故宫文创品牌,使其文化价值和商业价值最大化,成为一项关键挑战。

(一)传播理念:让故宫文创中的文化元素更亲民

在互联网时代,信息传播中心已经发生了根本性的转变。在传统模式中,受众在传播过程中扮演的是被动接收信息的角色,而现代传播模式则显

著地将受众置于传播的中心。这一变化意味着两件事情：第一，传播者需要根据不同受众的需求提供定制化的内容和个性化的服务，以实现有效的精准传播；第二，受众在传播过程中拥有了反馈和内容再创造的能力，能够通过二次传播对内容进行再生产。故宫文创品牌传播理念的更新正是对这一时代趋势的积极响应。

1. 以受众为中心的转变

互联网时代见证了亚文化的兴起和繁荣，年轻人成为网络空间的中坚力量。在新消费环境的背景下，"90后"群体逐渐成为消费和传播的主体。为了适应新的消费趋势，故宫文创的传播策略以年轻受众的需求为导向。据阿里巴巴的统计数据显示，2019年博物馆文创产品的消费者接近900万，是2017年的四倍，其中主要消费群体为城市年轻女性。根据《2018年天猫博物馆文创数据报告》显示，故宫博物院天猫文创店的年访问量超过了6000万人次，远超其他博物馆文创店。

在新时代的推动下，故宫以全新的形象吸引了"90后""95后"年轻人群的关注，并赢得了他们的喜爱和追捧。故宫文创从追随潮流的年轻化产品发展到形成文化认同的高端系列，逐步塑造了个性化的品牌形象，增强了受众的情感认同和品牌忠诚度，在注意力经济时代取得了显著的成功。

2. 坚持"匠人"精神的引导

文物的修复工作是一项要求极高的技艺，它不仅是恢复文物的物理形态，更是对历史的尊重和传承。修复师需要细致入微地处理每一个细节，以确保文物的真实性和历史信息的完整性。在此过程中，传统的工艺技术得到继承和发扬，匠人精神也得到了传承。

故宫博物院作为一个拥有丰富文化遗产的地方，其修复专家在修复文物的过程中，常常需要四处寻找失传的材料和探索修复技术，以确保修复工作的准确性和完整性。每一件在故宫博物院展出的修复文物，都是专家们经过无数次的尝试和长期努力得到的。

纪录片《我在故宫修文物》揭示了故宫藏品背后的故事，其中，钟表修复师王津老师以其专注的态度和对工作的热爱，迅速赢得了年轻人的喜爱和尊敬，成为新一代的"男神"。这一纪录片不仅展示了文物修复工作的艰辛和重要性，也提升了公众对文物保护和修复工作的认识和尊重。

（二）传播渠道：让故宫文创中的文化元素更接近公众

博物馆不仅是一个观看展览的地方，而且是文化传播和交流的场所。随着技术的进步，媒介形态变得更加丰富和多元。在单向传播的时代，公众通过传统媒介，如电视、报纸等渠道获取信息。在互联网时代，随着媒介形式的多样化，公众不仅接收信息的方式多元化，同时可以及时反馈信息，而且参与内容的再生产和再创造的程度更高。新媒介不仅重新塑造了故宫的形象，而且为公众提供了更多接触故宫的途径，使人们以全新的视角认识和理解故宫。同时，故宫文创也通过新的媒介和传播渠道打造了故宫文创品牌，进行了商品营销。

1. 借助社交媒体传播，重新认识故宫

随着新媒体的快速崛起，用户基础持续扩大，覆盖了不同年龄段。新媒体平台是年轻人获得信息的重要途径，如微博、微信、抖音、哔哩哔哩和小红书等。故宫在新媒体领域的起步阶段，有效利用了微博和微信公众号进行传播并推广。随着新媒体技术的不断更新，故宫也在不断创新和提升，以适应新媒体的发展趋势。

2. 通过视频传播，深度挖掘故宫文化

目前，围绕故宫文化的视频内容主要有纪录片、电影和综艺节目三类。以故宫为主题的纪录片，如《我在故宫修文物》《故宫100》《故宫》和《故宫新事》等作品，均获得观众的广泛关注和市场的积极评价。其中，《故宫》从宏观的历史角度出发，讲述了紫禁城数百年的沧桑与人世变迁；《故宫100》是一部由100集微视频组成的纪录片，每集时长大约6分钟，以细小的切入点展现了故宫的历史变迁和未来发展；《我在故宫修文物》聚焦故宫新时期的侧面，记录了文物修复师的工作和生活，让观众了解到修复文物的艰辛过程以及修复师对文物保护和传承的执着追求。这部纪录片在网络上引发了热烈反响，是继《舌尖上的中国》之后，纪录片领域的又一高潮。

3. 利用VR技术，全方位感受故宫

故宫在文旅融合策划项目中运用VR技术，展示了其在文化保护和传播方面的实力。自2000年起，故宫就开始探索VR技术，积累了丰富的故宫古建筑和文物的三维数据。这些数据结合交互技术，生动地传递了故宫文化遗产的历史风貌。例如，"发现·养心殿——主题数字体验展"是一个结合了大型高度沉浸式投影屏幕、VR头盔、体感捕捉设备、可触摸屏等技术的展览。观众可以深入探索虚拟的养心殿，体验朝中重臣的对话，以及全方位鉴赏珍贵文物，甚至可以参观皇帝的后寝殿。此外，故宫还利用全景VR技术推出了全景故宫栏目，允许游客和观众沉浸式、全方位地欣赏故宫实景，包括暂未开放的区域。故宫还推出了名为"朱棣建造紫禁城"的VR4D沉浸式体验项目。在这个项目中，观众可以戴上VR头盔，坐在体感座椅上，体验紫禁城的建造历史。体验者通过体感座椅，可以感受到百官上朝时的壮观景象。故宫通过这些项目，不仅让文物"活起来"，还加强了观众与文化遗产的互动，为观众提供了全新的文化体验。故宫的创新性在全球的博物馆中也是前所未有的，展示了其在新科技应用方面的创新和领导力。

（三）传播方式：让故宫文创中的文化元素更鲜活

1. 贴近社交方式的形式互动

故宫文创与世茂集团共同举办的文创快闪店，创新了传统文化的传播方式，旨在向年轻群体传播故宫所代表的中华优秀传统文化。这些快闪店在上海市、厦门市、济南市、石狮市等城市巡回开设，每个快闪店都按照故宫的风格设计：以朱红、明黄、石青为主色调，营造出浓厚的皇家氛围。快闪店内展示了超过300种故宫特色文创产品，包括"千里江山"系列、"故宫猫"系列等深受年轻人喜爱的周边产品。除了销售文创产品，快闪店内还设置了互动区域，如许愿墙、故宫主题娃娃机等，增强了游客的参与感和体验感。此外，世茂商业的"文化+"计划，旨在将多元文化融入消费者的体验中，将商业体打造成综合性的文化场所，与故宫文创的合作正是这一计划的重要部分。

2. 符合年轻形态的内容互动

故宫文创借助年轻人在网络社交场景中热衷使用表情包的现象，将故宫中的历史人物做成表情包并配上表情动作和对应的文字，使故宫文化与年轻人产生共鸣，深度融入年轻人的社交生活中。故宫文创的产品设计兼具实用性和趣味性，如"奉旨旅行"行李牌、"朕看不透"眼罩等。

《故宫日历》的内容围绕故宫的文物藏品展开，讲述文物背后的文化内涵。例如，2024年的《故宫日历》加入了365个以"龙"为主题的文物故事，图文并茂地展示了多种故宫藏品，如字画、青铜器、瓷器、漆器等。这种设计方式，使查阅日期的过程变得有趣，日历不仅成为简单的使用工具，而且成为一种审美和文化价值的结合体。此外，《故宫日历》进行了多方面的创新，推出了不同的版本，如典藏版、英文版、青少年版、亲子版等，以满足不同读者的需要。这种多元化的设计，使《故宫日历》在市场上广受好评，成为传统文化遗产创新性发展和创造性转化的成功案例。

故宫出版社出版的《谜宫·如意琳琅图籍》和《谜宫·金榜题名》是两本创新的互动解谜游戏书。这两本图书结合故宫丰富的文献馆藏和历史古籍，通过游戏互动体验的方式，将故宫博物院馆藏文物、历史档案、解谜游戏和文艺创作融为一体，为读者提供了体验文化的全新方式。《谜宫·如意琳琅图籍》的故事背景设定在乾隆三十一年（1766年），讲述了一位御用画师留下的遗作《如意琳琅图籍》中隐藏的琳琅宝藏之谜。读者在阅读的过程中，通过破解谜题，可以解锁故宫的历史文化知识，体验一场乾隆年间的大冒险。此书的最大创新之处是将实体书籍和线上系统相结合的解谜过程，读者可以在手机端App上操作，主人公的冒险故事如画卷般展开。《谜宫·金榜题名》则是以中国传统古籍的形式承载故事背景，讲述了咸丰年间的一件科举大案。读者在书中不仅能体验中国风解谜游戏的乐趣，还能侦破一件震惊朝野的案件，并领略到多类型配件带来的互动阅读体验。这本书中的20

多件随书附件道具和 100 多个历史知识点，都是游戏开发者考证大量史书、档案及文物所得。这两本图书的出版不仅体现了故宫出版社将传统文化和科技互动创新融合的理念，也展示了故宫文化的活力和年轻化。通过独特的方式，让读者在享受游戏乐趣的同时，深入了解故宫的历史和文化。

第三节　"只有河南·戏剧幻城"项目

"只有河南·戏剧幻城"坐落于河南省郑州市，该项目总占地 622 亩。这是一项由演艺界知名导演王潮歌负责总体构思、导演和编剧的沉浸式表演艺术项目，由建业集团投资并打造，总投资额接近 60 亿元。该项目被誉为我国规模最大、演出时间最长的戏剧群落之一。2021 年 6 月 6 日，该项目正式对外开放。

一、"只有河南·戏剧幻城"项目优势

"幻城"区域内包含 21 个不同规模的剧场和近千名演员，这些剧场分为 3 个大主剧场和 18 个小剧场，总演出时间接近 700 分钟。该项目以华夏黄河文明为创作基础，采用沉浸式戏剧的艺术表现手法，并以独特的"幻城"概念为载体。景区内设有 56 个空间，每个空间设有 4 道门，每个空间内都有不同的场景，21 个大小剧场就隐藏在这 56 个空间之中。通过棋盘式的布局，将 622 亩的土地进行划分，同时也为这片土地赋予了戏剧化的特质。在 2021 年 12 月由我国旅游研究院和中国旅游协会共同主办的"2021 中国旅游集团化发展论坛"上，"只有河南·戏剧幻城"被评为"2021 文旅融合创新项目"。2022 年，"只有河南·戏剧幻城"项目成为国家 4A 级旅游景区。这个项目对提升河南的文化自信，推动郑州成为国家级中心城市，加速中原地区的发展具有重大意义。

（一）时代风口，区位优势

"幻城"的发展占据了绝佳的"天时地利"优势。

第一，它精准地把握了时代的脉搏。近十年来，中国的文化建设事业取得了飞速进步，中国特色社会主义发展道路日益坚实，中华文化的全球影响力稳步上升。国家政策的有力支持加快了文化与旅游产业的结合速度，众多重要战略得以实施。随着人们对更高质量生活的向往，对多元和多层次的精神文化需求也在不断增长。在此时代背景下，"幻城"应运而生，完美契合了这一发展潮流，这正是其发展的"天时"。

第二，"幻城"所处的地理位置为其带来了显著的"地利"优势。位于国家重要的交通枢纽城市——郑州市，"幻城"享有便利的交通网络和广泛的辐射区域，这为其带来了庞大的潜在消费人群和广阔的游客市场。此外，中国的主题公园超过三分之一集中在华东地区，而华中地区的主题公园则相对较少，"幻城"得以避开激烈的市场竞争。最关键的是，河南拥有丰富的文化积淀，以此为依托的"幻城"自然蕴含着深厚的文化内涵。在目前河南缺少标志性文旅项目的情况下，"幻城"的建立恰好填补了这一文化旅游的空白，有望成为展示河南文化旅游魅力的一张亮丽"名片"。

（二）覆盖群体广泛，满足不同需求

"幻城"不仅借助"天时地利"，更凭借"人和"脱颖而出。当前的国内主题公园产业，普遍存在主题重复、活动单一的问题，这导致了它们缺乏足够的文化深度和特色。相比之下，"幻城"在主题设计方面展现出显著的创新精神。以戏剧为主题，以演艺为核心的园区开发模式，开创了传统乐园未曾触及的新消费市场，并为消费者带来了多样化的选择和全新的主题公园消费体验。"幻城"以其个性化与普适性吸引着各个年龄层的游客，从而拥有一个极为广泛的目标群体。这里的戏剧作品不仅提供沉浸式的感官享受，还富含文化元素，能够满足游客的各种需求。正如王潮歌导演所形容的，"浅者看了不深，深者看了不浅"。主题公园研究专家董观志教授也表示，"只有河南·戏剧幻城"不仅打破了传统主题公园的建设理念，还重新定义了经典的游乐方式，实现了根本性的变革和质的飞跃。

（三）立体式沉浸氛围，个性化特色体验

游客们不再满足于单一的游乐设施或拍照打卡，而是更倾向于享受丰富多样的沉浸式体验。因此，"幻城"采取全景立体式的沉浸体验，符合当前消费者的偏好和休闲娱乐的发展趋势。"幻城"借助戏剧艺术在沉浸式体验方面的独特优势和表达方式，结合高科技的设施以及园区内始终贯彻的沉浸感建筑景观，为游客提供个性化和多元化的独特沉浸体验。

（四）集散型演出模式，产品灵活度高

"幻城"作为一场大型戏剧盛宴的集合地，其表演形式具有极高的灵活性。公园的核心区域布局呈"大棋盘"样式，内有数十个相互连接的独立子空间，不同的剧院在这些空间中紧凑且有序地分布。在这里，演出形式和种类繁多，不论白天还是夜晚，室内或户外，都有不同规模和类型的演出可供选择。观众可以自行规划路线，观看不同的剧目，这种随机多线的观剧方式为个体创造了独特的观演体验。多样化和个性化的路线设计确保了产品具有丰富的层次感和深度体验，既赋予了游客极高的选择自由度，也满足了当前流行的"盲盒式"沉浸体验的需求。

（五）商业模式创新，产品合理搭配

与传统主题公园相比，"幻城"通过创新商业模式，获得了更强的市场竞争力。园区内的演出内容广泛而丰富，演出时长相对较长。日常演出总时长可高达5000分钟，理论上游客需要三天才能欣赏完所有的演出，有效延长了游客在园区内的停留时间。通过建设完善餐厅、酒店、商店等设施，进

一步拉动园区内饮食、住宿、交通、观光、购物和娱乐等多个方面的消费。此外，沉浸式戏剧的独特场次和季节性活动也增加了项目的回头客比例。与依赖门票收入为主的经营模式不同，"幻城"的主要收入并不来自门票销售，因此门票价格相对亲民。这意味着"幻城"能够吸引更广泛的消费群体，为其提供丰富多彩的内容和强烈的体验感。

（六）文化深度活化，中国特色公园

在这个娱乐至上的时代中，国内主题公园面临着共同的问题，如过度商业化、娱乐化、缺少文化内涵。相较而言，"幻城"通过深入挖掘中原文化，并且利用戏剧艺术将其生动化，进而展现了中华民族的文化价值和文化自信，具有鲜明的本土特色。此外，"只有河南·戏剧幻城"所提供的内容不仅弘扬了中华文化历史和爱国主义精神，而且具有教育意义，真正实现了娱乐与教育的有机结合，成为一座真正具有中国特色的主题公园。同时，"幻城"将原本被视为"精英化""门槛高"的戏剧艺术转变为大众可以随时体验、易于接受和产生共鸣的艺术形式，促进了戏剧艺术和地方文化的普及。它不仅让普通观众和戏剧初学者变成了戏剧爱好者，也让更多人认识河南、了解河南。著名演艺策划人郭洪钧指出："'只有河南·戏剧幻城'彻底改变了游客对传统'旅游演艺'产品的审美体验和文化感受。审美体验是人与自然、世界、社会、消费产品之间获取最高满足感的维度。缺乏审美标准的体验只能是低层次的'无感'体验。"

二、"只有河南·戏剧幻城"项目策划

在理解了"只有河南·戏剧幻城"项目的核心魅力之后，可以进一步剖析其背后的策划智慧。作为连接创意与实际操作的桥梁，项目策划的重要性不言而喻，它负责将抽象的概念转化为具体、可行的操作方案。"只有河南·戏剧幻城"项目策划的卓越之处，不仅体现在其独特的文化视角和别出

心裁的体验设计上，更在于其巧妙地将地方特色与文化创新相结合，从而绘制出一幅鲜活的中原文化画卷。

（一）沉浸式戏剧体验

"只有河南·戏剧幻城"为游客呈现了一个充满历史底蕴与故事内涵的沉浸式体验空间。在这里，观众将开启一段穿越时空的奇幻旅程。演出伊始，孔子和老子的经典哲学对话引领观众进入了一个充满文化魅力的世界。两位古代哲人彼此询问："是这里吗？"而得到的回答是："就是这里"。这不仅是对剧场环境的肯定，更是对深厚文化底蕴与传承价值的肯定。剧中穿插的多个小故事精彩纷呈，例如，武则天与看相先生的互动，细致入微地描绘了古代帝王的生活细节和权力博弈；宋徽宗与张择端的合作，展现了艺术与政治在特定历史时期的完美结合，反映了宋代文化的繁荣和艺术成就；而乾隆在《清明上河图》上盖章的场景，通过幽默诙谐的方式，反映了皇帝对艺术作品的欣赏与珍视。

在这里，游客可以体验到人生百态，感受着时间的流转和文化的变迁。红庙学校再现古代学堂，使现代游客仿佛穿越回书卷气息浓厚的童年，重温纯真与快乐。川流不息的火车站，宛如人们为了生存而四处奔波的舞台，逃荒的艰辛更凸显出坚韧不拔的精神。回荡着欢声笑语的李家庄茶馆和泪流满面的李家村剧场，一面是人们的智慧与幽默，另一面是人间的悲凉与脆弱，共同编织了丰富多彩的人生画卷，让游客深刻体悟到生命的真谛。

抵达幻城，映入眼帘的是象征着丰收和希望的百亩麦田，随后便是对大地的宽广与壮美的震撼感受。在"幻城"，游客们不仅可以欣赏到精彩的戏剧表演，还能深刻体验到中原文化的独特魅力，实现了历史与现代、文化与娱乐的完美结合，为游客们呈现了一场难忘的文化之旅。

在舞台艺术的演绎中，现代化的声、光、电等表现手法与可升至三层楼高的机械舞台相结合，共同创造出震撼人心的视觉效果。这些技术手段不仅增强了观众的沉浸感，也让古今文化的交融与对话变得更加生动有趣。通过这种奇幻辉煌的表述方式，观众们仿佛穿越了历史的长河，亲身经历了中华文明的沧桑巨变。在这个充满文化历史人物的故事中，观众们不仅能欣赏到戏剧艺术的魅力，还能深入了解中国文化的深厚底蕴。每一个小故事都蕴含着丰富的文化内涵，让观众们感受到中华民族的智慧与创造力。通过这样的演出，观众们不仅得到了视觉和听觉的享受，更能在心灵深处得到触动与启迪，从而对中华文明有了更加全面和深入的理解。

（二）多元文创产品提升知名度

"只有河南·戏剧幻城"对游客长久的吸引力，根源于其深厚的文化底蕴。在剧场内，游客们得以目睹历史人物在河南实现他们抱负的壮丽场景，思想家们在这里留下的文化经典，以及英雄在这里铸就的传奇故事。

而剧场外，"幻城"中心是一个地坑院，它复原了豫西地区"地下四合院"的传统建筑风格，并因其精湛的建筑技艺荣列国家非物质文化遗产名录。地坑院内有11个院子，聚集了河南非遗体验店、民艺市集、老字号餐饮等多元化文化业态。其中，"非遗里的河南"尤为引人注目，其展示了丰富多彩的非遗项目和民间工艺。最值得一提的是，店内的座椅皆由非遗文创产品——洛阳黄河鼓制成。这种鼓是中国北派制鼓技艺的代表，拥有超过千年的历史传承。

商丘鱼灯，以其明亮的色彩和生动的造型，在现代审美中仍彰显独特魅力。它以竹篾为骨架，宣纸和丝绢绷糊，矿石原料彩绘而成。在节日夜晚，点亮一盏鱼灯出门成为一种时尚。商丘鱼灯的第四代传承人王改新已将这项传统技艺传承给了侄子王站，他们在保持传统的基础上，结合现代审美，创新了彩灯的形态。

"纸上河南"则向游客展示了开封朱仙镇木版年画、信阳罗山皮影、特色风筝、剪纸、花灯等传统手工艺，让游客有机会亲手体验制作这些非遗工艺品，从而深入理解中原文化。在"布老虎与泥泥狗"中，游客可以看到以布艺刺绣和泥塑彩绘为主的河南民间玩具。这些玩具不仅承载着儿时的记忆，还进行了迭代升级，样式更时尚，功能更丰富。

（三）贯穿项目主线的中原文化

这个庞大的戏剧聚落群之所以呈现出聚合时浑然一体、分散时又各自成章的特点，得益于一条明确清晰的文化脉络，即河南的"土地、粮食、传承"叙事。在这里，"只有河南"不仅承载着河南的历史、文化和精神，也自然而然地成了戏剧文化的基石。无论是"幻城"内的户外空间、建筑装饰细节，还是对历史人物和故事的戏剧性诠释，都深入且全面地反映了河南的地域历史文化特征。同时，运用"小麦"和"黄土"作为核心元素贯穿始终，深刻揭示文化内涵。由于河南文化是中原文化和黄河文化的重要组成部分，而中原文化又是中华文明的重要起源和核心构成，因此这里的"黄土"体现了黄河文化的建筑符号，而"小麦"则象征着人类文明传承的养分。

王潮歌导演并未拘泥于传统的主题公园娱乐方式，而是将视野扩展到黄河文化、中原文化，乃至整个中华文明的广袤领域。其内容跨越了从夏商西周至今数千年的历史，深刻体现了一种民族化的思维方式，赋予戏剧作品深厚的文化底蕴和高远的创作立意，充满了中国情感和文化内涵。同时，"幻城"融入了当代视角和哲学思考，采用了现代化、国际化的表达手法，使之具备更广泛的观众吸引力。因此，"只有河南"不只是讲述河南的故事，更是在讲述黄河和民族的故事，向世界传达中国故事和中国精神，彰显中华文化的生机与活力。

在这辽阔的百亩麦田中，千年之风轻轻拂过，麦浪和缭绕的雾气交织，仿佛开启一扇通往千年之前中原大地的时空之门，故事由此徐徐展开。站在数百米长的夯土高墙前，我们仿佛窥见祖先在这里开启的宏大历史篇章，引领我们走进历史的记忆。我们与古人并肩，共同演绎着曾在中原大地上回荡的山河赞歌。在"幻城"中，从城市到街巷、从庭院到亭台楼阁，再到道具和装饰，都凝聚着王潮歌导演对历史和文化的深刻洞察与沉思。

"幻城"的演出深邃且持久，其核心贯穿于时空的对话。通过过去与现在的交流，将这片黄土地上丰富的历史片段以戏剧的形式逐一呈现并再造。"幻城"剧场，作为三大主剧场之一，运用尖端科技手段，不仅为观众展现视觉盛宴，更是通过古今对话的方式，以辉煌奇幻的形式，深刻讲述了中华文明的宏伟历史。历史中的伟人和文人墨客穿越时空而来，或严肃或俏皮，他们以全新的戏剧形象和幽默风趣的对话，诉说历史深处的悲欢离合，引发观众的深思。灯火闪烁，明灭之间，传递着前辈的寄语；高耸错落的建筑，层峦叠嶂，见证了文人墨客挥毫泼墨的壮丽和盛世君王的辉煌。千年的文化瑰宝，历经百代传承，依旧与后世产生共鸣。在这跨越时空的碰撞中，文明的力量如潮水般澎湃，其声响深沉持久，撞击着每一位观众的内心。

除了戏剧表演这一核心项目，"幻城"在细节设计上也紧紧围绕着这一清晰的文化主题。在日益复杂的文旅市场中，各种吸引游客的手段和策略层出不穷，但"幻城"始终保持戏剧业态的纯粹性，实属难能可贵。园区内，餐饮、住宿、零售等商业配套全面且适度，价格合理。同时，文创民艺、非遗体验、园内宣传等文化产品与"只有河南"的主题紧密相连，展现了制作者的匠心。漫步在"幻城"的各个角落，可以发现许多精心设计的细节，它们共同构成了一条主线，编织成一幅完整的画面。每一个细节都体现了王潮歌导演的用心和对艺术创作的执着追求，让游客在享受戏剧的同时，也能够深切感受到文化的魅力和深度。

（四）打造文化品牌完整产业链

美国迪士尼公司之所以拥有深厚的欢乐文化底蕴，背后依托于一个不断壮大、拓展和更新的商业运作体系。从一个手工绘制卡通形象的工作坊起步，其经营范围逐渐从单一的制作领域发展到电影制作、动画片生产，进而涉及经营迪士尼主题乐园、购买电视频道等众多领域，构建了一条紧密贴合市场的巨大生产链，引领了全球范围内庞大的产业风潮。中国拥有悠久灿烂的文化，但在主题乐园领域尚未形成具有国际性的知名品牌。因此，我们需要借鉴迪士尼的成功经验，注重对文化品牌的多元开发，由点及面，逐步构建起完整的文化产业链。

"只有河南·戏剧幻城"作为河南省的重点文化工程，致力于打造具有全国影响力的文化主题公园，进而逐步走向世界。该项目不仅是一个观光旅游目的地，更是一个集戏剧、文化、历史和现代科技于一体的综合性体验空间。项目通过创新性地融合戏剧艺术和沉浸式体验，以及利用数字科技增强沉浸感，为游客提供了一种全新的品牌体验模式。

中原文化的历史悠久，其辉煌与波澜壮阔凝聚在"只有河南"的舞台上、戏剧中、场景里。这片土地上的每一砖每一瓦、每一片瓷、每一枝叶、每一方土，都蕴藏着丰富的历史故事和文化内涵。正是这些故事和文化积淀，构成了中原文化的新篇章，而"只有河南·戏剧幻城"正是这一新时代的象征和载体。

通过与国际标准对接，我们致力于构建文化品牌的全产业链，展现中国文化的独特魅力，进而提升中国文化的国际影响力。这一举措不仅为游客提供了一个深入了解和体验中国文化的平台，也促进了中国文化的传承和发展，为全球文化多样性的丰富和繁荣作出积极贡献。

三、"只有河南·戏剧幻城"项目运营

项目运营是检验策划成果、实现项目价值的关键环节，它关乎项目的长远发展和市场表现。"只有河南·戏剧幻城"项目的运营，不仅是对项目策划的贯彻执行，更是一个持续创新和优化的过程。下文将深入分析"只有河南·戏剧幻城"项目的运营策略和实际操作，探讨其如何在运营中保持项目的活力和吸引力，确保项目的健康发展。

（一）从观光旅游转向体验旅游

"只有河南·戏剧幻城"项目在我国文化旅游领域开创了一种全新的模式，将高雅、严肃的戏剧艺术形式作为旅游消费的主体，而不仅仅作为景区

的辅助元素。这种创新的做法不仅改变了传统的观光旅游模式，也为游客带来了一种前所未有的体验。项目占地622亩，包括21个剧场，其中7个为夜间戏剧，为游客提供了丰富的夜间娱乐选项。随着"Z世代"成为主流消费群体，他们对"体验"和"品质"的追求日益增强。"只有河南·戏剧幻城"的夜间活动规划更加丰富多彩，旨在为不同年龄和喜好的游客提供多样化的体验。夜幕下的"幻城"，灯光与夯土墙交相辉映，仿佛是一幅生动的"清明上河图"和"千里江山图"。在这里，游客可以体验到越真实越如幻觉的"乾台"，以及展现唐代民风、女性之美的"坤台"。此外，"幻城"内造型独特、场景美轮美奂的"覆盖剧场"，让游客在欣赏戏剧的同时，也能深入感受河南的历史与文化。在"只有河南·戏剧幻城"项目中，游客仿佛穿越到90年前，参加了一场以豫商精神为主题的张家大院晚宴，体验那段大情大义的生活。夜间的大戏同样精彩纷呈，在夜幕降临后，"幻城"仿佛重新布阵，开启了一个神秘又迷人的世界。

度假旅游已不仅仅是追求身体的亲临其境，而是需要更深层次的心灵共鸣与情感连接。人文历史，作为旅游的"灵魂"，为游客提供了一种超越时空的精神体验。戏剧作为一种艺术形式，以其独特的视觉冲击、听觉感受和思想的高度唤醒，成为展现河南文化精髓的重要载体。

河南，这片古老而充满活力的土地，承载着五千年的中华文化，拥有深厚的根亲文化和独特的郑州铁路文化。这些丰富的文化元素在"只有河南·戏剧幻城"中被巧妙地融入一场场戏剧之中，例如，"第七机车车辆厂礼堂""天子驾六遗址坑""候车大厅"等优秀剧目，通过沉浸式的体验，让游客在情感上与历史产生共鸣，真正实现了旅游的意义——身临其境，共鸣于心。

"只有河南·戏剧幻城"通过戏剧这一立体的方式，让游客在游览的同时，也能感受到河南的历史与文化。这种体验，不仅是视觉和听觉的享受，更是心灵的触动和思想的升华。它让游客在欣赏戏剧的同时，也能深入了解河南的文化，感受到河南的魅力。

（二）多元融合发展，拓展景区服务边界，树立融合景区标签

多元融合发展是"只有河南·戏剧幻城"项目成功的重要因素之一。项目团队通过重组资源，推动景区与不同领域品牌的跨界合作，实现了景区服务的多元化发展，从而打造了融合景区的特色标签。例如，项目与体育品牌"大力乾坤"的跨界合作，不仅为此品牌提供了独特的发布形式，开启了运动潮流的新篇章，而且为"只有河南·戏剧幻城"注入了新的活力和魅力。这次跨界合作在开园前引起了广泛关注，使"只有河南·戏剧幻城"成为一个备受期待的文化旅游目的地。此外，项目与中国知名品牌"中国李宁"的合作，进一步强化了其"戏剧聚落群"的文化主题。这种强强联合，不仅提升了项目自身的品牌形象，也为"中国李宁"的品牌影响力提供了新的平台。这次合作得到了业界的广泛赞誉，也为更多的商家展示了"只有河南·戏剧幻城"在河南文旅界的良好口碑和巨大流量，证明其作为一个具有多元化合作潜力的商业平台的价值。

（三）以"社交媒体"打造全维度旅游目的地，扩大景区宣传力度

随着互联网的迅猛发展，社交媒体已经成为推广旅游目的地的重要工具，这一趋势在中国文旅融合产业发展中尤为明显。"只有河南·戏剧幻城"项目正是利用社交媒体成功打造全维度旅游目的地的典范。在该项目中，社交媒体在宣传推广中发挥了关键作用。项目团队敏锐地捕捉到互联网时代下社交媒体的传播潜力，通过各种创新手段，将戏剧幻城的文化主题迅速推向全国。

例如，项目团队进行了开城首演的直播活动，吸引了大量观众的关注，全网播放量高达 4160 万次。此外，项目在开业 10 天内便登上了央视的多个栏目，包括《新闻联播》《中国新闻》《第一时间》《朝闻天下》《晚间新闻》等，进一步扩大了其知名度。在微博平台上，以"有 21 个剧场的戏剧幻城"

为话题的讨论阅读量达到了 3.7 亿，并累计 6 次登上同城热搜第一，显示了其在社交媒体上的强大影响力。在抖音平台上，项目热度在本地排名第一，在全国景区中仅次于上海迪士尼，再次证明了其作为文化旅游河南必打卡项目的地位。

虽然"只有河南·戏剧幻城"不能全面代表河南文化和历史，但它成功地打造了一个代表"河南文化"的旅游产品 IP。社交媒体不仅是宣传的工具，而且是打造品牌和提升旅游目的地知名度的重要途径。通过社交媒体的广泛传播，该项目不仅吸引了大量游客，也促进了当地文化的传播和旅游业的繁荣。

（四）以定制研学回归社会实践，提升景区社会影响力

为了增强景区的社会影响力，"只有河南·戏剧幻城"通过定制研学旅行这种卓越的运营方式来提升文化自信。为了达成增强青少年的文化自信这一目标，"只有河南·戏剧幻城"深入探索河南的历史，因为它不仅代表了半部中国历史，而且承载了上下五千年辉煌与苦难、繁荣与衰败的循环。基于这样的历史和文化深度，"只有河南·戏剧幻城"项目成为全面展现河南丰富文化的研学旅行目的地。

研学活动不仅能够提升"幻城"的社会影响力，还能够促进文化的传承和发展，同时增强年青一代对本土文化的自豪感和认同感。"中原文化"迫切需要一种创新的表现形式，将那些深藏在地下、尘封在书籍中、陈列在展厅里的历史和故事，展现给中原地区的青少年，甚至是全国的青少年。"共鸣沉浸式"的教学方法，不仅能够提升河南本地学生对自己家乡的了解，还能够激发他们对文化传承的兴趣和热情。不少学生从这里出发，前往嵩山的少林寺、开封的清明上河园、洛阳的二里头遗址、安阳的殷墟遗址等，更深入地了解河南、了解中原文化。

（五）以数字化运营赋能景区，打造现代化智慧景区

在"只有河南·戏剧幻城"项目中，运用数字化技术进行运营，不仅提高了景区的管理效率，而且为游客带来了更加便捷和个性化的旅游体验。通过整合各类应用程序中的旅游大数据，以及运用微信和支付宝等小程序，项目实现了攻略、预约、订票、导航、导览、讲解、地图、节目单和酒店住宿等全方位、一体化的服务。这种服务模式不仅为游客提供了最全面、最方便的新型智慧化管家式服务，还满足了他们对个性化旅游体验的追求，让游客能够最大限度地体验"自由行"。此外，使用数字化运营监控平台，全面地保障了景区的正常运营和游客的游园体验。通过实时监控客流状态、弱电智能化设备运行状态，以及对设备出现问题的实时警告和定位，项目相关的工作人员能够及时响应并解决问题，保障游客安全和维护景区的运营秩序。

四、结语

"只有河南·戏剧幻城"通过创新文化空间、营造强烈的时间场域感，以及呈现丰富的视觉效果，精心绘制了一幅贯穿河南古今的"黄土文化"史诗画卷。这幅画卷不仅吸引着不同年龄与阶层的省内外游客的观赏和驻足，而且通过全息影像技术再现了河南历史景观，推出了大量优质剧目。这种将大城千年历史浓缩于小城之中的表现手法，以及"科技+人文"的创造性融合方式，不仅充分体现了科技与文化的圆融之美，还成功演绎了中华优秀传统文化的标杆力作。

【思考题】

1. 分析北港乡村文旅融合模式的特殊性和普适性。
2. 对比故宫和三星堆文创和 IP 传播策略的异同。
3. 从文旅融合策划的角度分析"只有河南·戏剧幻城"策划的成功之处。
4. 以自己熟悉的传统文化为例,开展演艺项目策划。

参考文献

一、中文专著类

［1］艾·里斯，杰克·特劳特.定位：有史以来对美国营销影响最大的观念［M］.谢伟山，苑爱冬，译.北京：机械工业出版社，2011.

［2］陈放，谢宏.文化策划学［M］.北京：时事出版社，2000.

［3］陈琼.文化IP：在无形资产中创造文化价值［M］.北京：中国电影出版社，2017.

［4］董倩，张荣娟.旅游市场营销实务［M］.北京：北京理工大学出版社，2018.

［5］范士陈.旅游经济学［M］.北京：经济科学出版社，2018.

［6］傅才武，余冬林.国家文化与国民文化的构造及其转换［M］.武汉：武汉大学出版社，2021.

［7］郭亚军.旅游景区运营管理［M］.2版.北京：清华大学出版社，2022.

［8］胡阳，金云，潘金琴.旅游经济学［M］.镇江：江苏大学出版社，2023.

［9］黄晓辉，刘玉恒，刘小波.文旅融合：以诗照亮远方［M］.北京：中国建筑工业出版社，2018.

［10］雷万里.大型旅游项目策划［M］.北京：化学工业出版社，2017.

［11］雷万里.大型商业地产开发核心策略［M］.广州：广东经济出版社，2015.

［12］李停，崔木花.产业经济学［M］.合肥：中国科学技术大学出版

社，2017.

［13］林峰.旅游开发运营教程［M］.北京：中国旅游出版社，2019.

［14］刘长凤，林占生.中国旅游景观赏析［M］.北京：化学工业出版社，2011.

［15］陆耿.文化产业项目策划与实务［M］.合肥：中国科学技术大学出版社，2016.

［16］马勇，李玺.旅游规划与开发［M］.北京：高等教育出版社，2023.

［17］马勇.旅游接待业［M］.武汉：华中科技大学出版社，2018.

［18］明庆忠，刘宏芳.文旅产业供给侧结构性改革路径研究［M］.北京：中国旅游出版社，2020.

［19］桑彬彬.旅游产业与文化产业融合发展的理论分析与实证研究［M］.北京：中国社会科学出版社，2014.

［20］孙中运.汉字杂谈［M］.长春：吉林文史出版社，2013.

［21］田里.旅游经济学［M］.北京：科学出版社，2019.

［22］王成慧.旅游营销经典案例［M］.天津：南开大学出版社，2016.

［23］王丽华.旅游产业项目实务：投资·开发·运营［M］.北京：旅游教育出版社，2019.

［24］王云蔚.市场调查与分析［M］.北京：中国传媒大学出版社，2020.

［25］吴粲，李琳.策划学精要［M］.北京：中国人民大学出版社，2009.

［26］吴廷玉.文化创意策划学［M］.大连：大连理工大学出版社，2010.

［27］吴文智，冯学钢，王丹丹.旅游项目投资与管理［M］.上海：华东师范大学出版社，2019.

［28］徐映梅，张海波，孙玉环.市场调查理论与方法［M］.北京：高等教育出版社，2018.

［29］阳翼.数字营销［M］.2版.北京：中国人民大学出版社，2019.

［30］杨吉华，王佐书.文化理论研究系列丛书：文化的创新［M］.北京：人民日报出版社，2013.

［31］余珊珊，丁林.旅游市场营销［M］.北京：机械工业出版社，2021.

［32］元明顺，刘艳玲，郑鑫，等.市场调查与预测［M］.3版.北京：清华大学出版社，2020.

［33］袁连升，王元伦.文化产业创意与策划［M］.北京：清华大学出版社，2016.

［34］岳广军，陈伟，刘博.市场调查与预测［M］.2版.哈尔滨：哈尔滨工程大学出版社，2018.

［35］曾露露，陈珂琦，鞠秀莎.旅游经济学［M］.北京：北京理工大学出版社，2020.

［36］张立生.旅游经济学［M］.北京：中国人民大学出版社，2016.

［37］张鲁君.文化创意与策划［M］.福州：福建人民出版社，2014.

［38］张启.旅游文化学［M］.杭州：浙江大学出版社，2010.

［39］张文锋，黄露.新媒体营销实务［M］.北京：清华大学出版社，2018.

［40］钟晟.旅游策划：理论、案例与实践［M］.上海：华东师范大学出版社，2017.

二、中文期刊类

［1］白洁.基于文化主题的大同古城墙体验旅游开发研究［J］.重庆科技学院学报（社会科学版），2019（1）：87-90.

［2］陈建华.文旅融合下旅游演艺的发展探索与研究［J］.营销界，2020（33）：158-159.

［3］陈健平.社区营造视角下乡村旅游高质量发展路径研究——以福建平潭北港村为例［J］.安徽农业大学学报（社会科学版），2019，28（3）：1-8.

［4］陈江，曹岚，沈旭炜.战略视角下的杭州段大运河文化带建设［J］.杭州（周刊），2019（19）：12-15.

［5］杜义飞，李仕明.产业价值链：价值战略的创新形式［J］.科学学

研究，2004（5）：552-556.

［6］杭天. 对阿多诺文化工业理论的再思考［J］. 今传媒，2018，26（5）：162-163.

［7］胡优玄. 基于数字技术赋能的文旅产业融合发展路径［J］. 商业经济研究，2022（1）：182-184.

［8］黄昊，贾铁飞. 古运河旅游开发及其空间模式研究——以京杭大运河长江三角洲区段为例［J］. 地域研究与开发，2013，32（2）：129-133.

［9］黄继元. 旅游企业在旅游产业价值链中的竞争与合作［J］. 经济问题探索，2006（9）：97-101.

［10］黄琳. 场景理论视角下文旅融合可持续发展动力研究——以乌镇为例［J］. 中国市场，2021（27）：25-26.

［11］姜疆. 基于大数据的宏观经济预测和分析［J］. 新经济导刊，2018（9）：62-66.

［12］解学芳，陈思函. 5G+AI技术群驱动的文化产业新业态创新及其机理研究［J］. 东南学术，2021（4）：146-157.

［13］冷南羲. 文旅融合视域下大运河文化带遗产资源开发研究［J］. 江南论坛，2021（10）：10-12.

［14］李蕾蕾. 跨文化传播及其对旅游目的地地方文化认同的影响［J］. 深圳大学学报（人文社会科学版），2000（2）：95-100.

［15］李树信，张海芹，郭仕利. 文旅融合产业链构建与培育路径研究［J］. 社科纵横，2020，35（7）：54-57.

［16］李潇璇. 数字化营销在旅游景区领域的应用探析［J］. 当代旅游，2021，19（25）：22-24.

［17］刘波. 形态、理念与策略：5G对媒体融合的深度影响［J］. 编辑之友，2019（7）：17-22.

［18］刘桂兰，唐梦，张兰兰. 基于ROST-CM方法的旅游景区游客感知与质量提升研究——以新乡万仙山景区为例［J］. 新乡学院学报，2022，39

（8）：24-28.

[19] 刘宇，李佩乔."破旧立新"城市双修理论影响下的南京汤山矿坑公园设计解析[J].设计，2021，34（19）：135-137.

[20] 雒建利，马宁，丁孟雄.从实施性规划到规划的实施——汤山矿坑公园规划设计思考[J].建筑技艺，2021，27（4）：18-22.

[21] 吕林伟.文旅融合视角下良渚遗址宣传现状研究与建议[J].文化产业，2021（19）：33-34.

[22] 欧阳奎，杨载田.试论中国的乡村古聚落文化旅游资源[J].人文地理，1993（3）：48-53.

[23] 潘丽辉.基于开发形态的城市历史文化遗迹旅游开发模式探析——以汕头为例[J].当代经济，2017（19）：66-67.

[24] 乔宇锋.文旅融合发展路径及模式研究——以河南省陕州地坑院景区为例[J].河南工业大学学报（社会科学版），2021，37（4）：27-34.

[25] 任劲劲，郭慧娟，董秋源，等.疫情危机下的旅游企业困境与数字化营销创新策略[J].武汉商学院学报，2020，34（2）：23-27.

[26] 戎雪，祝遵崚.基于生态修复的矿坑公园景观设计研究——以南京汤山矿坑公园为例[J].大众文艺，2020（4）：39-40.

[27] 桑彬彬.产业价值链视角下的旅游产业与文化产业融合机制研究[J].云南开放大学学报，2018，20（1）：59-64.

[28] 邵明华，张兆友.国外文旅融合发展模式与借鉴价值研究[J].福建论坛（人文社会科学版），2020（8）：37-46.

[29] 施雨，杨蕊.工业废弃地景观重塑研究——以南京市汤山矿坑公园为例[J].城市住宅，2021，28（4）：205-206.

[30] 孙九霞.旅游中的主客交往与文化传播[J].旅游学刊，2012，27（12）：20-21.

[31] 孙九霞.文旅新消费的特征与趋势[J].人民论坛，2022（5）：78-81.

［32］谭其顺，杨效忠.旅游廊道视角下的古道保护与旅游开发——以徽杭古道为例［J］.云南地理环境研究，2017，29（4）：58-64.

［33］唐业芳，郑少林.互联网环境下旅游价值链构筑［J］.经济研究导刊，2007（1）：135-137.

［34］万童蛟.品牌与IP路径融合下的文旅品牌推广研究［J］.旅游纵览，2021（15）：79-81.

［35］王贺婵，谢春山.红山文化资源旅游开发途径探析［J］.鞍山师范学院学报，2015，17（1）：36-40.

［36］王军.遗址公园模式在城市遗址保护中的应用研究——以唐大明宫遗址公园为例［J］.现代城市研究，2009，24（9）：50-57.

［37］王墨.生态修复驱动下的南京汤山矿坑公园景观实践［J］.建筑技艺，2021，27（4）：23-27.

［38］夏杰长，贺少军，徐金海.数字化：文旅产业融合发展的新方向［J］.黑龙江社会科学，2020（2）：51-55.

［39］肖涌锋，于莎.古村落保护与发展模式探析——以北京爨底下古村为例［J］.小城镇建设，2019，37（2）：107-112.

［40］徐翠荣，赵玉宗.国内外文旅融合研究进展与启示：一个文献综述［J］.旅游学刊，2020（1）：118-132.

［41］杨洪飞，罗纯，吴宝艳.门票减免政策下的景区盈利模式创新研究［J］.西部经济管理论坛，2020，31（4）：88-97.

［42］杨劲松.后疫情时期我国旅游业改革创新发展的思考［J］.科学发展，2020（6）：86-92.

［43］于光远.旅游与文化［J］.瞭望，1986（14）：37-38.

［44］袁园."只有河南·戏剧幻城"：空间、时间与消费的三维研究［J］.视听，2022（2）：145-147.

［45］詹嘉.景德镇陶瓷遗产廊道旅游资源研究［J］.陶瓷学报，2014，35（5）：542-547.

[46] 张东, 唐子颖. 南京汤山矿坑公园生态修复与景观设计[J]. 中国园林, 2019, 35 (11): 5-12.

[47] 张建忠, 孙根年. 基于文化遗产视角的陵墓遗址旅游开发——以乾陵、西夏王陵和明十三陵为例[J]. 经济地理, 2011, 31 (11): 1937-1942.

[48] 张立明, 赵黎明. 文化遗产景观保护的原真性开发——以湖北龙湾遗址为例[J]. 开发研究, 2006 (3): 81-83.

[49] 张凌云. 试论有关旅游产业在地区经济发展中地位和产业政策的几个问题[J]. 旅游学刊, 2000 (1): 10-14.

[50] 张胜冰. 文旅深度融合的内在机理、基本模式与产业开发逻辑[J]. 中国石油大学学报（社会科学版）, 2019, 35 (6): 38-44.

[51] 张书玉. 主题公园与戏剧艺术双视角下的"只有河南·戏剧幻城"分析[J]. 艺术管理（中英文）, 2022 (2): 114-126.

[52] 张晓霞, 陈顺和. 海洋文化创意背景下旅游产品发展研究——以平潭北港文创村为例[J]. 安阳师范学院学报, 2018 (2): 107-110.

[53] 张振家. 后疫情时代我国国内旅游价值链重构路径分析[J]. 企业经济, 2021, 40 (5): 103-109.

[54] 张志安, 李霭莹. 变迁与挑战：媒体平台化与平台媒体化——2018中国新闻业年度观察报告[J]. 新闻界, 2019 (1): 4-13.

[55] 郑蕾, 珍妮. "只有河南·戏剧幻城"背后的故事[J]. 文化月刊, 2021 (8): 75-76.

三、中文其他类

[1] 陈献春, 钟廷雄, 蒲钊, 等. 关于构建文旅新场景、深化文旅融合发展的研究[N]. 中国旅游报, 2020-01-07 (3).

[2] 戴斌. 从风景到场景——关于景区度假区和休闲街区的新思考[EB/OL]. (2022-08-13) [2023-05-12]. https://www.ctaweb.org.cn/cta/xsjl/202208/2d5692a62813495eac554ed4fec2472d.shtml.

［3］德州市旅游协会.文旅业开始拥抱"元宇宙",开启"沉浸式实景体验"新时代［EB/OL］.（2022-02-24）［2024-07-11］.https://mp.weixin.qq.com/s/er27wh4kVytuKwHQm2gudQ.

［4］凤凰网河南.从颠覆性创意到沉浸式体验,《只有河南》开启中原文旅文创新征程［EB/OL］.（2022-08-08）［2024-07-18］.http://hn.ifeng.com/c/8IJGVYBbGUa.

［5］观知海内.2022年中国露营行业现状分析,露营消费市场一片蓝海［EB/OL］.（2022-11-04）［2022-12-23］.https://baijiahao.baidu.com/s?id=1748530130163248765&wfr=spider&for=pc.

［6］国家旅游地理."文旅＋古建":古镇文脉的传承与激活［EB/OL］.（2020-05-28）［2024-07-18］.http://www.cntgol.com/sulan/2020/0528/245955.shtml.

［7］酒馆财经.万豪中国区今年新签约酒店特许经营模式占比升至50%［EB/OL］.（2021-08-02）［2024-07-11］.https://baijiahao.baidu.com/s?id=1706950076457571398&wfr=spider&for=pc.

［8］李岩.新疆乌什历史文化名城保护利用规划研究［D］.哈尔滨:哈尔滨工业大学,2018.

［9］林航.平潭国际旅游岛背景下乡村特色民宿精品化打造研究［D］.福州:福建农林大学,2020.

［10］刘春菊.西双版纳旅游的变与不变［N］.云南信息报,2009-08-20（6）.

［11］吕丽玲.崇义县域文旅融合项目建设PPP模式应用研究［D］.南昌:江西财经大学,2021.

［12］吴丽云.打造数字化文化场景 拓展消费空间提升旅游体验［EB/OL］.（2022-06-28）［2024-07-10］.http://www.xinhuanet.com/culture/20220628/3e7e0c8b79df444491ae54d1b6fd70b0/c.html.

［13］吴琳清.平潭国际旅游岛建设视域下的北港文创村发展策略研究［D］.福州:福建农林大学,2018.

［14］杨筱茜.北京古北水镇旅游有限公司文旅融合项目开发运营模式研究［D］.北京：首都经济贸易大学，2019.

［15］张新成.文化和旅游产业融合质量评价及空间溢出效应研究［D］.西安：西北大学，2021.

［16］张宇宙.旅游项目BOT融资模式及风险控制研究——以临漳为例［D］.石家庄：河北地质大学，2018.

［17］中国旅游研究院.我院发布"潮品牌新势力"2022中国旅游创业创新案例［EB/OL］.（2022-12-11）［2023-05-08］.https://www.ctaweb.org.cn/cta/gzdt/202212/2d0ed4ee95d94ee786e5276b01005124.shtml.

［18］周沛霖.故宫文创品牌"超级IP"塑造策略研究［D］.湘潭：湘潭大学，2020.

［19］朱唐.以更深层的文旅融合激发消费潜力［N］.社会科学报，2019-10-10（3）.

［20］纵览新闻.古韵新生惹人醉——河北正定推动古城保护促进文旅深度融合［EB/OL］.（2022-04-26）［2024-07-18］.https://baijiahao.baidu.com/s?id=1731107796306776321&wfr=spider&for=pc.

四、英文期刊类

［1］HANNAN M, FREEMAN J. The Population Ecology of Organizations[J]. American Journal of Sociology, 1977, 82 (5): 929-964.

［2］TROUT J. Positioning Is a Game People Play in Today's Me-Too Market Place[J]. Industry Marketing, 1969, 54 (6): 51-55.